巴尔蒂斯情书集（1928—1937）

Balthus Correspondance Amoureuse Avec Antoinette De Watteville

【法】巴尔蒂斯　安托瓦内特◎著
【法】S.&T.K.R.◎编　许宁舒◎译

华东师范大学出版社

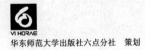

华东师范大学出版社六点分社　策划

目 录

说　明 / *1*

序幕　1928—1929 / *1*

第一章　1930.10—1932.2 / *9*

第二章　1932.4—12 / *39*

第三章　1933.5—8 / *47*

第四章　1933.8—12 / *63*

第五章　1934.1—6 / *89*

第六章　1934.6—7 / *143*

第七章　1934.8—12 / *159*

第八章　1935.1—4 / *201*

第九章　1935.5—8 / *231*

第十章　1935.9—11 / *253*

第十一章　1935.12—1936.10 / *279*

尾声　1937.1—4 / *331*

出版者注 / *339*

译后记 / *341*

说　明

　　……因为你是我唯一可以推心置腹的人,只有对你,我才倾诉自己所有的感受,所有的愿望,所有令我感触和激动的事物;最后,只有因为你,我才不感到自己是孑然一人。

(第 105 号信,1934 年 9 月,
伯尔尼,巴尔蒂斯致安托瓦内特)

　　也许人们读这本书是为了了解恋爱中年轻的巴尔蒂斯。他们将从中发掘到一份全新而重要的、展现 20 世纪一名重要人物早期生活的资料。这本书与一位最近刚刚去世、神秘而卓越的著名人物有关——但对于我和我的兄弟而言,这是一本关于两位可爱的、将要成为我们父母的年轻人的书。

　　20 世纪 30 年代,巴尔蒂斯 20 岁,创作出了早期的一些著名作品,并因此而声名鹊起。他写给一位年轻的伯尔尼姑娘安托瓦内特·德·瓦泰维尔的情书中充满了诙谐与激情。安托瓦内特是一位好友的妹妹,被称为宝贝。她天真,性感,爱笑,"以至于我期望所有的年轻女子都能像她这样"。这名年轻女子则如此回复:"我们的灵魂永远相伴。"但巴尔蒂斯当时穷困潦倒。结果,她与一名较年长的男人,一个她不知如何摆脱的比利时外交官订了婚。于是,巴尔蒂斯不想活了;

但后来，不管怎样，他胜出了。1937年，安托瓦内特嫁给了他。

其后的六十多年（我们出生，父母分手，巴尔蒂斯再婚），他们之间的这种亲密关系从未中断。1934年，安托瓦内特是这样描绘这一关系的："你有一个小妹妹，多少个世纪以来，她都是你的小妹妹，将来也永远都是。"——1997年5月，我们的母亲在瑞士去世，距她85岁生日还有几天的时间。大约一年多后，也许是因为终于不再担心自己的草率鲁莽，我们开始查阅一些家庭信件。

我在巴黎有一大纸箱的东西，是以前从巴尔蒂斯手中夺下来的。他要用它们来取暖。（"这些东西你烧掉了很多吗？"——"我不知道。我感到很冷。"他伤感地对我说道。我记得那是1994年9月，在莫尔旺那个废弃的工作室夏斯，我们度过了不太舒适的一夜。他想把房间里的火炉再生起来。）

箱子底部，在许多其他信件下是安托瓦内特的信。它们被捆在一起，只有一个信封，收信人是我们在滨海萨纳里的祖父克洛索夫斯基。

1998年3月，我写信给已将安托瓦内特保存的信件带到加利福尼亚的哥哥，劝他效仿我："我把夏斯的那个箱子整理了一番，将给埃里克·克洛索夫斯基的信打了出来。现在，我开始着手妈妈的信件了；在这些美妙的字里行间中，我感受到了浪漫传奇的气息。"我的哥哥立即回了信，于是我们发现了父母在1929年（巴尔蒂斯开始给安托瓦内特写信）至1966年（俩人办理离婚手续）间大量的亲密信件来往——它们见证了一段婚姻。而且，我们还发现了其他方面的资料，例如里尔克的无数信件。

接着，我们以极大的热情投入了漫长的文字整理工作。其间，我们去了瑞士几次。在那儿，巴尔蒂斯与我们探讨信件的重要意义。他说："这很有意思，我写得相当棒。"他对我们感兴趣的事件细节和日期表现出令人沮丧的漠不关心。但当我们读到（第54号信）弗雷迪·菲舍尔说"你是个爱吹牛的家伙；宝贝，你喜欢不着边际地瞎吹嘘"时，他的反应令人捧腹不已。至于在其钟爱的贝阿滕贝格写的信（第82号信），当他听到我们读起那些滑稽可笑的抨击（彼时市镇当局刚借口修缮而毁掉了他在村教堂里的早期画作）、提到他杀了两只小鸡时，愤愤然道："决不会的。"他的结论是："我那么写是为了取悦你们的母亲，是为了吸引她。"（在1928年的一本速写稿上，他认真地写下了那封有关"危险关系"的著名信件的开头几段："我的天使，人们为一切而焦虑，这是一条自然法则，这不是我的错……"这是"求爱信"吗？但其中的真诚与率直却跃然纸上，令人心动。）

如果说他们之间有大量的书信来往可作为传记所需的严谨资料，那么最早期的这部分信件则是个中翘楚。它们最具完整性，包括了巴尔蒂斯和安托瓦内特婚前数年的所有信件。这些年间，他为《呼啸山庄》画了插图，完成了作品《街道》、《吉他课》（并不涉及侵犯未成年人），为安托南·阿尔托的《颂西侯爵》做舞台布景，为玛丽·洛尔·德·诺阿依和安德烈·德兰画像；特别具有里程碑意义的是，他创作了《凯西的梳妆》（1933年）和出色绝伦的《山》（1936—1937年）……再加上同时期比利时外交官的信件、巴尔蒂斯写给父亲的信、安托瓦内特写给兄长的信，这些早期的书信勾勒了一个完全独立、连贯而跌宕起伏（一波三折、风云突变、结局美满）的故事："一个愚蠢的爱情故事"，正如年轻的伯尔尼姑娘所喜欢的那样（第54号信）。巴尔蒂斯鼓励我们立即出版这个"愚蠢的爱情故事"，以表达"对瓦泰维尔宝贝充满爱意的纪念"。

然而，此事历经耽搁。后来，就在几周前，即将年满93岁的巴尔蒂斯在瑞士去世，就在"上游地方"的大木屋里……

总之，这一切是出于孝心，没有任何传记或评论的成分在内。我们与巴尔蒂斯一起以这些文字来纪念我们的母亲，恰似为安托瓦内特树立的一座美丽墓碑，恰似一部爱情故事，讲述孩子气的宝贝在遇见"猫王"后的传奇。

在这里，有必要进行若干介绍。

一 "上帝知道,如果能永为孩童,我将多么幸福啊。"

我们知道巴尔蒂斯(巴尔塔扎尔,巴尔蒂兹)1908年2月29日出生在巴黎蒙帕纳斯。他的父母埃里克·克洛索夫斯基和巴拉迪娜来自德国,自1902年起便定居于此。克洛索夫斯基夫妇年轻、漂亮,几乎称得上富有,是塞尚的忠实拥趸,与纳什派画家来往密切,与皮埃尔·博纳尔相熟,亦是那个由画家、作家、艺术史学家、收藏家等各界人士组成的文艺群体,后来被称为"多姆咖啡馆里的德国人"①中的重要一员。他们过着无比幸福的生活。然而,当巴尔蒂斯6岁、其兄长皮埃尔(彼得,1905年8月9日出生于弗洛瓦德沃大街)即将满9岁时,战争的爆发迫使他们离开了法国。皮埃尔写道,在柏林,"法国女家庭教师们负责皮埃尔和巴尔蒂斯兄弟的教育。后来,由于父母与西班牙外交圈的关系以及凯斯勒伯爵(纪德著名的资助人及朋友)的斡旋,孩子们来到瑞士,整个战争期间都在那继续学业。他们先后住在伯尔尼和贝阿滕贝格,最后在日内瓦上了中学。②"

我们的介绍将从伯尔尼详细展开。贝阿滕贝格是伯尔尼阿尔卑斯山地区典型的一座村庄③,位于图恩湖上游。那里的两三家豪华酒店内经常出入着上流社会人士,通常是俄国人(1906年娜塔莉·萨洛特也曾光顾)。不过,这是个散发着古老气息的乡村;漂泊在外的巴黎小孩马上就适应了此地,认为找到了自己真正的故乡。在其后的十五年间,他经常回到这里度过长假或短暂停留,时而干些农

---

① 因为他们经常在巴黎的多姆咖啡馆聚会——译注。
② 这段手写文字被收录进阿兰·阿尔诺所著《皮埃尔·克洛索夫斯基》(瑟伊出版社,1990年)中。
③ 位于由沃州"上游地方"(巴尔蒂斯在此度过了人生的最后二十五年)延伸而来的"高地"上。

活,时而参加由牧师的女儿、雕塑家、人智学家马格利特·贝主持的小圈子里的艺术活动。

到日内瓦后,克洛索夫斯基一家最初住在指挥家安塞美家里。他们与安塞美相识于1918年拉缪兹和斯特拉文斯基的《士兵的故事》①上演之时。安塞美在日内瓦郊外的家成为《咪仔》的创作背景:1919年,巴尔蒂斯画了40幅连环画,讲述了一段小男孩与猫咪从邂逅、交好到离散的没有文字的故事。1920年圣诞节,里尔克将其在苏黎世付梓并亲自作序。这是里尔克最早直接以法语出版的一段文字。1919年6月,里尔克进入了巴尔蒂斯的生活。当时,他正在瑞士巡回讲学;途经日内瓦时,便几次去探望从前在巴黎结识的巴拉迪娜,后者已与丈夫分居。维吉妮·莫尼埃(《巴尔蒂斯—系统资料目录》,伽利玛出版社,1999年)如是总结道:"他们一直持续到1926年诗人去世时的书信来往见证了那段即将把两人联系在一起的充满爱意的友情。同时,这些信件也显示出诗人对克洛索夫斯基家的两个儿子的关注。对他们,他总是不吝提供支持与建议。"于是,1922年4月19日,里尔克写信给纪德②,告诉他让·施特罗("苏黎世大学著名动物学家")将前去拜访,同行的还有一位朋友:"……无需向您介绍了,他就是克洛索夫斯基,一位造诣颇深的艺术作家,更是一位出色的画家。也许您还记得,他从前一直住在巴黎,直到灾难降临……我很喜欢克洛索夫斯基的两个儿子,他俩都天赋极高。由于这两个孩子生于巴黎,长于巴黎,其父便想方设法让他们继续学习拉丁文。直到去年,他们一直都在日内瓦上学。最近,由于货币兑换困难,孩子们不得已去了柏林。他们在那一点儿都待不惯。克洛索夫斯基出身于波兰的一个古老家族,其中一支曾定居

---

① 《士兵的故事》于1918年9月28日在洛桑初演,舞台布景与服装由克洛索夫斯基在巴黎时期的忠实朋友勒内·奥贝尔若努瓦负责。

② 《里尔克与纪德书信集1909—1926年》(科雷阿出版社,1952年)。

在布雷斯劳①。自青年时代起,克洛索夫斯基就一直住在巴黎,接受了丰富的艺术熏陶,并获得了赫赫声名。我明白,他希望能在这片土地上安居——至少希望他的孩子能够如此。如果不是因为一个世界的分崩离析,他也许本该扎根在那里,直至生命终点。"(然而,这个风度翩翩、富有学识、和蔼可亲、广受爱戴与敬仰的人还将在外漂泊十年,最后在土伦附近的萨纳里陷入贫困潦倒中。不过,那倒是个非常不一般的地方。除了以奥尔德斯·赫胥黎为核心的一小群英国人外,还有许多颠沛流离中的"多姆咖啡馆的德国人"在那儿,以至于此地被赋予别名"滨海蒙帕纳斯"。如果说作为艺术史家,克洛索夫斯基留下了一部重要的《杜米埃》——1908年出版,多次再版——那么,作为"出色的画家",他的作品几乎已踪迹全无。)

让我们重新回到过去。把诗人安顿在瓦莱州的穆佐特(《杜伊诺哀歌》的最后部分便创作于此)后,山穷水尽的巴拉迪娜回到柏林,住在其兄弟、画家尤金·斯皮罗那儿。然而,友谊最终跨越了所有障碍。1923年夏天,在贝阿滕贝格度假的巴尔蒂斯可以感谢施特罗教授了:"皮埃尔正在前往巴黎的路上,纪德给他找了个公寓!至于我,我希望可以绘画、雕塑。"有人指责他不复《咪仔》时期的纯真无瑕,但"怎么办呢?上帝知道,如果能永为孩童,我将多么幸福啊。"

翌年冬天,在度过16岁生日的第二天,巴尔蒂斯也回到了出生地,并获得了法国国籍。他把自己最初的一些画作拿给皮埃尔·博纳尔和莫里斯·德尼看。他们激励他("我对绘画一窍不通,但我觉得这些画非常美妙出色",博纳尔可能是这么说的——见1924年10月巴拉

---

① 我们的祖父学习艺术史和结识巴拉迪娜并非是在布雷斯劳(1945年起被称为弗罗茨瓦夫),而是在波兰领土割让时并入东普鲁士的波罗的海沿岸。普鲁士贵族姓氏"克洛索夫斯基"是波兰姓氏"克洛左夫斯基"在德语中的写法;克洛左夫斯基家族以"洛拉"为自己的"战场姓氏"(即部系姓氏,相互间不存在亲缘关系的多个贵族家族集结在一起,使用共同的纹章),意为"可耕土地","克洛"意为"麦穗"。(在1920年的一封信中,里尔克表示,12岁的巴尔蒂斯曾和他谈起过这些,但自己记不清了。他为此而感到抱歉。)

迪娜写给里尔克的信），并鼓动他去卢浮宫研习普桑的作品。1925年1月至8月，里尔克住在巴黎，认识了让·卡苏。后者在回忆录（《追求自由的生活》，罗贝尔·拉丰出版社，1984年）中说道，"里尔克的魅力，他的谦恭高雅，他的亲切热情，他优美的措辞或沉默，无不令周围的人震慑臣服。怀着一种奇特的情感，也许还带着一种秘而不宣、无法理喻的慰藉，他沉醉在生命走向尽头时才得到的巴黎赋予的荣耀中。在这座城市里，他在马尔特·劳里茨·布里格的阴影下度过了如此孤独与贫困的青年时代。人们看到陪伴他的是其最后一位爱人巴拉迪娜·克洛索夫斯卡。在两者已出版的通信集中，她被称为梅尔琳娜。巴拉迪娜住在马尔布朗士大街上一个有着宽敞画室的公寓里，与两个儿子生活在一起，即未来的作家与画家皮埃尔·克洛索夫斯基和巴尔蒂斯。我看过巴尔蒂斯最早的一幅作品《街道》（1929年），那充满生活气息和稚气的笔触勾勒出令人愕然的画面，仿佛身临梦境。在这间画室里，我们参加了气派豪华的晚会。这些晚会上总会出现来自五湖四海的面孔，有德国人，迷人而神秘的奥地利人，西班牙人；当然还有里尔克，格雷图伊森，杜·波以及皮埃尔·让·儒弗。"卡苏是个拘谨的客人，"而纪德却相反，他在这屋子里十分自在，想来就来。一天早晨，纪德来敲门，巴拉迪娜去开门。'哟，我还以为是洗衣女工呢。'她叫道。对方则用空洞而邪恶的嗓音回应道'结果是个来染黑的男工。'①。巴拉迪娜是世界上最可爱的女人，活泼、率直，带着特有的天真，也就是说，她只是在准备享受那可能出现的最小快乐。"②

---

① "洗衣女工"法文为"blanchisseuse"，"blanchi"意为"漂白"；而"染黑的男工"法文为"noircisseur"，"noirci"意为"染黑"，故与"blanchisseuse"呼应——译注。

② "巴尔蒂斯的童年和青少年时代都在一种无比美好的亲切友善的氛围中度过"，1964年让·卡苏写道，"从一开始，他便受到当时最出色的一些诗人、艺术家、哲学家和口若悬河者的共同熏陶，培养出对那些领域的兴趣和造诣。但与人们所想的不同，这些并未使他走上美学理论的道路。因为他所处的那个美好环境充满了率真，也就是说除了对完美孜孜以求外，也散发着浓郁的自然与纯洁气息。"（克洛德·鲁瓦在1996年伽利玛出版的《巴尔蒂斯》一书中做了上述引用。）

1925年7月,据《小妇人笔记》①记载,巴尔蒂斯帮即将出发前往刚果的纪德和马克·阿莱格雷整理行李。他还画了些卢森堡的风景,以及玩耍的孩子们。翌年夏天,他去了意大利,时年18岁。他写道(见1926年从阿莱佐写给施特罗一家的信):"至于皮耶罗·德拉·弗朗切斯卡的那十幅壁画,怎么说呢?它们是我所见过的最美的壁画(描绘了雅克·德·沃拉日所写的基督教历史)。我已开始一些简单的、保留其色彩运用的临摹。如果有画得好的,我会寄给你们。在临摹过程中,我对这些画的崇敬与日俱增。由于经过了精心构思,它们表现出一种无与伦比的和谐之美。这种缜密的技法令一幅色彩浅淡而透明的美妙作品获得了画面的平衡,达到了前所未有的和谐境界。它们是伟大而纯粹的;它们不属于这个时代,它们是属于永恒的。其神秘令人想起《妇人与独角兽》,而其缜密、抽象、优雅和神妙则令人想起瓦雷里。可是,所有这些形容词都是苍白无力的。只有借助画笔我才能描绘它们!"

从意大利回来后,巴尔蒂斯在贝阿滕贝格待了很长时间。他的巧舌如簧使得当局同意让他从翌年春天始负责村教堂的装饰。他在教堂东面刻有17世纪铭文并带有两扇大窗户的墙上画了好牧人,其左右围绕着两组使徒。这项工程始于1927年4月,7月2日完成。它惹得市镇议会(基希格迈因德拉担心画中形象有些"轻浮")恼羞成怒,"我真该给你们描绘一下那场面,真是太滑稽了",巴尔蒂斯在给施特罗家的信中写道:"现在,我在帮着收干草。多么惬意的休息啊!"

直至1930年,巴尔蒂斯都待在瑞士(住在伯尔尼和苏黎世,并于1929年在苏黎世举办了第一次画展),并越来越多地与特里·缪勒见面。这名风情万种、比他年长十岁的女律师与巴黎和柏林的艺术界来往密切,亦是德·瓦泰维尔家的罗贝尔和安托瓦内特的密友。

---

① 作者是纪德的一名女友,比利时画家范里塞尔伯格的遗孀特奥夫人——译注。

巴尔蒂斯自童年起就认识了后两者，当时与他们关系十分亲近。现在就来说说瓦泰维尔一家，就从伯尔尼开始。

二 安托瓦内特在伯尔尼

伯尔尼老城建在阿勒河一个拐弯处的山丘上，城内分布着整齐划一的拱廊（"还有喷泉、古塔楼、林立的博物馆与图书馆"）。整个老城呈刺猬状，刺猬鼻子正位于阿勒河的回环处，而熊苑就位于鼻尖处。传说伯尔尼第一位国王在面临外敌入侵时与熊（德语"Bären"①）之王结成了胜利联盟。该城名称、市徽和著名的熊苑便由此典故而来，沿用至今。词源学家们则认为"伯尔尼"一名源于拉丁文"Verona"。1928年出版的《拉鲁斯百科全书》中也收录了一座有着11万人口（当时，日内瓦人口13.5万，苏黎世则为26万）、位于瑞士中部法语区和德语区之间的重要城市。伯尔尼始建于13世纪初；经过三百年的发展，它统领了从汝拉山地区到阿尔卑斯山地区，从日内瓦到卢塞恩，几乎相当于瑞士半壁疆域的地方。但拿破仑及后来19世纪的革命摧毁了这一历来由若干贵族家庭掌控的统治。瓦滕威尔（或称"瓦泰维尔"，该城为德、法双语区）家族便是其中的重要力量之一。该家族的一座豪宅如今是联邦主席官邸所在地：自1848年起，伯尔尼便成为"州首府、国家首都、外交使团及众多国际组织的驻地所在"。

1945年7月，在巴黎，塞瑞尔·康诺利（1903—1974，英国作家）在日记中写道，他和纪德喝了一杯，并认识了让·雨果和巴尔蒂斯。之后，康诺利来到了伯尔尼。他走出房间，站在旅馆阳台上，欣赏着"世界上最美的景象之一"，并描绘了眼前四周的层峦叠嶂和葱郁的群山，以及高地的冰峰，而"就在旅馆下方，湍急的阿勒河从它们中间穿过，仿佛一把巨剑、一道绿箭向欣赏风景的人直指而来。夏日的夜

---

① 德语中，熊"Bären"读为"巴尔恩"——译注。

晚,或每天清晨早餐之时,您可以来到阳台上,在帆布披檐下品尝着咖啡和水果,浏览一份富有地方特色的瑞士州报,在那儿看着这座城市慢慢生动起来,或是观察人头攒动的河流,因为伯尔尼式的游泳就是要跳到阿勒河里,任流水将你带出几乎一公里远。游泳者的身体快速漂移,仿佛一枚枚褐色的火柴;轻舟驶过,不时在他们身边激起点点浪花……①"

这段描写令我们想起了安托瓦内特(她在中学时夺得过蝶泳比赛的冠军),想起了她寄给巴尔蒂斯的泳装照以及俩人都提起过的在蒙比儒斯特拉斯大街阳台上的幸福时光,还有"富有地方特色"之类的评论……然而,瑞士有个古老传统,鼓励家族里的儿子去外国君主身边建功立业,最远甚至到印度和美洲。因此,圣西门在《回忆录》中多次提到唐·卡洛,即瓦泰维尔男爵、弗朗什孔泰的孔夫朗侯爵、金羊毛骑士及西班牙菲利普四世的使臣:1661年在伦敦的一条街道上,他拒绝为路易十四的使臣、埃斯特拉德伯爵的马车让路;其后的冲突中,法方数人死亡,而民众则站在了西班牙人一边。此事轰动一时。圣西门还以更为宽容的态度提到了唐·卡洛的弟弟、瓦泰维尔神父唐·让。他原是夏尔特尔修会的修士,杀了几个人后逃出修道院来到莫里,转而投向伊斯兰教成为帕夏。后来,他派土耳其船队到威尼斯,得到教皇赦免,几次成为富裕的修道院院长,在荣华富贵与丑闻中度过了长寿的一生:这个"出名的瓦泰维尔家族成员是最幸福、最显赫的杀人犯和弃教者,其传奇经历之重要历史意义简直无法描述"(巴尔扎克《阿尔贝·萨瓦吕斯》)。而我们的曾外祖父则是那不勒斯末代国王在瑞士的利益代言人(他一直效忠于该王朝,直到它被意大利吞并)。沉迷赌博的他大肆挥霍家产,于1905年去世,享年72岁。

他娶了一位匈牙利的贵族小姐,生有三名子女。长子瓦泰维尔上校(莫里兹·弗里德里希·冯·瓦滕威尔,1865—1942)娶了一个

---

① 塞瑞尔·康诺利,《地平线:瑞士号码》,1946年2月出版。

伯尔尼贵族家庭的女儿,生有四名子女:夏尔(1900—1922),罗贝尔(1903—1938),于贝尔(1907—1984),及出生于 1912 年 5 月 25 日的幺女安托瓦内特宝贝。

差点忽略了我们的外祖母爱丽斯·马德莱娜·比尔基(1879—1938)。与丈夫不同,她有着强烈的法国情结,给孩子们取了法国名字,并把法语作为母语教给他们;但从故事趣味性的角度来看,我倒认为有几条对这位体弱多病母亲的影射更有意思,如"越来越难伺候"、"并非完全正常"。去世时她 59 岁。生活中还有其他的美中不足。1914—1915 年战争刚爆发的几个月里,领导瑞士军队情报处的外祖父与德国武官、一位军校同窗保持着暧昧关系,从而招致了一些非议。更糟糕的是,长子夏尔 22 岁自杀;获得法学博士学位的罗贝尔跑去写作,无心谋生①;幼子于贝尔远走他乡,娶了一位家人反对的女子(后来他成为名医);最后还有那个宝贝的"过去",那高个金发、争胜好强、体弱多病、患有哮喘的女儿和外交官们出入在弗里斯科、奇吉塔等酒吧。19 岁时,她这么写道:"年轻时我有过太多的疯狂行径。"

但对于巴尔蒂斯而言,"你和罗比俩人身上吸引我的,正是这种孩子气,有点可怕,有点疯狂,让我如此着迷……"(第 8 号信)

三 "我就是希斯克利夫"

"本书表现的是被命运抛却、一心想收复失地的社会弃儿的反抗斗争",乔治·巴塔耶(《文学与恶》,伽利玛出版社,1957 年)在谈到

---

① 对瓦泰维尔家的罗比我们知之甚少。特里在结婚前夜对安托瓦内特抱怨说罗比深更半夜打来电话冲她大发雷霆。安托瓦内特宣告的对巴尔蒂斯的爱情也令他极为嫉妒,感到被排挤出了巴尔蒂斯自认为已失而复得的天堂:"与你和罗比在一起的日子,像去年夏天那般和睦相处的生活是多么珍贵难得啊!"(第 47 号信)。于是他变得阴郁,变得悲伤。1938 年 11 月 11 日,与妹妹一样纯真的罗贝尔·德·瓦泰维尔在愤怒中用手枪结束了自己的生命,仿佛门被猛烈关上时发出呼的一声,终年 35 岁。

"文学史上最杰出的作品之一",1848 年 30 岁时便离开人世的英国年轻女作家艾米莉·勃朗特一生唯一的一部小说《呼啸山庄》时这样写道。小说主人公是约克郡荒凉高地上一座森严农庄——呼啸山庄——的主人收养的弃儿希斯克利夫。他对比自己小一岁的妹妹、养父的女儿凯西产生了极端而疯狂的爱情,就像那些时有暴风疾雨、宏伟壮观的旷野一般。在那里,他们曾单独在一起玩耍,直至长成少年。父亲去世后,凯西的兄长回到呼啸山庄,百般折磨希斯克利夫,用劳作和虐待使他变得愚钝。而事实上,这个粗野莽夫变得更加阴郁了,因为刚满 15 岁的凯西并不拒绝邻居的富家子弟——温文尔雅、一头金发的林顿前来大献殷勤。由于没料到希斯克利夫会听见,凯西在与女仆聊天时谈起了自己梦想的婚姻:虽然她永远不会考虑林顿,但在哥哥的折磨下,希斯克利夫变成了现在这副样子,让她无法做到嫁给他却不有失身份,"因而,他永远都不会知道我有多爱他——无论其构成如何,我们的灵魂总是相似的,而林顿的却与我截然不同,就像月光与闪电之间的差别"。希斯克利夫在听到"有失身份"这个词后没有继续听下去就跑了。两年后,不知发了什么横财的希斯克利夫满怀仇恨地回到山庄。此时,凯西已嫁给了林顿。后来凯西死去,再也无法爱他了:"我就是希斯克利夫",她说,"没了我的命根,我无法活下去;没了我的灵魂,我无法活下去。"……

1932 年夏天,在伯尔尼,就在巴尔蒂斯即将第一次失去安托瓦内特之前,他与她一起充满激情地重读了这本小说(这里只概述了第一部分的情节)。彼时,他感到自己被逐出了天堂,因为他意识到,面对着再也不复童年时光的世界,自己是如此的贫困。

然而,故事开始上演。上场的有年轻的画家(帅气强壮的小伙子,头顶天才儿童的光环,有着令人尊敬的父母和声名显赫的保护人),年方 20 的他给父亲写了信;还有被画家爱慕的伯尔尼姑娘(其姓氏在圣西门笔下出现过):芳龄 17 的她正幸福地悄悄读着情书……

T. K. R.

序幕 *1928—1929*

1. (1928 年①)9 月 12 日,苏黎世
巴尔蒂斯致信在萨纳里(瓦尔省)的父亲埃里克·克洛索夫斯基

我最亲爱的老爸:

  我的回信又姗姗来迟,这是因为这几天家里有个朋友来访,占用了一些时间。希望你还能在萨纳里收到这封信②。

  斯蒂勒夫人③走了差不多有两个星期了。再次见到这位可爱迷人的朋友我是多么高兴啊。昨天,我收到了她的一封短信,信中附有你的一张便条。

  我亲爱的老爸,你让我讲讲在苏黎世的生活……可我很难记得清

---

① 这些信件中只有几封标有完整日期;括号中标注的时间是从上下文推测而来,通常邮戳也是推测的根据。

② 埃里克·克洛索夫斯基(1875—1949),波兰裔画家、艺术史家,1902 年从德国来到巴黎。1914 年 8 月,由于战争爆发,他被迫前往柏林,成为舞台布景师。后来去瑞士与妻子和两个儿子团聚。30 年代初,他最终定居在瓦尔省的滨海萨纳里,"距土伦 12 公里,位于萨纳里海湾;居民 3470 人;渔港小镇;拥有花卉种植、海水浴场"(《拉鲁斯百科全书》,1928 年)。

③ 希尔德·斯蒂勒(婚前名为希尔德加德·迈耶,1883 年出生于苏黎世),记者,小说家。与德国演员、导演科特·斯蒂勒离婚后,成为埃里克·克洛索夫斯基的女伴。("你恨她吗?"——"我恨她。"巴尔蒂斯回答道。)

自己在这儿度过的七个月里的事了。也许你还记得,你们所有人都反对我来这儿。然而,我的选择最终还是对的。你知道吗,这七个月来,我自力更生,没有像妈妈①预言的那样冻死或衣不蔽体。这是一段有点儿艰难、有点儿让人烦恼不已的生活。我经常有些事务缠身,这大有裨益。你想想,我已经能卖出画了,还有预约订单。现在如果回到巴黎,我身上还能有大约500瑞士法郎。我的那幅《坐在床上的裸女》以300法郎的价格卖给了林德斯派舍先生。他是我们通过于贝尔·兰道认识的瑞士玻璃画家,也是我的一个好朋友。另外,我卖出了两幅你还没看过的小型卢森堡风景画。而且,我还为预约的顾客画了三幅漂亮的肖像画。第一幅是为一位托曼夫人画的,效果非常理想,于是那位女士又在我这儿画了一幅。第三幅肖像是给我的一个女医生朋友画的。我还有可能要给布鲁斯特兰家的大女儿②吉洛娜·布鲁斯特兰画像。——这些都是实实在在的成果,的确相当真实——至于我自身的发展,该怎么说呢?你瞧,我已经开始大胆尝试肖像画了。总之,从数量上看,我成果甚微:一共四幅肖像画,两幅大的,两幅小的。第一幅画了我的一位朋友、椭圆脸的格特鲁·缪勒小姐。第二幅画的是托曼夫人。她身穿淡绿色裙子,坐在扶手椅上,底色为红棕色;其琥珀项链的颜色与底色一样。第三幅小肖像画也是托曼夫人的。第四幅画了格特鲁·缪勒小姐的姐姐、医生海德薇·缪勒小姐。她穿着淡灰褐色裙子,坐在约依印花布的扶手椅上,背景为深色——整个画面呈灰、金色调。这些画像自成一体,反正我对此有颇多心得。除此之外,我还对静物画略微研究了一番;画了一幅小型裸体画;应邀为正在伯尔尼举办的一个以"各个时代的女商贩"为主题(相当愚蠢的主题)的大型女性题材画展画了一套十四幅的大型彩色画。我画了埃皮纳勒的各种女商贩,其中第一幅便是一个卖草药的罗马巫婆……

---

① 巴拉迪娜·克洛索夫斯卡(1881年,布雷斯劳—1969年,巴黎),才华横溢的水彩画家,以其与诗人里尔克的通信而闻名。巴尔蒂斯称之为"德黛尔"。

② 布鲁斯特兰家的女儿指巴拉迪娜一位朋友的女儿。

也许有人要来给我的画拍照。我多想听听你的看法啊。我不知道自己此时是否画得好,但我感到自己在进步,在发展,更大胆了一些。

想想看,我还认识了汉斯·格拉贝尔①。他非常喜欢我带到苏黎世来的两幅临摹皮耶罗的画,特别是我给施特罗②一家看过的战争题材的画作。他对其他东西也挺感兴趣,特别欣赏我今年春天画的那三幅小型卢森堡风景画,声称似乎在其中看到了奥贝尔若努瓦③的神韵。但他建议我不要再继续写生,认为写生束缚了我,因为我的想象力相当丰富——我不能对此展开讨论,这样就扯得太远了。但我想一位画家是永远不会说出此类蠢话的。

亲爱的老爸,我急匆匆地给你写了这封信,好让你很快有我的消息!你打算何时出发?无论如何,我将于月底返回巴黎。我千万次地温柔拥吻你。

你的巴尔蒂斯

拿到我那些画的照片后就寄给你。

2. (1929年9月11日,苏黎世)
巴尔蒂斯致信安托瓦内特·德·瓦泰维尔小姐
蒙比儒斯特拉斯大街29号,伯尔尼,瑞士

亲爱的安托瓦内特:

---

① 汉斯·格拉贝尔(1886—1959),瑞士艺术史学家及艺术评论家,勒内·奥贝尔若努瓦(见注释3)作品的重要收藏者,著有《皮耶罗·德拉·弗朗切斯卡》(1920年出版)。他曾将这本书寄给准备前往意大利旅行(1926年夏天)的巴尔蒂斯。

② 让·施特罗(1886—1942),阿尔萨斯学者,埃里克·克洛索夫斯基作品收藏者,苏黎世大学科学院教授。纪德在《日记》(1927年5月)中充满敬重与爱戴地谈起过他,着重突出了他"极为优雅的翩翩风度,审慎而亲切"。

③ 勒内·奥贝尔若努瓦(1872—1957),瑞士杰出画家,埃里克·克洛索夫斯基的老友。

请允许我将画展手册①寄给您,也许您会很高兴收到它。

下周六我也许要去伯尔尼。唉,可是我还不能确定。要是能成行该多好啊。

您的照片让我们所有人都为之倾倒,您在上面是那么迷人,和您本人一样!

向您致以最美好的友谊!

巴尔蒂斯

"亲爱的、亲爱的心肝宝贝弗拉尼",我想你。

T.②

3. (1929 年 12 月 6 日,柏林)
特里·缪勒从柏林致信在伯尔尼的安托瓦内特

弗拉尼,我亲爱的小可人儿,很奇怪,整个下午我都想着给你写信,一刻不停。但我还是克制了一下,因为我觉得你不会答应把这些信立即撕掉——所以,我不能把话一股脑儿全倒给你。于是就写了你收到的这封信!

这里还是一如既往地乱成一团,毫无喜悦,毫无吸引力——我实际上过得并不快乐。自从我订婚后,罗比③一直郁寡欢(尽管这事已经过去很久了!)。而我们每个人都在渴望遥不可及的东西——我极度想念你——圣诞节我不能回来了,那真是太疯狂了。我也不能

---

① 指在苏黎世弗特画廊举办的画展(1929 年 9 月 12 日至 10 月 13 日)手册,其中展出了一幅《领圣体的女子》的复制品。

② "弗拉尼"是 T.(即特里·缪勒,巴尔蒂斯前一年给她画过肖像)给安托瓦内特取的名字(见后一封信)。

③ 罗比,即罗贝尔·德·瓦泰维尔(1903—1938),安托瓦内特亲爱的哥哥,特里和巴尔蒂斯"最好的朋友"。当时,他正在柏林深造,学习法律。

去巴黎。由于工作的原因,我必须呆在这如地狱般糟糕(各方面都很糟糕)的地方。罗比乖乖地学习。他每天都在我家向我倾诉他有多么烦忧——哎,你瞧!

你呢,告诉我你在干什么,是否过得快活,别人对你好吗,是否一切无恙。我想了解所有的情况。

我的小宝贝,我最亲爱的可人儿,你的照片一直摆在我面前(很快你就会有我的照片),我在上面写了一行考克托的小诗:"你的脸庞陪伴着我/ 我从未见过能与你媲美者"。——啊,你可以想象得出那些来访者的表情!(而且上面还有献词!)看到其他那么多人的反应——例如罗贝尔·杜南①,罗比始料不及。杜南立刻什么都明白了,缠着我问各种问题!!随便他们怎么想。我凝视着你微启的美丽双唇,和如此芳香的、曾覆在我脸上的秀发——

亲爱的弗拉尼,我对你永远都亲不够!

特里

---

① 关于罗贝尔·杜南(红十字会创建者亨利·杜南的亲戚),我们只知道1930年12月,特里嫁给了他。巴尔蒂斯认为这是"一件残酷的事"(见第7号信)。他的儿子杜南医生从苏黎世写信给我们说:"我的母亲格特鲁·伊丽莎白·杜南(婚前姓缪勒)出生于1897年12月13日。结婚前,她已成为律师,在柏林为讽刺性报纸《概要》工作。我认为她是通过你们的舅舅认识巴尔蒂斯的。"

第一章 *1930.10—1932.2*

4. (1930年10月14日)周二
   巴尔蒂斯从巴黎致信在伯尔尼的安托瓦内特
   马尔布朗士大街①11号,巴黎第五区

亲爱的宝贝:

你似乎依然在我身边,以至于我经常觉得能听到你在我身后笑——但那已是几天前了。

从周六晚上以来,我对自己的命运已经非常清楚:我没有成为海军,我是在摩洛哥的一名步兵,我被打发去摩洛哥了,我要离开欧洲,在外十五个月不能回去。对于像我这样不热衷于异域风情的人而言,似乎有点漫长。但那似乎是个非常美丽的国度,到处是滑稽可笑的地毯和花生贩子,于是从这个角度来看事情似乎也还可以忍受——实际上,我充满了好奇——我是"被义务召唤来的小鱼儿"。

亲爱的小宝贝,和你们在一起度过的那两周非常的美好。我想,在那儿("在那儿"与"疲乏低落"一词相差无几,这倒是个挺大胆的比

---

① 自1924年起,巴拉迪娜和两个儿子就住在马尔布朗士大街上。

较①,我会充满伤感与柔情地怀念它的。但我真的非常担心你。能写信给我吗?如果你能很快写来,我还能在巴黎收到你的信。我要到下周一20号才出发。如果你有意开始与一位步兵,而且是在摩洛哥的步兵通信的话……

T.来了吗?向梅梅②问好。问候你的双亲,还要对你的亲切关怀致以无尽的感谢。

而你们,你和罗比,我亲爱的天使们,让我温柔地拥吻你们。

巴尔蒂斯♥

我要去的地方叫盖尼特拉(在拉巴特附近)。原谅我歪歪扭扭的字迹;因为接种疫苗,从昨晚起我就一直躺在床上。埃莫③写了封信给我,说是今天到达伯尔尼。不知他是否敢给你打电话?????

我正想办法把手套寄给你。

5. (1930年10月19日,巴黎)周日晚

仓促中,我与欧洲大陆匆匆道别!

哦,宝贝,时间如此无情地飞逝!有一天,我画了会儿你的肖像,沉浸在上几个星期收到你来信④的日子里,你好像真的就近在眼前、触手可及!

你的再次来信真是让我欣喜若狂!

亲爱的小宝贝,十五个月后再见了!上帝啊,但愿不会发生什么

---

① 法语中"在那儿"(là-bas)与"疲乏低落"(las-bas)的读音相同,故有此说——译注。

② 梅梅:安托瓦内特的一位情人,意大利外交官。

③ 埃莫·巴尔德勒本,一位来自波罗的海沿岸的朋友,其母为瑞士人,住在洛桑。1932年,勒内·奥贝尔若努瓦以他为原型,创作了《一个美国人的画像》,暗示其在美国的下一个工作室。

④ 这封信未找到。

翻天覆地的变故,但愿我还能与宝贝重逢,这个我刚刚见过、触摸过、疯狂爱慕着的宝贝,我的小妹妹!

这周,我忙于挣脱一切有可能将我羁绊于此的桎梏;我要带着彻底解脱的灵魂(在此我必须用这个词)出发。也就是说,我要轻装上阵。明天下午4点,我必须到达勒伊(这真是个可怕的地区)的兵营,因为要在那儿集中。虽然并不是什么艰苦的事,但那可是下午茶时间啊!

我们在那儿停留两三个小时,然后,将被派往马赛,登上像生锈的沙丁鱼罐头般的军用船只开始海上航行。三天后,如果还没完蛋的话,就到了摩洛哥。

事后,我会很高兴能详细地向你描绘整个过程。你已经在苏黎世了吗?宝贝,我的爱,你真的会给我写信吗?能让我清楚的了解你的动向吗?能答应我吗,即使做不到理智审慎,至少也要小心点,懂事点。你会不时地想起我吗?你是我的心肝宝贝!你瞧,如此热爱欧洲的我还惦记着从欧洲给你写信!

再见,亲爱的宝贝,让我拥吻你,哦,紧紧地、紧紧地拥吻你!给你一个东方式的亲吻!向小鱼儿①转达我的深情厚谊!

寄张照片给我吧(我已不满足手里这张小的)。

我的地址如下,但我可能要一个星期后才能到那儿,因为可能要在马赛待上好几天:

摩洛哥,盖尼特拉,摩洛哥第四步兵营。

6. (1930年)11月1日,盖尼特拉②
巴尔蒂斯从摩洛哥致信在伯尔尼的安托瓦内特

亲爱的小宝贝:

---

① "小鱼儿"是罗贝尔·德·瓦泰维尔的绰号。
② 邮戳显示为:北摩洛哥大港口,盖尼特拉。

到今天为止,我已经离开巴黎、离开欧洲两个星期了。从尚且算得上体面的生活,跌落到最不可思议、滑稽至极、疯狂至极、令人不知所措的无法想象的境地!

我丧失了时间概念,因为这里还像在六月里一样,天气那么炎热,天蓝得令人绝望(你知道我有多讨厌这样的天)。我已不太清楚自己身在何方,因为除了营房和操练场,什么都看不到(要八至十天后才能出去);而那座我匆匆瞥过一眼的"城市"看起来也像是乏善可陈的郊区,到处是桉树和木栓,却看不到法国梧桐或栗树;阿拉伯人骑着自行车在此穿行,呢斗篷下的松紧袜带看得一清二楚;还有1905年的汽车。不过那儿和瑞士一样有电气火车。混乱不堪的人和物!每天,我无数次地怀疑自己是否还没有发疯。发生什么事了?我绝望地拼命抓住回忆来证明自己的存在,来找寻真实感,以期回到十天前的状态。今天,我买了面镜子(整个营地只能在玻璃反光中照镜子)。我的头发只有三厘米长,看起来像是一个惹眼的(依旧如此)、犯了罪被发配去做苦役的年轻人。我戴红呢绒圆帽还不是太难看。我会给你寄张照片,你真得看看我这副样子。

军队生活一成不变地极其滑稽。一个星期以来,我们从早到晚地操练,但是,哎,我做不到保持一成不变的严肃认真态度,特别是面对我的上级时。在我看来,他们就像一群木偶,我无法对他们表现出无比谦恭的尊敬。上帝啊,千万别让我成为一名士兵!这出闹剧真的要持续十五个月吗?

亲爱的宝贝,你会写信给我吗?很快就写?告诉我你在干什么,发生了些什么事,告诉我一切!我焦急地等着你的消息,就像等着真实世界里照来的微光!告诉我,你有时会想起我吗?要是我能一下子振作起来去找你一起在城里逛一圈该多好!让我久久地拥吻你,宝贝!

巴

我的地址:摩洛哥,盖尼特拉,摩洛哥第四步兵营(补给站)

五天后你才能收到信,多令人伤心啊!替我紧紧拥吻阿斯利。

7. (1930年)12月25日,盖尼特拉
巴尔蒂斯致信在苏黎世的让·施特罗教授

亲爱的施特罗先生:

我无法用语言来表达昨夜收到您来信时的激动心情,以及我有多么感激您先写信给我。我无数次地想给您写信,但无数次地总是没来由地生怕冒犯而没有动笔。亲爱的施特罗先生,请相信我,每当看到朋友身陷困苦,我总是感到自己极度无能和不知所措。尽管内心渴望陪伴在他们左右,但实际上我却置身于事外。这就是您所说的"笨拙";也许您是对的。正因为如此,您的指责让我难过。不过,也许我不该用"指责"这个词,因为您的批评是那样的温和,以至于在今年这个记忆中最悲伤的圣诞赞颂准备中,我不禁流下了眼泪(现在,我经常不能自已地悲伤起来)。

在苏黎世时,我最想见的就是您。在那儿,我从未感到如此孤独过。一些对我而言十分重大的事件令我陷入了混乱中,例如,两周前分别时还活蹦乱跳的一个好朋友去世了;格特鲁·缪勒结婚了。那么多事都出现了无法逆转的变故,我是多么渴望见到您,但我没有勇气带着如此狼藉的行李出现在您面前。到苏黎世几天后,我在莫利斯那遇到了您,您答应给我打电话。我等待着,但您没有再打来。然而,直到现在,我才意识到由于遇见您之前没有给您任何消息,我可能看起来像是要"躲着"您。但请您千万不要认为我会这么无礼。我不知该如何弥补自己的沉默所造成的严重错误,这沉默根本不是我内心情感的流露。我对您二人充满炽热与感激的强烈思念一刻都未停止过。就在离开巴黎的前几天,当我得知自己将奔向如此遥远的地方,我不禁为没有去见您、为还要经过漫长等待才能再次见到您而悲从心来。

今天，我无意在此对您过多谈论自己的生活。我常常觉得无法再坚持下去。最糟糕的是，我感到刻骨的孤独。没有人可以说话，一个都没有！对此，我完全没有心理准备，或者至少我原以为自己会有更强的忍耐力。我意识到自己是多么依赖一种环境，一种有一些朋友的环境。我满怀柔情地思念自己离开的一切。在最为脆弱的时刻，我感到自己像一名溺水者般地沉落下去。许多从前无法想象的事都很快变成了现实。然而，我还是不明白为何自己要经历这一切；而给我带来最深感受的就是时光的飞逝。在营地后，外面的景色如此美丽迷人，让我好奇的心止不住地蠢蠢欲动；但我几乎欣赏不到什么。有时，我们可以有 24 小时的外出时间，但这点时间远远不够用来欣赏体味这么多新奇事物，只会让人徒生没能充分利用的莫大遗憾。不过，盖尼特拉是个例外。它完全没有摩洛哥的风情。始于 1913 年的这座小城令人厌恶，是我见过的最丑陋、最粗野的地方。但我曾到过拉巴特一次，到过菲斯一次！我不禁惊叹、诧异、愕然，竟然还有这样的地方！可是，我想我在被动地去欣赏，事实上我无法在其中找到任何艺术灵感。归营号吹响了——我总是不记得自己是个士兵。亲爱的施特罗先生，我得停笔了，因为一会儿我就得睡觉了。

我想念你们两个人，我的朋友，最深切的思念。请永远永远都不要怀疑我的深情厚谊。我衷心祝福您在新的一年里万事如意！

您的巴尔蒂斯

仓促间差点忘了感谢您的礼物。这笔钱真是个大数目，在这儿我们很少花钱。

8. 1930 年 12 月 29 日，周一，盖尼特拉

巴尔蒂斯致信在伯尔尼的安托瓦内特

亲爱的宝贝：

第一章 1930.10－1932.2

这张信纸和我身处之地一样糟糕，我犹豫着是否要用它来给你写信，特别是它让我想起了向我们兜售类似东西的小贩（你还记得吗？）。我动笔只是为了享受给你写信的乐趣，而不是为了让你回复我。你回信总是太不积极了……但我真的希望自己不会像可怜的海尼一样让你厌烦。不过，通过写信，我可以让自己仿佛就陪伴在你身边，这是我一个可爱的小伎俩，你没法阻止我。有一次，我曾对你说，书信并不能带来太多的真实感。但在这里，我意识到自己错了；在这里，我只活在回忆中（这当然是十分不正常的）。这个盖尼特拉，恕我冒昧，是个令人难以置信的地方，是个无法形容的城市，因为尽管从营地里可以看到宏伟的白色房子（而且非常现代）从晨雾中显露出来，但你再三寻找，都找不到城市的痕迹。你和罗比一直说起的应该就是这个名字以"奥那"（？）结尾的神秘之城，是魔鬼为了再次戏弄我而把我送到了这里。至于摩洛哥，真的是风景如画，充满诗意，甚至也许有点过于美丽了。但事实上，我并不十分热衷于异国风情。不过，这里有很多令人流连忘返的地方，例如当地那些漂亮的城市里，你在同一条街上走个三回都不会发觉，因为到处都是各色各样的新奇玩意儿，整齐排列的小商店将橱窗装扮得那么诱人，应有尽有，真的是应有尽有，特别是那些五颜六色、令人垂涎欲滴的糖果。走在这些街道上真是无比惬意，人也显得伟岸起来，因为房屋十分低矮，还能看到手牵手闲逛着的阿拉伯人。街上还有技艺高超的黑人魔术师，和画册上的一样，他们会向你们展示各种戏法。人们走在这街上，脚下是横七竖八地躺在地上、满身伤口或脓包的乞丐。在这儿，自行车以及摩托车重新成了稀罕玩意儿，是摆放在商店最里头、吸引眼球的东西，让人们啧啧称奇地观赏。总之，这一切都很令人快活。瞧，这就是摩洛哥。你会知道它很漂亮。

现在我是名真正的士兵了，说这话，我丝毫谈不上理直气壮。但无论如何，我已懂得如何安装、拆卸枪支，射击成绩名列前茅，我学会了立正、举枪；最不可思议的是，两三个月后我就要晋升为下士了。

这一切至少充满了奇特的幽默感。一晃两个多月过去了。有时，我觉得坚持不下去了，但有时我又觉得很快乐。你知道吗，我并非没有可能在四月或五月回到巴黎去继续服兵役。我将被招到摩洛哥驻巴黎办事处做秘书。如果能实现的话，上帝啊，我该多幸福啊！

尽管这封信开头第二句我是那么说的，可是，哦，宝贝，我多么盼望有一天能收到你的片言只语！

小可怜，告诉我你又发生了什么倒霉事。难道你一点都不愿向我透露目前的生活状况吗？我衷心地希望你不要烦恼，尽管我自己心乱如麻，因为我清楚地意识到，这一切只会让我的生活出现一片巨大的空白，一片我绝望地试图以无穷的想象来填补的空白。亲爱的宝贝，我多么思念你啊，你让我离开的日子变得多么美好、温情！你和罗比俩人身上吸引我的，正是这种孩子气，有点可怕，有点疯狂，让我如此着迷。但愿有朝一日，我能再次感受到它！

亲爱的宝贝，让我紧紧地、紧紧地拥吻你。由于你有可能甚至已经记不清我的名字了，在此我只署名为

巴

这样，就像一封匿名信了。不过，还是请你代我向罗比、于比[①]、你的父母，还有梅梅，致以新年的问候！

9. 1931年4月14日，伯尔尼
安托瓦内特致信巴尔蒂斯

亲爱的巴尔蒂斯：

[①] 于比，指于贝尔·德·瓦泰维尔(1907—1984)，安托瓦内特的三哥。当时为医学院的学生，后来成为日内瓦大学著名的妇产科教授，曾为索菲亚·罗兰和法拉赫·狄巴接生。

你为何从不写信给我？我忧心忡忡，求你收到信后给我回音吧。亲爱的，你好吗？我很担心你，我曾热切盼着这个月你能回巴黎。

你知道的，我考试没通过，业士学位打了水漂。一个月后，我得出发去英国了，这令我痛苦万分，因为我在伯尔尼过得如此快乐。不过，我只去三个月，时间应该会过得很快。之后，我打算去佛罗伦萨过冬，学习意大利语，我对此更感兴趣些，正如你能想象的那样。

亲爱的，我希望半个月内能有你的音讯。让我全心全意地拥吻你！

宝贝

10. (1931年)4月24日,盖尼特拉
巴尔蒂斯致信安托瓦内特

我亲爱的小宝贝：

你的那些来信好似飘落在垃圾堆上的玫瑰花瓣！的确，很长时间没给你写信了，比我预期的要长得多。收到你的第一封信时，我正坐火车前往直布罗陀休假；一位英国朋友来接我去他表兄——直布罗陀的一位少校——家里过一个星期。那是非常愉快的一个星期，与这座令人厌恶的城市截然不同——而我在这儿已经两个月了。哎，在兵役结束前离开"珍珠"(？)的机会实在很渺茫。不过我不会再感到痛苦了，事实上，时间过得飞快。尽管烦心，而且没有任何娱乐活动，我还是开始更容易适应这一切了。

现在我是上尉秘书。幸运的是，上尉是个极为和善的人，非常关照我。也就是说，我什么都不用做，只需不时地打打信件（我学过打字）、报告或其他无聊的东西。当然也就根本没人来管我的军纪，几乎是自由自在；这样已经让我感到很惬意了。日复一日，我办公桌上方的日历一页一页地被撕掉……

多么糟糕的一年啊,真是可悲。

瞧,这就是我的现状。你呢,小可怜,会考没通过?!

我得承认,对此我毫不意外,你绝对干得出来!

你要被送到英国待三个月!什么时候出发?出发时告诉我一声。如果愿意,你可以认识一下我们一个非常可爱的好朋友贝蒂·霍兰德。也许你会非常喜爱她,这人几乎和你一样疯狂。她就住在伦敦。我回头把她的地址告诉你。看在老天的份上,告诉我把你送去那儿干嘛?

是想让你开窍吗?不过我认为你会非常喜欢伦敦的,当然前提是能在那儿认识许多有趣的人。

我多想很快就能见到你啊!我真不知自己做了什么,要让命运如此捉弄我。不过,我想到十一月我就解放了。我将直奔瑞士,好好恢复下元气。这里的伙食真是糟透了,逼得我不得不吃"菲弗香蕉"①。经过这么一场折腾,我可能会变得骨瘦如柴了。

昨晚起,大量年轻的新兵到来。也就是说,现在我们这些人已经是老兵了,可以享有某些权利,例如让新兵给自己整理床铺等。再过一两个月,我就要晋升下士了。我当然行的!

还有什么新消息吗?哦,对了,你能想象吗,巴尔德勒本结婚了,即将——或者已经——定居爱尔兰!我时常收到他滑稽、冗长、不知所云的来信。

我哥哥②也去服兵役了,在阿尔及利亚的君士坦丁!现在,我们俩都到非洲来了。对于25岁的他而言,这应该是很快活的。你瞧,亲爱的宝贝,我没有什么有趣的事可说。

---

① "菲弗"是一家出产香蕉的公司。

② "我哥哥"指皮埃尔·克洛索夫斯基(1905年8月9日出生于巴黎)。当时,他刚出版了几部早期译作,例如荷尔德林的《疯狂之诗》(与通过里尔克认识的皮埃尔·让·儒弗合作),以及卡夫卡的《判决》(与其在德萨伊中学的同窗皮埃尔·里希合作)。后来在阿尔及利亚得了肺炎,于是退役。

其实,我就像在等候室里一样,一直等啊,等啊……!

多么无聊!多么浪费时间!

宝贝,临走时写信给我吧,把那儿的地址给我,请求你别忘了我!等我解放后生活该多么美好啊!让我紧紧地、深情地拥吻你!

巴

11. (1931年)6月8日,(夜间)盖尼特拉

可爱的小宝贝,可怜的小东西:

看看他们都对你做了些什么!你15号走,这封信还能及时到你手里吗?我急着给你打电话,因为我出去休假了三天,直到今天早上才拿到你那封宝贵的来信①。我给贝蒂也写了信,她现在巴黎,不过即便还没动身,再过几天也要返回伦敦了。我弄不清她在伦敦的地址了,因为她经常搬家。但我一有消息就写信给你,或者她会写信给你,因为我把你的地址告诉她了。

宝贝,别沉溺于离愁别绪中——也许这次倒是个好机会呢。想想你即将面对和体验的新鲜事吧,显然,你在伦敦会大受欢迎的——无论走到哪儿,你都那么美丽——所有人都会趋之若鹜地来向你献殷勤,肯定是这样的。这样,那里的生活、各色各样的事务还会无礼不逊地惹恼你吗?

不,不会的,我坚定地认为只有最美好的事物才会出现在你身边。当我想象你住在一个英国牧师家里时,禁不住放声大笑起来:即便是住在世界上最美的地方,也的确太像18世纪小说中的某些场景了。

总之,危险解除了,你将会发现伦敦也许非常有意思。

哦,宝贝,你知道吗,你的来信、那些可爱的来信让我多么伤感

---

① 这封信未找到。

啊。哎,我离你那么遥远!

现在,这里已经完全成了非洲地狱:天气酷热,人们只能睡觉。

我首开先河地于夜间几乎全裸地在营地里溜达,这样很舒服,但也招来了无数流言蜚语。我试图对服兵役表现出匪夷所思的鄙夷,好让他们把我扫地出门,也就是把我送到别处去。可是,真令人难以置信,我得到了原谅,他们宽恕了我的一切错误,而且几乎对我放任不管。士官们都知道我与上尉交情不错,什么都不敢说。时间飞逝,又是半年了。今晚,谁都睡不着,天气太热。于是我就给你写了这些话。现在应该已经快午夜了。

告诉罗比,一星期前我认识了西德尼・布朗,就在其菲斯的表兄家里。罗比肯定跟你说起过他,或者也许你自己就认识他。这真是个滑稽的人。

答应我快点从伦敦给我回信,我想了解所有的情况。

我相信你和贝蒂会喜欢对方的。

最后,亲爱的宝贝,我在焦急地等待你的消息。就我而言,今天写的不是一封信,而是小小的鼓励,同时也让你了解贝蒂的情况。让我紧紧、紧紧地拥吻你,我的爱(我会去搭乘远洋客轮,只是为了……)。我迫不及待地要见到你,把你实实在在地拥在怀里。

巴

向罗比转达我深切的情意!向于比问好!

12. 1931年6月20日,伦敦
安托瓦内特致信巴尔蒂斯

巴尔特里,我的爱人,我已到达伦敦。应该说,这里还不错。人们很友善,只是对我而言过于友善了。他们带着我到处买东西。而

我急着要在伦敦看许多东西,我不愿成天晃荡在一个和比尔或拉绍德封有点像的街区,太可怕了!!房子很漂亮,带个小花园。真的,我觉得伦敦到处绿荫葱葱,完全不像我听说的那样死气沉沉。只是,现在我开始感到无聊了。人们晚上九点就睡觉了,而我却热烈地盼望着去见贝蒂,她是唯一也许可以让我忘掉某些事情的人。如果和一个有趣的人在一起,我想伦敦应该是个非常令人愉快的城市。因此,恳请你快点写信告诉我是否有贝蒂的消息,她有没有回巴黎。亲爱的,为何半年的时间是如此漫长,我多么渴望见到你啊!

无数次地吻你,快点回信,快点!

宝贝

13. (1931年)6月24日,盖尼特拉
巴尔蒂斯致信在伦敦的安托瓦内特

宝贝,谢谢你这么快回信。我曾急切地等你从那儿写来第一封信,告诉我你的最初印象。你这个小疯子,来到这座出了名刻板的城市,该多滑稽啊!这难道不是太像流放了吗?确切地告诉我,最后你住在谁家?哦,宝贝,显然又得由我来告诉你第一个令人沮丧的消息。贝蒂还在巴黎;最糟的是,她还打算夏天去瑞士。不过这只是初步计划,也许不一定能实现,就像她大部分计划一样。我并非完全没有指望看到她回英国。可怜的小心肝,你现在已经开始觉得厌烦了。

这些事的确恼人。不管怎样,你需要认识些有趣的人。我会写信给贝蒂的。即使她自个儿不回巴黎,至少也得安排你去她的一些朋友家。我的其他英国朋友目前都在巴黎或瑞士,仿佛他们特地挑了这个最佳时机把你送过去,好让你谁都见不成。接待你的东道主是什么人?你弄清楚了吗?9点就睡觉,这实在不是个好兆头。在这

种一丝不苟的生活节奏下,你准会干出点蠢事来。那些女孩(你不是跟我说过两个女孩吗?)表现出某种兴趣了吗?到目前为止,你还只是被带去买东西,你的脚一定走疼了。

哦,宝贝,在如此遥远的地方,我是多么惆怅,多么渺小啊,我和所有自己爱的人相距如此遥远,与你相距如此遥远……而且已经这么长时间了!也许我真的本该趁你在伦敦时也设法去那儿的。好了,不说这些了,我发誓,我经常自问,怎么我还没有彻底疯掉,或者病倒。

宝贝,我的心肝,我总是差点儿忍不住要写情书给你,并且需要顽强的毅力才能抑制这股冲动!哦,我就像个幽灵,我已灵魂出窍,游离在现实之外。当我在边缘徘徊时,一切都在脱离我而运行,一切都抛弃了我。而最后当我重新置身于此,也许一切都将远去,远去。

宝贝,为何你仿佛一直近在咫尺,我的小玫瑰①,有时我会为你而颤抖不已!多少次,我在脑海中重新勾勒你的形象,哦,记忆是那么清晰!啊,现在我只能靠书信来聊以自慰了——过度炽烈的情感让人在狂热中产生幻象,我就成功地达到了这一境界;随后,会发觉自己依旧形影相吊,不久前还喜爱不已的排遣方式现在却越来越令人无法忍受。我真的不能再放任自己跟你絮叨我的事了——我就快沦为巴尔德勒本风格②了,甚至还更晦涩难懂。还是说点别的吧。

一段时间以来,我几乎每个周日都去菲斯的查理·布朗家。在那舒适、欢快、新鲜的氛围里,至少所有的噩梦都无影无踪——我至少成了一个寻找到精彩生活方式的人。查理家远离新城,在阿拉伯城之外一片梦幻般的小树林里。他住在一栋深藏于树林之中、富有现代气派的阿拉伯式老房子里,一栋你所能想象到的最美妙的房子。他真正做到了只见想见之人,只接待愿意接待之人。他也享受着那些可爱的旅途中的朋友们带来的乐趣,只要他们的本来面目就是如

---

① 安托瓦内特曾给自己取名为罗斯(意为玫瑰)和爱丽斯。
② 巴尔德勒本,他的一个朋友,是位文风冗长的书简作家。

此。显然，他是个同性恋，也许还有点受仆人的摆布——就是那三四个很像寄生虫的阿拉伯男孩。不过，说到底，金无足赤，人无完人。不管怎样，你会觉得眼前这个人是幸福的。当然，他对穆斯林圈子了如指掌，既认识苏丹，也认识菲斯最不起眼的花生小贩。我觉得这一切真是太有趣了，有那么多好玩的事等着我。只要出了营地，离开盖尼特拉，这个国家就会展现出令人不可思议的一面。这时，我才能脱去丢人现眼的军装，穿上便服。

上周日过得太棒了。我们受邀去菲斯的帕夏家吃饭。菲斯的帕夏是个有点像蓝胡子的人，备受尊敬，十分有趣。他亲手为我准备了古斯古斯（是一种用粗粮粉做的食物，该国的名菜）。告诉你吧，我们是蹲在坐垫上吃的。菜摆在一张小矮桌上；每上一道菜，就换一次桌子。每次上菜前和上菜后有一个仆人倒出银水壶里的水让我们洗手，我们就用手抓着吃。原谅我给你描绘这样一幅东方特色的场景，我很抱歉，但实际情况就是如此。我们说不清这是滑稽还是优美。不过，事实上，我觉得真的相当优美。帕夏的家是一个极尽奇特与奢华之能事的地方，满眼路易十五风格的镜子令人震惊。尽管和你谈论这样令人不敢恭维的东西我不太自在，但我还是忍不住要告诉你。不过，只有这时，我才能体会到生活的乐趣，才能开心享受，我那成天只能看到大群士兵和部队办公室的如饥似渴的眼睛才能目不暇接地接触到这么多有趣的事物，或者说和帕夏一样匪夷所思的东西。

周日休假后，第二天就是无比悲惨的日子了。我又重新跌入无尽的绝望中，不知如何才能找到力量熬过去。

宝贝，我的心肝，让我们祈祷贝蒂或其他什么人能让你尽快摆脱烦闷的生活。我会再写信给贝蒂，看看她有什么计划。他们还要让你在那儿待多久？再耐心一点儿，在街区购物、晚上9点就睡觉的日子不会持续太久。如果他人的不幸有助于我们减轻自己的痛苦，那你只需想想我就行了——但这就好比当我们不想喝汤时，别人叫我们想想那些可怜卑微、一无所有的维埃纳人。

无论如何,亲爱的宝贝,继续写信给我吧,我为了你才活下去。告诉我你住在什么样的夫人家里?以后你会被允许单独出门吗?让我无数次紧紧地拥吻你,我的宝贝甜心。过几天我再给你写信——我还在等消息。

14. 1931年6月30日,伦敦
安托瓦内特致信巴尔蒂斯

亲爱的,你不知道我是多么焦急地等着你的来信,我都不敢奢望在周末前能收到。女佣送早餐来时,我恼怒不已,拒绝醒来。不过我还是饿得睁开一只眼,想拿一小片面包吃。结果,我一看到你的来信就从床上蹦了起来(这很危险,因为我们永远不知道自己会不会折断一根骨头,床实在太硬了),一下子就清醒了。亲爱的,这都是些什么样的英国床啊!是它们让英国人变得这么冷漠、死气沉沉吗?或者说之所以有这样的床,是因为他们无法想象躺在柔软蓬松的床上时那种不可替代的欢愉……亲爱的,我想给你写信的冲动是如此强烈!

不过,我的床应该是非常"高级"的,中间微微凹陷,可以让我蜷缩其中,还有厚厚的毛料被子和舒服的压脚被。应该说,我真的睡得不错;而且,这里很舒适。接待我的是曾在中国生活多年,种植咖啡、茶叶和可可等东西的苏格兰人。先生可怕的手臂上刺满了锚型、心型、箭型图案,就像水手一样。我很喜爱他太太,真的非常和蔼可亲。但我不喜欢那个年轻女孩,因为一般来说我对年轻女孩都没有好感,而且这位还愚蠢无知,真是太可怕了!

周五,我应邀去瑞士公使馆赴午宴。真是太令人失望了,因为我还指望能遇见很多人。结果恰恰相反,只有一个腼腆无趣的年轻人。不过我还是很高兴能有机会重新说起法语。我很难过,因为我想他们以后不会经常邀请我去的。虽然他们和我们是同一类人,但他们

有如此气派的房子、如此多的宴请与舞会,很快就会把我遗忘的;而这里可能是我唯一有机会遇见有趣之人的地方了。我只是很遗憾贝蒂不在,有那么多事在等着我,舞会、话剧、电影等,我可不能独自一人去。我认为,与贝蒂一起——如果她不厌烦的话——我也许会在这儿度过一段美好时光。因为我很喜欢伦敦,我一直听说,如果能认识些人,就会在这儿过得很有意思。目前,我很享受独自在街道和公园漫无目的地闲逛——事实上,到目前为止也就有过那么一次:早上和那个小女孩一起出门后,我就决定要自己在外面吃午饭。真是有趣的经历,我已下定决心自明天起重新开始,因为现在我还躺在床上。我曾想,我还有这么多时间,除了进城就无事可做;我还要花一两天来打扮自己,让自己漂亮些,因为有一天当你终于服完了兵役,我希望能展示出一个非常美丽的形象。现在,我似乎已经非常美丽了,在伯尔尼就有许多人告诉过我;不用再上学也让我的气色看起来不错,但我却认为自己在秋天更好看,更有年轻女子的味道。现在,我越来越像个小女孩了(或者也许可以称为老女孩),当然是指心态上。在地铁的扶梯里上下奔跑着,发出欢快的叫声,我觉得这样有趣极了(你可以想象那些英国人的表情),我就像一个在花园里牵着小狗、疯疯癫癫的小女孩一样奔跑着。当然,别人把我当成小女孩并不意味着他们可以阻止我做想做的事,阻止我随心所欲地去看朋友!

亲爱的,如果你在这儿的话,我们会多么开心啊,尽管你会发现我变化很大。我终于变得理性一点儿了,而且我决心要保持下去,因为"年轻时"我有过太多的疯狂行径了,不能再这样继续下去了。但我愈发地渴望去时髦地方吃饭、跳舞,见些有趣的人,也就是说消遣一下,因为晚上9点以后的孤独让我倍受折磨。

我极度极度想做的一件疯狂事,就是搭乘飞机,然后和你一起去查理·布朗家度周末(虽然其实应该是"布劳恩",哦不,我想你写得是对的,我搞错了),去苏丹家吃饭。亲爱的,这该多神奇啊,就像《一千零一夜》里写得那样。我们总是嘲笑查理·布朗身上两种怪异的癖好,即吝啬与同性恋,而他对同性恋的迷醉程度远高于经常花钱去南方旅行时的心疼程度。亲爱的,我不太喜欢听说你去了他家。但既然那房子很漂亮,而且我也理解你想在周日逃离营地,所以我还是很高兴你能遇见他,并且唯有希望你在平时不致过于情绪低落。亲爱的小宝贝,要是我能有法子来看看你就好了,但我想没什么可能。

另外,我还特别盼望能去趟巴黎——由于展览的缘故①,现在机票很便宜。要是你在巴黎就好了,我就能不止一次地从伦敦过去了。但回来时,我又打算再待一段时间。我曾多么希望贝蒂能跟我一起去,但她去了瑞士,太遗憾了!不过,我还指望着你能给我找几个和善、有趣的人,可以晚上带我出去……

有个重大消息告诉你:我饶有兴趣地读了《爱丽丝镜中奇遇记》。我得承认这是个非常奇妙的故事,就像《爱丽丝梦游仙境》一样。但我读这本书的主要原因是,它让我觉得你就在我身边,你真真切切地出现在了我面前,多么幸福啊!

送你无数个甜蜜的吻,我的宝贝;希望能很快、很快收到一封信。

宝贝

告诉贝蒂,瑞士的夏天令人扫兴,最好冬天去,那时景色更美,也更有趣。

15.(1931年7月19日,盖尼特拉)
巴尔蒂斯致信安托瓦内特

我最亲爱的宝贝,你的来信真是让我欢欣雀跃。我真想扑上去搂住你,从头到脚地吻个遍(在这个国家,人会变得粗鲁起来)。哦,

---

① 指殖民展。

宝贝,读着你的信,我真是笑死了。可惜,外界的无数干扰让我无法立即给你回信。直到今天,我才有时间一个人静静地给你写会儿信。你的信是6月30号写的,而这个月也即将过去!

在布朗家过了两天(我想你也许把他和其表兄西德尼·布朗混淆了,因为查理虽然明显带有同性恋的怪腔怪调,但至少毫不吝啬,而西德尼住在巴黎最简陋的旅馆里,还让罗比请他吃饭),经过在菲斯的这两天放松,我就得回去参加7月14日阅兵游行的排演了。

有天晚上举行了盛大的舞会。在被介绍给驻军司令夫人后,我就得请她跳舞了。真是地狱般的煎熬,因为她和我一样高,可能有200公斤重,甚至不止,还不断地向我眨眼(我得知她有这个毛病后大大松了口气)。第一支舞跳得很顺利。舞会上挤满了军官、士官、盖尼特拉的当地贵族和那些最下流无耻的人(所有在摩洛哥的欧洲人都是为了逃避本国法律制裁而来的骗子)。倒霉的我开始跳第二支舞,对那具松弛、白腻、从大块头女士的低胸衣服中喷薄而出的躯体充满了极度厌恶。乐队奏起粗俗不堪的舞曲,悲剧突如其来地降临了。这个女人试图抓住我以稳住自己,但她全身的重量狠狠地把我拉向地面,结果害得我和她一起摔倒——我倒在了她的肚子上。在跳舞的一大堆人里,这就好比船舰在大海中沉没时激起的巨大漩涡。她昏了过去,好久才把她弄醒(我喜欢设想最糟糕的情况,而这次现实给了我大量素材)。我立即溜了。"无论您有什么样的境遇与起点,这都是一场可怕的经历,一场痛苦的、被宿敌牵着鼻子走的经历!"

于是我继续在此荒唐可笑地过下去——啊,发发慈悲吧!

宝贝,我没有任何贝蒂的消息。大家都四处分散了。哦,对了,妈妈要在伦敦待一段时间,你肯定会见到她的。你后来又去过大使馆了吗?可怜的小宝贝,不,你肯定不会坐飞机来看我的。这事美好得不像是真的,只有在童话中才可能发生。

你说你更漂亮了,这真是要我的命了!怎么可能呢?你还能比原来更美吗?我的心肝,只要再熬过这失去自由的四五个月,无尽的财富似乎就在等待着我。一定要一切一切都顺顺利利。千万不要怨我直到今天才给你回信,而且除了一起无聊事件以外,通篇言之无物。其实我并没有让你等很久。想想看,我是一个不走运的步兵,几乎连呼吸的时间都没有(尽管有些夸大其辞,但事实差不多就是这样)。啊,现在天气酷热难当,热得让人意志薄弱,贪恋享受!也许你会喜欢这样的酷暑。晚上,午夜之前根本无法入睡,房间里的空气让人呼吸困难。我就去躺在滚烫的沙子上;我感到口渴,同时也感到对爱情的渴望,而树林里的猫叫和豺狼嚎则撩动着我的心弦。

最最亲爱的宝贝,让我全心全意地紧紧拥吻你!你在看《爱丽丝》了?我早就知道你不会对特威度丹姆①无动于衷的。

巴

16. (1931年8月12日)
在伦敦的巴拉迪娜致信同在伦敦的安托瓦内特

亲爱的小姐:

几个星期前我就开始打算给您写信,并想请您如果有空的话到我这儿来。巴尔蒂兹写信把您的地址告诉了我。

不巧的是我事务缠身。我在这儿学习时装画绘制;将这门艺术与我的老本行绘画结合在一起对我而言困难很大,耗费了大量的时间。请您写封信给我,或者有空来我这儿时打电话给我(维多利亚,1196)。周五甚至下周一前,每天上午我都有事,但下午可以去喝茶,或者如果您愿意的话,我们可以哪天晚上一起吃饭,我将很高兴能见到您。巴尔蒂兹画的肖像已经让我初步认识了您。

---

① 特威度丹姆是故事中的蛋形双胞胎兄弟之一——译注。

希望您能收到我的信。巴尔蒂兹的来信里有您的地址,但字写得太小了。

向您致以诚挚的问候,亲爱的小姐

您的巴拉迪娜·克洛索夫斯卡

17. (1931年8月)

亲爱的小安托瓦内特:

我刚刚回来,得知就在几分钟前你还在我这儿的!上帝啊,真是太可惜了,我们竟然没能碰上,为此我感到多么遗憾啊!你漂亮的玫瑰花就摆在我面前,它们和你一样美!

我原本打算今天给你写信的。你觉得我在这儿的生活挺神秘的,是吧?我来这儿是为了一个我爱他、他也爱我的人。我必须把这告诉你,因为虽然我很愿意为你空出时间来,但我并不是那么自由的。你能理解吗,我亲爱的孩子?不管怎样,先告诉你我总是有空的时段:5点到7点之间。你可能得等着我了。我认为你已经是个女人,而不再是一个少女了。你第一次让我感到有点儿紧张。明天上午我再打电话跟你约见面的时间。我总想着也许你会马上折回来的。

你的玫瑰花美极了,让我的屋子香气四溢。

让我温柔地拥吻你。

你的巴拉迪娜

18. (1931年8月27日,上午12点45分)周四

最亲爱的安托瓦内特:

今天真是痛苦万分的一天。幸亏有你,柏林的那帮人给我写信了,大意是画家这一职业妨碍了我画时装画。不管怎么说,我都是潦倒不堪。我写信给你是要让你明白,我没有勇气"拿自己寻开心",也就是说没有勇气让自己困窘的生活来占据你的青春。不知你是否能明白。你那么年轻、快乐,而我现在真是处于极度悲惨、自我封闭的境地。但我仍会继续工作下去——我不愿失去仅有的一点儿东西。如果你还愿意,就来看看我吧;不,在接到我的电话前还是不要来了。另外,Les Pbg 就快回来了;我跟你说过,我还不知要住到哪去呢。今天上午我一直在哭;我就像放久的苹果一样丑陋,皱巴巴的。明天,周五,我要把另外一些画给一位先生看。但我真是没什么希望了。

让我拥吻你。我不会忘记你的。

你的巴

19. 1931 年 9 月 8 日,菲斯
巴尔蒂斯致信在伦敦的安托瓦内特

可爱的小宝贝:

我记得你曾在信中说 9 月 15 日左右就会离开伦敦?因此,如果我们还打算在英国见面的话,现在就是最后的机会了。

你音信全无;因此,我希望你已经很快就将烦恼抛诸脑后,希望你遇见了无数有趣、美妙之事,或者,也许你极不情愿地离开了伦敦,留下不知道多少伤心人。我宁愿相信这一切,正如我曾热衷于想象自己正在此地追随着你欢快俏皮的一颦一笑。

而我,你知道吗(不,的确,你怎么会知道呢?),我已经来菲斯一个月了——在参谋部。也就是说,我迅速地——毫无过渡地、几乎是痛苦地——否极泰来了。

我极其艰难地摆脱了数月来的麻木状态。我突然意识到,其实这应归咎于我自己:听天由命地将盖尼特拉视为命运对我的最终判

决是愚蠢的。于是,我立即付诸行动。很快,我就成功了,一切顺利,参谋部正好需要一位秘书——于是,我走了。

我经常和你说起菲斯。我有多喜爱这座美丽的城市,你是知道的。离开龌龊的"珍珠"后(?),现在是多么幸福,多么美妙的时光啊!尽管工作繁忙(当然,对此我是一窍不通的),但生活十分惬意。我是中尉的秘书,他是我的好朋友。想想看,如此服兵役意味着什么——从晚上6点开始,我就自由了。有兴致的话还可以在外过夜(有过几次)。总之,在这种情况下,我才差不多有可能过下去。从今天起,还要等待整整99天,而我似乎已经嗅到了外面世界的气息,外面世界那自由的气息。很快,我就入伍满一年了。(曾有一年的时间,我经常从贝阿腾贝格①南下,前往伯尔尼……)

亲爱的宝贝,我那远方盛开的小玫瑰,收到这封信后,你要做的第一件事当然就是立即回信,告诉我你的现况,何时离开伦敦,是否会去伯尔尼,等等。我等着,等着,一直等着!!!!让我无数次全心全意地拥吻你,用我的全部身心,用你所需要的一切……

刚才,房间里有个外籍军团的德国兵唱起了歌:"啊,唐娜·克莱拉——"不过这首难听的歌倒让我想起了从前我们做巧克力时看着糖融化在掼奶油中的场景。啊,多甜蜜啊!幸福的时光!

等我确定该把信寄往何处,我就会给你写封长一点的。

我的地址:摩洛哥,巴塔菲斯,菲斯地区参谋部。

20. (1932年1月3日,巴黎)
巴尔蒂斯致信在伯尔尼的安托瓦内特
马尔布朗士大街11号,巴黎第五区

宝贝:

我回来几天了。你无法想象我有多开心,你和罗比会去那儿迎

---

① 见第21号信注释2。

接我,还带着根菲弗香蕉!!难道还用说吗,你们各自迷人的魅力将吸引我不远千里地前来一睹风采。哎,可是和大家一样,我囊空如洗。不知道去瑞士滑雪的心愿是否还能像预期的那样很快实现。不过,我并不沮丧。在东方服役了十五个月,我太需要好好休息了。我疲惫不堪,疲惫不堪!

不过,一切已成过去。这荒唐透顶的生活结束了!不,谁都无法想象,当你历尽艰辛后一下子回到一个有点儿像样的世界,那会意味着什么。我觉得自己就像逃离了疯人院,自己也曾精神错乱,现在开始慢慢恢复理智。

有人说军队将磨炼你的意志,可我却变得愈发懒散、愈发粗鄙、愈发拖拉了(你意识到了!)。

我今天第一次脱下了军装,穿上便装。留着军装是因为刚回来那几天我快冷死了,另外,它很惹眼——蓝色呢斗篷、红色呢绒软帽——我需要别人的关注,非常需要。

总之,这些都是次要的。更重要的是我们要很快见面,非常快!希望我能安排好。无论如何,我们现在离得很近了。一想到只需几个小时的火车,我就心花怒放!哦,可爱的宝贝,要知道,你让我被流放的日子渗入了丝丝甜蜜;你的来信点亮了多少个黑暗的日子,这些文字正如经常犹在耳畔响起的你的笑声那般欢快、活泼!

宝贝,我们真的快要见面了!

请原谅这些胡言乱语。我自己还是晕头转向的。有时候,我会不知道自己是谁。再见,我的天使们,我爱的人儿!

让我深情地拥吻你们俩!

新年快乐①!

---

① 原文为英语——译注。

21.（1932年1月）
巴尔蒂斯致信在贝阿滕贝格的马格利特·贝①
德语信

我亲爱的好心肠的迈泽尔：

我回来足有两个星期了，竟然还没有给您写过信！原因在于，我处于深深的茫然中，还没有完全回过神来。不过现在好了———一切都已成为过去，现实慢慢变得真实起来。在一个截然不同的世界生活了十五个月后，我突然回到了熟悉的环境，周围还是那些人，几乎什么都没有改变。

我成天追在别人后头，想找个随便什么样的活儿干干，但大部分人已经把我遗忘很久了。与往常一样，他们对我做了一堆承诺，但我很清楚这最终什么意义都没有。许多瑞士朋友也曾答应过要帮忙，但自从我回来后，大家就集体失声，并且踪影全无。当然，我很难过，怎么能不难过呢？但我并不灰心，一切都如我所料。如今，没有谁再关心绘画，或笼统地说，关心艺术。只有非常富裕的有钱人才有这份闲情逸致。大多数画家都开始做些别的（感谢上帝，从某种意义上讲！），如画海报、报纸广告、时装画。不幸的是，我对此毫不在行，也不准备将就。

因此，我准备找一份与绘画完全不相干的工作，例如秘书或类似的职位，因为我学会了使用打字机。但这样的工作也很难找。说真的，目前还毫无头绪。现如今，成千上万的年轻人都过着和我一样的生活——时世艰难啊。

我哥哥为不同的出版社翻译书，因此也多少算是走出了困境。

---

① 马格利特·贝（1888—1939），瑞士雕塑家，贝阿滕贝格牧师的女儿。贝阿滕贝格位于伯尔尼阿尔卑斯山地区，自1917年起，巴尔蒂斯多次去那里住过。巴尔蒂斯亲切地称马格利特为"迈泽尔"（来源于"迈斯特"，即"师父"一词），表现了对她的感激之情。

我母亲住在伦敦的朋友那里几乎有一年了。我特别同情我的父母，到现在为止，他们都还没有重新过上一种安定的生活。

这一切让我感到厌倦、失望。我将很愿意去瑞士待段时间，休整一下，滑滑雪。但就目前的形势来看，这事想都不该想。现在，我必须找到一个谋生的手段。我再也无法忍受这种长期缺乏安全感的生活。我必须找到解决的办法。

我亲爱的迈泽尔，我要对您表达诚挚的感谢。您那时真是救了我。您永远都是我珍贵可靠的朋友。

希望很快就能听到你们所有人的好消息，希望大家都好。

正如您所说的，我很好地服完了兵役。这个过程常常很艰苦，但大部分时候还是挺好玩的。我从未认真严肃地对待过它。也许正因为如此，我才能坚持到底，没有被打倒。

好了，亲爱的迈泽尔，现在祝您新年幸福快乐还不算太晚。也向你们所有人问好！

巴尔蒂斯

22. 1932 年 2 月 4 日，巴黎
巴尔蒂斯致信在伯尔尼的安托瓦内特

亲爱的宝贝：

不知你是否收到了我的上一封信，反正你没回信。你觉得这样好吗？

不过，我希望能有机会对你大发雷霆，因为下周末，我就要去瑞士了，先去蒙什家待几天，然后去伯尔尼。我会见到你和罗比吗？

先向你们俩表达我最诚挚的情感，并向你的父母问好。

巴

另：真可惜,你现在不在巴黎,否则就可以认识贝蒂了。她这几天就要和我们的朋友皮埃尔·里希①结婚了。这看起来很奇怪。然后他们就要双双去葡萄牙了。

---

① 皮埃尔·里希(生于 1907 年),1923 年成为皮埃尔·克洛索夫斯基在德萨伊中学的同学;诗人,翻译大师。1964 年,在《在法兰西信使》上创建了"英国文学专栏"。

第二章 *1932.4—12*

23. (1932年)4月8日,贝阿滕贝格
   巴尔蒂斯致信在苏黎世的让·施特罗教授及其夫人

亲爱的施特罗先生:

　　我在伯尔尼收到了您的两封信及贺卡;我是去那儿过复活节的,周三才回来。您美好珍贵的友谊给我带来了莫大的鼓舞,和您一起度过的愉快的几个小时令我获益匪浅——这一切都无法用言语来形容。而且重拾我们的友情更令我信心倍增!

　　不,要不是我自己感到百无聊赖,同时又期待着能和您共处一段时间,目前,对我而言,留在这里并没有什么问题。无论如何,都非常感谢您的建议——我正在绞尽脑汁地想办法。什么时候我才能过上像样点的生活呢?

　　刚才我说过,我是在伯尔尼收到了您的信(旁注:因此,您无意中充当了见证人)。我住在朋友瓦泰维尔一家那里,我总会有意无意地在他们家流连忘返。那儿有我十分喜爱的朋友罗贝尔,以及他那迷人的妹妹。一个年轻女孩的世界!只要一踏进去,我就会立马神魂颠倒了!而这个女孩是如此可爱,以至于我期望所有的年轻女子都能像她这样。欣赏着早熟的孩子,品味着一杯杯掼奶油巧克力,沉浸

在爱情中(恕我冒昧)，这是多么令人迷醉的场景啊。我跟您说过吗？1930年10月，也就是在去服兵役前，我给这个女孩画过一幅肖像。这是我最后的画作，调色板至今还保持原样，留存着她头发的金色和裙子的色彩。最令人宽慰的是，现在回来后，我又回到了过去的这一切中，什么都没改变，包括我自己。可是，如今，每当我隐约感到幸福来临，并且近在咫尺时，我却痛苦万分，然后及时地逃走了(尽管这次有点太晚了)。

我如此热爱生活，而且，目前，我如此需要生活下去，但我却失去了这个权利！

亲爱的朋友，发出这悲伤的呐喊后，我得停笔了，以免它显得过于凄厉。您应该会懂得如何不让它影响现实生活。我怀着幸福与深情想念您。亲爱的朋友们，让我为你们俩送上最诚挚的祝福。

你们的巴尔蒂斯

我对任命格拉伯①感到欣喜万分；我坚信他们的决定应归功于您的影响。

24. (1932年春夏，伯尔尼)周六

亲爱的施特罗先生：

我再次参观了伯尔尼美术馆，久久驻足在约瑟夫·莱因哈特的作品前。我极其欣赏它们无与伦比的真实性与生命力、作为肖像画和农民画像的构思特点，以及将两三个人物组成群像的高超纯熟的技艺。我认为临摹他的画应该会十分有趣，大有裨益。您是否认识什么可能会想购买其复制品的狂热爱好者？实际上，这似乎也是目

---

① 格拉伯被任命为苏黎世报纸《新苏黎世报》文化版面的主管。

前可以挣点钱的一个办法？特别是目前"特拉希登"①正当风靡。无论如何，我想把这个主意告诉您。您对此有何看法？

为您俩送上最美好的祝福！

巴

25. (1932年夏)周六,伯尔尼

是的，夫人，目前在伯尔尼的生活十分愉悦——对于我身上日益沉重的忧虑而言，它可能太过愉悦了，而且过得飞快。我整天在美术馆画画，他们对我极为友善，让我和我的莱因哈特待在一间办公室里，没有人来打扰。对我而言，一连好几个小时，我可以忘记一切。您简直无法想象这项工作给我带来了多么巨大的喜悦，甚至有一种离经叛道的快感。有时，我会突然怀疑自己如此绝望地投入到绘画中不会是疯了吧。我给各式各样的人写了许多信，然而到目前为止，全部石沉大海。所以……但我还没有写信给我父亲，仅仅是因为我还没能鼓起勇气。是否要告诉他我实际上有多绝望，或者至少告诉他我感到自己前途渺茫？这绝不会是什么令他备受鼓舞的消息。

再见了，我亲爱的朋友们。今天，我仅能表达对你们的感激与深情厚谊，并请你们对我有更多的信心，比我目前还要多的信心。

巴

施特罗先生还打算来伯尔尼吗？

---

① 特拉希登：一种传统服饰。1787年至1797年之间，卢塞恩画家约瑟夫·莱因哈特创作了127幅肖像画，以作科学研究资料之用。伯尔尼美术馆用这些画来装饰其宏伟的楼梯，并称之为"瑞士服饰史诗"。

26. （1932 年）12 月 4 日，巴黎

亲爱的施特罗先生：

您的信在瑞士兜了几圈才到我手里。其实，我回到巴黎快两个月了。整个夏天，我都在伯尔尼临摹莱因哈特的画，哪儿都没去，除了去洛桑短暂旅行了一番。正如您所知，在那儿我再次有幸见到了奥贝尔若努瓦。

亲爱的朋友，我没有再写信给您，因为我希望在恢复平静之前不再谈论自己。与您分别后，我经历了迄今为止最严重、最险恶的危机。除了内心的惶恐不安之外，感情上的不幸遭遇也折磨着我，差点让我仅存的一点理智消失殆尽。最后我在工作中得到了救赎。我发誓再也不会放弃工作；我相信今后也没有什么能让我离开它。我终于意识到，我不能、也不该放弃属于自己的表达方式，哪怕只是片刻。哎，可是我已经浪费了大量的时间。现在给您寄去我的莱因哈特临摹习作的照片。是他教会了我如何绘画。

回来后，我一直忙着绘制《呼啸山庄》的插图。我一直牵挂着这件事；我十分希望能克服重重困难，顺利完成。我想，通过卡苏①或其他某个人，我会找到出版商的。我有无数的绘画计划，我有很多东西要表达。

如此坚定地重新走上命中注定的道路到底是错还是对呢？

巴黎相当沉闷、木讷，但这里总有什么说不清道不明、我在别处找不到的东西在振奋着我的精神。回来后，我一直住在朋友皮埃尔·里希和他年轻的太太家里。皮埃尔·里希是我们在这里最好的朋友，极为敏锐、聪慧，并且具有无与伦比的忠诚。您可以想象，生活在这样的氛围中是多么愉快而有益啊。亲爱的施特罗先生，您曾建

---

① 让·卡苏（1897—1986），法国作家，人民阵线时期的美术学院院长，巴黎现代艺术博物馆的创建者。

议我做点什么。我重操了旧业,我感到自己重生了。希望它能真正如您所说的那样影响我。

我向您二位致以最真挚的思念。

巴尔蒂斯

爸爸的地址:滨海圣西尔(瓦尔省),儒弗膳宿公寓。另外,我想梅尔-格雷费①一家也在那儿。我的地址:巴黎六区,萨瓦大街13号,皮埃尔·里希家。

---

① 朱利斯·梅尔-格雷费(1867—1935),德国作家及艺术评论家,克洛索夫斯基一家永远的密友。作为一部梵高自传体小说的作者,他极为成功地将印象派画家在德国进行推广。其妻安娜-玛丽·爱泼斯坦是一名来自柏林的画家,后来嫁给了作家赫尔曼·布罗赫。后者在20世纪80年代还生活在滨海圣西尔地区。

第三章 *1933.5—8*

第三編

27. (1933年)5月15日,巴黎
巴尔蒂斯致信埃里克·克洛索夫斯基先生
朗科洛别墅,萨纳里(瓦尔省)

我最亲爱的老爸:

我真的有一年多没给你写信了吧？时间如此飞快地流逝,以至于只有萦绕于心的痛楚才能让我们意识到这一点。这一年发生了多少事啊！哎,我可能真的没有什么愉快的消息可告诉你的。

过去的这一年,希望和梦想的破灭纷至沓来。我总是屋漏偏逢连夜雨——间或有短暂的安宁与平静,我也高兴不起来,因为我预感到很快又将厄运临头。自从结束在摩洛哥的平静生活,命运就不停地捉弄着我。你还记得去年春天施特罗帮我的忙吧①,想必你大概也知道结果了。自然,一切都是我的错。可是,我认为,这种让自己纠结、让施特罗抓狂的摇摆不定、犹豫不决,也许是源于我自身一种非常合情合理的心理——我无法下决心将时间耗费在一件对我而言

---

① 巴尔蒂斯不记得这件事了,可能是施特罗先生帮他找了一份收入稳定的活儿。

没有出路、也不利于安排自己工作的事情上。这是生存的需要与生存的理由之间一场残酷的斗争。如今,我认为自己是对的。离开苏黎世后,我去贝阿滕贝格度过了极度茫然无措、沮丧消沉的几星期。然后,我去了伯尔尼,临摹 18 世纪一位籍籍无名的瑞士画家约瑟夫·莱因哈特的作品。他创作了一系列农民画像,我十分仰慕他。不可思议的是,有人奇迹般地向我预定了其中两幅临摹作品,这让我夏天的生活有了着落。因此,从五月起到十月初,我一直待在伯尔尼,住在朋友瓦泰维尔一家那里。(16 号周二,朱①突然到访,我们和他一起度过了一晚。)

在伯尔尼的这段日子美好而平静,直到有段时间似乎曾远离我的烦恼厄运在那儿又重新缠上我。在此期间,我曾去洛桑,再次见到了奥贝尔若努瓦。他真的非常令人钦佩,并且对你持有最忠诚的友情。后来,我回到了巴黎,茫然失措,犹豫不决,不知该干什么,也不知何去何从。幸好,我们的好朋友皮埃尔·里希留让我住在他家。我在他们那儿一直住到三月,为艾米莉·勃朗特的《呼啸山庄》绘制插图。从摩洛哥回来时我就开始这项工作了,期间多次重新动笔,直到现在还在继续画,尚未有什么令人满意的最终成果。但这是离我如此之近,令我感受如此真切,并且相信自己终将达成的一件事。这样的话,也许我也会找到一个出版商。

后来,我去了一个瑞士人②的工作室工作;他要离开巴黎一段时间。卡苏推荐我去角逐绘画大奖或是伯恩海姆家族主掌的美术界的龚古尔奖。为此,我利用工作室之便,画了一幅长 2.4 米高 1.95 米的巨幅作品③;朱会把它的照片带给你看。这是我第一次真正获得了某些成效,第一次淋漓尽致地表达了自我。正是通过临摹约瑟夫·莱

---

① 指朱利斯·梅尔—格尔雷费(见第 26 号信注释)。
② 指勒·柯布西耶的表兄、建筑师让纳莱。
③ 指《街道》。

因哈特的作品，通过放下一切、全心思考的两年，我才练就了扎实的技艺，取得了巨大进步。要是我能抛开萦绕于心的烦恼去画画，现在我应该能创作出非常出色的作品了！我有那么多表达的欲望！

可惜的是，卡苏让我尽可能画得大些的这幅画被认为尺寸过大、无法展出，但他们允许我再另作一幅尺寸较为合适的画。于是我画了幅纪念菲斯的画：营房的院子，一匹脱缰狂奔的白马。画展将于下周五开幕。当然，奖项归属早在看到作品之前就已预先定好。今年的获奖者会是一个叫"夏尔·布朗"的人。然而，能参加此次展出似乎大有裨益。

另外，在此期间——这是我能告诉你的最好的消息了——我借到了一点儿钱，租下了一间工作室，位于菲尔斯滕贝格大街上，就在德拉克洛瓦博物馆旁。尽管夜夜为下次付租金发愁——幸好还有很久——但你可以想象得出我有多么快乐！我的工作室相当漂亮，简朴而沉静，与我苦行僧般的生活及严肃的个性完全吻合。居有定所后，就会产生一种责任感和获得成功的需要，这将有助于克服重重困难。

接连的变故与挫折令我变得尤为坚强，甚至有点儿冷酷。是的，可以说我感到自己非常强大，真的是信心百倍。我已成为一个坚强的人，尽管并不十分快乐。但我知道，我是不会被这个肮脏的世界制服的。我必须去找一份可以糊口的活儿，但条件是在晚上工作；这样白昼的光明就属于我了。我很有可能会替一家杂志把一些英语文章翻译成法语。不管怎样，对我而言，生存所需是极少的。

亲爱的老爸，这就是我生活的速写。你会责怪我这么久都音讯全无吗？你知道，我是多么想你，我对你有多亲近。

我多么希望今年夏天能抽几天去看看你！

我全心全意地拥吻你！

你的巴尔蒂斯

28. （1933年5月24日，巴黎）周三晚
菲尔斯滕贝格大街4号，巴黎六区
巴尔蒂斯致信安托瓦内特·德·瓦泰维尔小姐
蒙比儒斯特拉斯大街29号，伯尔尼

亲爱的宝贝：

明天就是你的生日了！由于不太清楚自己正在什么样的土地上前行，也不知道自己将踏足何方，于是我怀着某种近乎诚惶诚恐的谨慎之情向你走来，手中的花篮里盛满了我温柔深情的祝福与祈愿。人类对最为出众的尤物的赞美倘若缺少了我的那一份，那就将是残缺的。于是，我亲爱的天使，我也前来诚挚地祝愿你幸福、快乐；我坚信生活不会胆敢对你不公——不，肯定不会对你那样的。

你再也不给我写信了。啊，我太理解了。面对我，你感到有些局促不安，这是很自然的。可是，怎能这样对我、这样对我啊，你本应更理解我的。显然，花样百出地捉弄着我的命运成功地——这是必然的——惩罚我扮演了一个面目可憎的角色——给这样一位先生写信是非常讨厌甚至痛苦的一件事。我明白，我非常清楚地感受到了这一点，亲爱的天使。但这没什么了不起！啊，脾气好点儿吧。我发现自己相当宽厚地做到了毫不责怪你；我太爱你了，对你怨恨不起来。可是，得承认，要是再次让我见到你可爱的笔迹，听你讲各式各样有趣的故事，我会感到非常幸福的。不管怎样，愿上帝保佑你。

我忍不住想要告诉你有天晚上做的一个怪梦。以下叙述与梦境分毫不差——这很重要，否则就失去了其意义。我觉得你会懂得欣赏其中深刻而奇特的诗意。这个梦发生在卢森堡公园（这是我们的海德公园）。我走向一个水池，孩子们正在那儿放帆船。突然，我看到了你，宝贝。你与别的小女孩没有两样，但脑袋特别大，正边玩扯铃边绕着水池跑。我叫你，你却消失在突然涌到水池周围的人群里。是一幅奇异的景象把他们吸引了过来：水池里挤满了十几只小抹香

鲸(一种非常凶猛的小型鲸);它们优美地嬉戏欢跃,任人观赏。它们还靠近池边,让人抚摸,像猫一样拱起背脊。我也伸手去摸其中的一只;这时,它突然抓住我的袖子,跃出水池,像湿透的狗一样甩动着身体。仿佛巧合一般,那儿正好有更衣室。抹香鲸向我说明了自己的情况;它是这么用英语解释的:"我叫里维,这是个荷兰名字,但实际上我是苏格兰人。如果你想见我,就打电话给我吧。"

然后它回去重新跳入水中。我正有点伤感地要离开时,突然欣喜地看见你在远处,一副现实生活中的打扮(穿一条红裙子),和一只鬣狗、一只狐狸臂挽臂。我立即认出了那只鬣狗,是老相识了。我们愉快地聊着天,走向一片草地。那儿有座造型优美的金字塔,底部由呈扇形摆放的一战死者棺木堆积而成。斜置的棺盖(像蔬菜店里一盒盒肉豆蔻香椰枣的盖子一样)使尸体暴露在外。这座棺木金字塔的顶部由孩子的棺木堆积而成,同样的棺盖放置方式使人们隐约可以看到里面正在腐烂的新生儿尸体。在这座漂亮的金字塔脚下,哭泣的母亲与寡妇们沉浸在最为愚蠢无耻的悲痛中。一股令人作呕的腐烂物恶臭使我们停下了脚步。这时,哦,太可怕了,鬣狗突然躁动不安起来,然后挣脱了我们的手臂冲向棺木堆。我猛地想起鬣狗是以死尸为食的!我们追上去试图阻止一场可怖的灾难,但我大笑着醒来了。

再见,亲爱的

巴

29. (1933 年)6 月 30 日,周五
安托瓦内特致信巴尔蒂斯·克洛索夫斯基先生
菲尔斯滕贝格大街 4 号,巴黎六区

罗比写信叫你来伯尔尼——别来,求你了。随便找个借口。

宝贝

30. (1933 年 6 月 29 日,布鲁塞尔)周二
金①从比利时致信安托瓦内特

　　昨天,我在布瓦福尔②收到了你的第一封信(5 点寄到,写于周五)和周六写的第二封信(装在同一信封里)。今天下午我还会收到一封更长的信吗?这些信给我带来的快乐超乎你的想象,我需要它们。我无法向你描述自己目前的精神状态。唯一能令我高兴的就是不用工作。这次休息非常有必要。但我又不住地想象重新开始工作的那一刻:那将是重逢的时刻。

　　昨天我告诉你,离婚的事已经定了。别对任何人说,好吗? 只有波勒的父母、哥哥、嫂子以及我的姐姐吉知道。我不知道 7 月 11 日祖③的婚礼过后我会不会告诉自己的父母;但无论如何,在此之前是不会说的。到目前为止,这还是严格保密的;甚至以后,我也可能只会逐步地透露给我的父母。我知道这将令他们万分难过。是波勒向我提出离婚的;我们会采取协议离婚之外的其他方式来解决,为的是节省时间。你知道,协议离婚是个错综复杂的过程。耗时长,要一年;而且女方必须再等一年(离婚后)才能再婚。因此我们必须找个由我承担责任的"事由",例如我拒绝让波勒回到我俩的家中。也许你会惊讶我们迅速做出了这一决定。我自己也很惊讶,因为提出离婚的不是我,而且我还不清楚其中真正的原因。根本就没有什么正当的理由,难道看来不是这样吗?

　　我压根儿没有细问,只是表示同意,并答应尽快处理此事。我错

---

　　① 金:一名比利时外交官的别名。他是驻伯尔尼公使馆的商务专员。自 1932 年夏天起,金就成了巴尔蒂斯强有力的竞争对手。他成熟,时年 36 岁,算得上富有,真是个丈夫的上佳人选! 6 月 26 日,金回到比利时,一直待到 10 月份,其间去伯尔尼度几次周末。从他编上序号、几乎每天一封的大量信件中,我们仅选择了若干关键片段。

　　② 金在布鲁塞尔的住址。

　　③ 祖似乎是其妻子波勒的妹妹。

愕不已。是的,应该由我提出,但波勒竟然就这样突然向我提出了离婚!想想你过去的看法(在萨那默泽①),想想看,过去她可认为我不愿离婚的。这一切就像做梦一般。实不相瞒,我十分伤感。我们无法解释自己的情感;但我觉得,如果由我来提出,我会处理得更巧妙些。请注意,波勒提出我们仍旧要做好朋友。

31. (1933年7月2日,布鲁塞尔)周六

别怪我懒,亲爱的。中午之前,我的车一直都在修理厂。在布鲁塞尔,去哪儿都很远。

快点儿,快点儿,今天上午我只有一会儿功夫。我刚刚打包好,还有五件事要办,12点要和让②喝开胃酒。

休假开始和结束时总是同样忙碌,而这次休假期间还有两件重要的事情:祖的婚礼;我的离婚准备。周一我再和你细说,因为在此之前我都抽不出空来。要是让看起来古里古怪的,也许待会儿我会再给你写几句。我还没再见过他,但我们已不止一次在电话里聊过天。他是在和我通过第一次电话后给你写了那封你转交给我的信。他真是有点儿傻。别怪他,只要让他摆正自己的位置就行了。我想他是迷上了你,而你应该是无意中让他认为你对他这个人并非没有感觉。可怜的人,回到布鲁塞尔后,他对你的迷恋愈来愈深。亲爱的,以后把信寄到科斯德海水浴疗养地③的埃斯卡尔别墅。经常给我写信,详细地告诉我你的情况,哪怕它们似乎没什么用,尤其是不要在让去了以后就音讯全无!!

---

① 萨那默泽是伯尔尼阿尔卑斯山地区的一个滑雪站。
② 让似乎是金和波勒的一个布鲁塞尔朋友。
③ 波勒父母家。

32. (1933年7月4日,科斯德)周一

我在想着你,亲爱的。我在想,此时此刻你也许已经见到让了。他会跟你说什么呢?上周六唯一的一次见面令我对他极为厌恶,但他对我依然很热情。他之所以让我心生厌恶,是因为他过多地强调他知道我和你之间有些什么事。可他是当着波勒的面这么说的,这也就意味着他俩此前曾谈到过我们。否则,他不会对我这么说,也不敢说出下面这句话:"别害怕。"该怎么看待波勒谈起你和他时对我说的话呢!你本该对他一见钟情的,而他也是如此,他做好了一切准备。这"做好了一切准备"就像"将死之人向你致敬"一样;但当它与爱情有关,听起来就不妙了。让跟我说他会在昨天下午到达伯尔尼。对于他,我不知该如何评价。我想他会成为你的一个好朋友,我们的一个好朋友。这就要由你凭借自己单纯而含蓄的魅力来维系,不作任何妥协("我想吻你的秀发"!)。

我俩在思想上的这种亲密无间是多么美好啊!最细微的情感体验你也要告诉我,哪怕是与"巴尔……"有关。因为当你跟我谈起他时,我之所以对你颇有微词,并不在于你跟我谈起了他,而在于我不喜欢你的观点。跟我说说让吧。告诉我你的一切感受,一切想法。我的计划?我还不知道。周六或周日我将回布鲁塞尔,因为周一一大早我就必须在那儿。

周一我要与律师会面。也许我们将决定离婚(刚才被打断了,因为有辆车陷在了沙里,我去帮忙排除故障。我今天穿着长裤、衬衣和白色毛衣,没穿袜子,没穿西装)的地点,是在巴黎、荷兰、立陶宛或是布鲁塞尔。但无论如何,我都将为此付出高昂的代价!!!然而一旦开始着手,顿感如释重负!我喋喋不休地讲了这么多,都没顾得上告诉你我的感受。波勒是有点儿轻率(……)。轻率?还是别的什么??我仍把波勒当朋友,我相信她是清白的。什么都不应该影响我们融洽的关系;但你十分清楚,我不能过问她任何的隐私。以后,当我不再有任何权利——不过,今天我也无意要求任何权利——我会问她的。我认为她对你颇有微词……尤其是……例如有关你对让说的话(是当着她的面说的吗?还是让讲给她听的?):"您7月份来吧,我将是一个人。"坏家伙,我不在的时候就开始向先生们发出邀请!

祖的婚礼结束后我要留在布鲁塞尔吗?但你想象一下我在父母家的生活!还有在姐姐家的生活!(我暂时不愿再见到"我们的"朋友,只愿见我自己的朋友;但他们一心拉着我去吃喝玩乐,可是没有你,这对我毫无意义)。这一切都好复杂!亲爱的,以后我们就在一起了,只有我们俩。

33. (1933年7月6日)

我非常开心,因为刚刚收到了你昨天与英俊的让会面之前去发廊做头发时铺在膝盖上写的信。此时此刻你在哪儿呢?仍然和让在一起。我并未妒火中烧,但还是有点嫉妒。我已在热切地想要飞向你,自从到了比利时以后便是如此……我可以向你坦白吗,有时我心存恐惧,不是害怕你忘记我们的爱情,而是担心你因为肉体需要而一时冲动做下错事。你经常跟我说你的身体欲望。你要我回来吗?你希望我们见面吗,哪怕只在卢森堡过一夜?

叫巴尔蒂斯不要来,你做得很好。此前跟你哥哥说过吗?不,也许没有,因为他会满足你的愿望的。我认为巴尔蒂斯可能不会去伯尔尼。除非他觉得你怕他,他还有机会!他可千万别拿没有来这件事作文章。这可不合适,你会说"可笑"的!(你应该会叫他不要徒劳无益地赶来一趟)因为他到的那天你会撵他走。你哥哥是个爱看热闹的人。他是不是故意趁我不在时邀请巴尔蒂斯去?我更希望不是这样。那么让呢?啊,亲爱的,有这么多男人围在你身边!

34. 1933 年 7 月 13 日

宝贝,自周日以来,我就过着生不如死的日子。我就像一个奄奄一息的重伤者。我必须见你,以重拾信心——对我自己,也对你。

一年半以来,我对你的爱让我与你并肩战斗,以期让真正的宝贝、纯真的宝贝获得胜利,让你身上的一切邪恶消失。过去,周围风气不良,同时你自己也有一定的责任;但你现在已成为了面目一新的宝贝,真正的宝贝。你写信告诉我说,你突然间意识到了这一点,意识到自己变了,并且似乎把这变化归功于让!

35. 1933 年 7 月 16 日

自从与你父亲谈过以后,我仿佛安下心来。我很高兴看到我们三人一起在吸烟室。现在,我也想问问你——正如你父亲那样——你有什么计划?

36. 1933 年 7 月 19 日

我对你一见钟情,但直到 1932 年 1 月我才意识到这份感情。从此,我便梦想着俩人能在一起。当我意识到你爱我、你在犹豫是否接受巴尔蒂斯的求婚时,我才跟你谈到了婚姻。但对你而言,结婚只是小女孩的念头。从 1932 年 8 月起,一直到几个星期前,我们都相爱着,爱到了极致。后来我离开了伯尔尼。我们彼此信赖。很快我就向你宣布了离婚的消息。你写信来说,你欣喜若狂,你终于可以属于我了。突然间,我们梦寐以求的东西在你眼里变得沉重起来。受到质疑的不是你对我的爱有何价值,而是这份爱能否在婚姻中延续下去。

37. 1933年7月23日

亲爱的,我对你的信心荡然无存。我们重新订下誓约才一天,你就把它们抛到脑后了。上周四,你再次食言,就因为你"想拍照"。

如果再这样下去,那天你妈妈到公使馆来看我时表现出的担心就不是杞人忧天了。想想你过去的生活吧。我担心,没有我,你会故态复萌。我想,你不会把我完全忘记,但你会走马灯似地换人,不会对任何人忠诚,你想要不停地"享有"新鲜感。每次开始时,你不会意识到这一点;但事后回到家里,你每次都会感到失望又加深了一些。一年来,我守住了你:我一直在你身边。如果你要忘记我,那么以后你将体会到任凭触手可及、女人梦想中的幸福与完满溜走而带来的深深痛苦。我无法忘记你;但如果你回到我身边,我还能与我行尸走肉般的宝贝一起生活吗?和你妈妈一样,我对这一切忧心不已。

38. (1933年7月28日,伯尔尼)
安托瓦内特致信巴尔蒂斯

亲爱的巴尔蒂斯,这是一个几乎与你有一次给我画的玩扯铃的孩子一样漂亮的小女孩。我在打开《柏林人报》时偶然发现了这张照片①,我立即想到了你。

我刚看了你写给罗比的信。原谅我吧,让你不要来令我感到内疚,但我只能这么做。你知道为什么的。永远都别对罗比泄露一个字,好吗,你会让我们之间产生永久的隔阂的。希望我们半年后能见

---

① 没有发现这张相片(见后面一封信)。

面,我也许会住到巴黎去的①。我很高兴地得知你获得了成功,我以前就对此深信不疑,但请你要好好照顾自己!

我想念你,我会很快再给你写封长信。

宝贝

39. (1933 年)8 月 4 日,周五,穆佐特
巴尔蒂斯致信安托瓦内特

宝贝:

希望我在这个国家的出现不会让你烦忧。伯尔尼很近,没错,但我无论如何都不会来的,别担心。我没有拒绝来自穆佐特②的邀请,首先是因为我健康欠佳,其次是希望能让罗比也去那儿——这是唯一能见到他的机会。

你写来的寥寥数语深深打动了我,是我荒漠中仅有的一滴甘露。"小鱼儿"和玩扯铃的可爱小女孩(这让我发现你是多么准确地把握了我内心世界的某一面)差点儿让我的泪水夺眶而出,因为两者都与你有关。

我很快地给你写了这封信,免得你担心我不知趣地去伯尔尼。

你答应会给我写一封长信——你会这么做吗?

巴

---

① 尽管安托瓦内特的"未婚夫"金提到了无论是离婚还是从伯尔尼调迁过程中可能遇到的所有困难(方法问题以及职业、家庭、社交方面的问题),安托瓦内特并不怀疑自己很快就将成为驻巴黎外交官的夫人。

② 穆佐特是瓦莱州的一座小城堡,靠近谢尔。诗人赖内·马利亚·里尔克(1875—1926)在巴拉迪娜的陪伴下发现了这处城堡,并于 1921 年至 1926 年间在此度过了最后的岁月。他能定居于此,要归功于维尔纳·莱因哈特的慷慨大方。后者是温特图尔的资助者,1922 年成为城堡主人,并在诗人去世后继续邀请他的朋友来住。

40. (1933年)8月30日,周四
菲尔斯滕贝格大街4号

我亲爱的孩子,作为对沉默的回复,在此奉上巴尔蒂斯先生近期画像一幅①。在上面可以看到,这个高个男人,一个被全世界抛弃的人,正靠在暖炉上,期待着获取人类拒绝给予他的温暖,哀叹着自己的不幸。(1)

巴

(1)还有什么比一颗坚强的灵魂公然流露出脆弱更动人心魄的呢?我并不怀念过去那份无与伦比的快乐:这座城市乖戾尖刻的污浊之气极其有效地助长了我的怀疑主义,但是由于这怀疑主义并无用武之地,再加上我总是陷在无尽的混乱中——

于是,我等着自己变成十恶不赦的疯子。

---

① 巴尔蒂斯贴在信纸上的这张画像占据了四分之一的页面。这是他从一本儿童画册上剪下的图片:一个猫面人坐在暖炉旁。

第四章 *1933.8—12*

41. (1933年)8月31日,周四
巴尔蒂斯致信其父

我亲爱的老爸:

前天周二布莱特巴赫①来看我了。你可以想象我在多么焦急地等待你的消息啊。感谢上帝,他带来的消息还不算太坏。我亲爱的老爸,得知你的境况,得知你已无法工作,我忧心如焚——希望这一切尽快结束!万幸的是,你身边还有几个好朋友。我也有了伍德②的名片。你肯定会觉得他也疲弱不堪。可怜的人。

这次,布莱特巴赫没能把格林③带来。他没空。真遗憾,因为我

---

① 约瑟夫·布莱特巴赫,德国作家,自1930年起定居法国。1933年1月31日(希特勒上台),朱利安·格林在《日记》("安乐年代")中提到了布莱特巴赫打来的一通电话。后者声称自己感到"极度羞耻",发出"一连串如此绝望、哽咽的'啊!',以至于我怀疑他不会真的就当场疯掉吧。"由于德国的这些事件,埃里克·克洛索夫斯基的"若干好友"不得不躲到萨纳里去。

② 威廉·伍德(1874—1947),德裔艺术史学家,阿波利奈尔和毕加索的朋友,克洛索夫斯基一家的密友。

③ 朱利安·格林(巴黎1900—1998),美籍法语小说家,当时已是著有《西内尔山》《阿德里安娜·美叙拉》《利维坦》等作品的著名作家。

想如果他对我的画感兴趣,那将对我十分有帮助。

朱跟你说起过我最近的几幅画了吗?一幅画的是真人大小、站立姿势的裸体画①(已经完成一段时间了),差点被我卖了出去。这桩生意本来似乎已经谈妥,但最后一刻那位先生反悔了(令人极其沮丧的失望)。另外还有一幅大尺寸的,画的是一名少女坐在我的窗台上,望着庭院里的房子。她做出一个惊恐的姿势,仿佛猛地被某个正在逼近的可怕危险吓到了②。对我而言,可怕的危险曾经就意味着去画插图——但现在没这回事了。那是个秘鲁小女孩,奇丑无比;但这是一种充满了天真诗意的丑陋。她穿了一件古里古怪、看不出时代的衣服,整个人与周围平淡的环境形成一种非常奇特的对比;也正是这种对比令人物散发出奇异而相当令人焦躁的气息。整个画面十分诡异,也许就像萨德小说中的氛围,或者,如布莱特巴赫所说,是典型的"格林式"。布莱特巴赫一看到我的画,即使谈不上喜欢,也可说是十分欣赏,以至于他给我开了张 300 法郎的支票,作为订下我以后某幅画的预付款。一开始我怀疑这只是出于友情,但他肯定地告诉我他只是真的想拥有一件我的作品。这真是非常感人。

目前,我正继续完成由于去了穆佐两个星期而中断的这幅窗边的画作。我是 8 月 16 日从那儿回来的,但我并没能利用这次机会尽情地放松、休息。离开巴黎时我就极度焦躁,而穆佐那无忧无虑、舒适惬意的愉悦氛围却只是令我更加心烦意乱。这是为什么呢?我一点儿不明白。不管怎么说,只有面对画架,我才恢复了平静。

《窗》之后,我将开始另一幅大型画的创作。二月份时我就已经构思好了。这将是我必须并不惜一切代价去完成的系列作品中的最

---

① 指《镜前的爱丽斯》。
② 萨宾娜·里瓦尔德(《巴尔蒂斯》,纽约大都会艺术博物馆,1984 年出版)写道,当埃尔莎·亨里克斯——15 岁的少女、一名秘鲁女舞蹈家的女儿——第一次去菲尔斯滕贝格大街做模特时,巴尔蒂斯身着摩洛哥军装,一副凶恶相,手里还拿着匕首。他试图扯掉女孩的上衣,一下子把女孩吓坏了。

后一幅。我对大尺寸画情有独钟。因为它们对简洁有极高的要求,有助于绘画技巧的日臻纯熟,并且提供了充分发挥的空间。但从实际角度来看,它们根本卖不出去——这点同样令人陶醉。显然,今年冬天我会陷入某种焦虑中。事实上,我毫无未来可言——眼前一抹黑,或者说前景一片渺茫,但没什么大不了。重要的是,到目前为止,我完成了一定数量的画作和几件重要的事。

我希望能很快寄些照片给你。可惜的是那幅大尺寸的画拍得很糟糕,很是模糊。

亲爱的老爸,请由你口述、叫人写封信给我,我多么希望直接得到你的消息。现在,我独自一人在巴黎。皮埃尔要在英国待上十来天,妈妈在日内瓦,15号左右应该会回来。

我全心全意地祝福你快点康复!让我紧紧地拥吻你。

你的巴尔蒂斯

我深情地拥吻希尔德琴,我亲爱的好朋友。

42. (1933年10月3日),周二,巴黎
巴尔蒂斯致信其父

亲爱的老爸:

我回来了,但仍沉浸在一起度过的美好而珍贵的时刻中。我本想以更平和的心境来更完整地享受这些时刻。哎,可是我必须很快回来投入到为前途而拼搏的"战斗"中!我不在的这段时间,门里塞满了便条。我刚到家十分钟,伍德就来了。这一切就是典型的"巴黎式"归来。埃斯特拉帕德大街上大家都在焦急地等待你的消息。再次告诉布莱特巴赫,他的热情令我深深感动。不过,这几天我自己也会写信给他。我马上就要再次投入工作了——我一贯的生活重新开始了。

让我紧紧地拥吻你。

向希尔德琴致以最深情的问候

巴

43. (1933年)10月25日,周三
安托瓦内特致信巴尔蒂斯

亲爱的巴尔蒂斯:

罗比给我带来了一点儿你的消息。我刨根究底地盘问他你们都做了些什么,说了些什么。他不得不向我描述你的每一幅画,因为你这个坏东西,你从来不给我写信。我很伤心。我多么希望能收到你的片言只语啊。

得知你正在为《呼啸》①画插图,我激动万分。你要知道,我无数次一遍遍地阅读精彩的每一页,每次泪水都会夺眶而出。从某种意义上来说,它将永远是属于我们俩的书!

我多么盼望能马上去巴黎,去看看你的画,尤其是要再见见你!

罗比真是太好了。他将重新教我骑马,我真是高兴坏了。我有一年没骑马了。而我第一次与你和罗比一起去参加舞会,距今也有一年半了。谁知道呢,也许有一天我们会一起去布洛涅森林!

快点回信给我。我想你。

宝贝

44. (1933年11月初)
周五晚

亲爱的巴尔蒂斯,你能想象吗,昨天晚上我梦见你给我写信了

---

① 即《呼啸高地》——由弗雷德里克·德勒贝克翻译的《呼啸山庄》法文版(帕约出版社,1929年,巴黎)。

（这些天我非常伤心,不明白为何你销声匿迹了),同时给我寄了些纪念品,还有一幅你父亲的小型画像。今天早晨醒来,我就坚信会收到你的信;中午,收到你的信时我惊讶不已、欣喜若狂[①]。它写得极其伤感,我读了一遍又一遍。可是为何你会认为我再也不会写信给你,再也不愿听到你的消息呢? 要知道,你的来信给我带来了多大的喜悦啊,即便它们让我感到难过。没有你的回音,我是那么痛苦,以为你在生我的气,我也想不明白,因为我们之间根本不可能有什么龃龉,这是无法想象的。你不应担心我会沦为"这极其悲惨和令人厌倦的愚蠢世界里卑微妇人中的一员"。你知道,我讨厌这样,爱丽丝的花园就是我全部的快乐所在(尽管从前我曾试图否认这一点);即便没有像你说的那样丧失自我,我也不会有什么改变。我认为现在的我比从前"自我"得多,因为——承认这一点让人难过——我曾经放荡不羁。经过缓慢而痛苦的过程,我想我终于摒除了这一切。另外,罗比有天告诉我,与16岁时相比,我现在的"少女"气息要浓得多。我笑了。不过我真的感到自己变得更纯洁,对万物的美也更敏感了。

周六晚

昨晚累得无法写下去。你的信就在枕头下,我还下不了决心撕毁。但既然你吩咐我这么做,我保证会撕掉,只是得等到我确信已把内容铭记于心,并且还有个条件:你得经常给我写信,写长长的信。

我很担心你的健康。你来信说几天前病倒了。罗比告诉我,你的工作室甚至连火炉都没有。我希望在这严寒中你仍能找到取暖的法子,恳求你好好照顾自己。得知你身边连个照顾的人都没有,我根本就无法安心。向我发誓,如果需要我,你会立即打电话给我。如果我能住到巴黎去,那简直就像做梦一般美好了。我们可以每天都见面。我会照顾你,也许还能用我的体贴入微让你的痛苦减轻几分。

[①] 这封信未找到。

周二晚

我真是太糟糕了,到现在还没把这封信寄出去。但我总是晚上在床上写,于是就不记得把它装进信封里。罗比更过分,他甚至懒得动笔。我非常喜欢你的长筒靴,适合极了。我们去洛伯那儿练习马术。我在试图跳跃时从马上摔下来三次,不过还是很有趣。

我一直都想着你

宝贝

45. (1933年11月13日)周一
巴尔蒂斯致信安托瓦内特
菲尔斯滕贝格大街4号,巴黎六区

宝贝,我最亲爱的小姑娘①,你给我写了一封多么有意思的信啊!一年半以来,我真是第一次重新感受到了一丝实实在在的快乐。那么也就是说你真的还有点儿在乎我咯?

我怀着忐忑不安的心情打开了你的信,我怎么知道你对我信中向你倾诉的一切会作何回应呢?

然而,你读懂了,亲爱的小妹妹,你意识到了我悲叹的严重性——这就是为何我的忐忑很快变成了欢欣的原因。漫长的一年半里,你不知着了什么魔,变得冷若冰霜;现在,你终于恢复热情,开始对我微笑。是的,罗比告诉我,你从未比最近这段时间更迷人。哦,宝贝,要知道,你温柔亲切的话语温暖了我的心,使我重拾莫大的勇气。

可是,求你别再改变对我的态度了。现在,我这儿有取暖炉了,别担心(你的这份关心让人产生一种难以言喻的既甜蜜又奇特的感觉——如果其他人这样对我,就会让我感到厌恶,因为我的境况并没

---

① 第一页的空白处写着:"附我父亲的小型画像。"这幅画像丢失了。

什么需要同情的;但由你表达出来,便显得那么美好,让我想起你有一次为我整理乱七八糟的颜料盒,感动得我差点掉泪)。但是,只有你,只有你的思念,你的一个动作,才能真正温暖我这个行将就木般的人。我不知道自己为何直到今天才给你写信。虽然我愿意不停地给你写信(这似乎太不现实了①),但我的生活真的有点儿脱离了时间轨道,我总是搞不清几号、星期几。每天日复一日地,时间在不知不觉中就过去了。尽管最近我忙得要命,但一切似乎都一成不变。我每天一早就开始工作,因为现在天很快就会黑下来。然后我得为这里的一家报纸完成一系列英语文章,见些无聊的人,等等。我开始慢慢走出自闭了(好让自己能开口说话),因为今年冬天我必须恢复社交(这似乎对我有帮助),虽然四年前我对此充满厌恶,唯恐避之不及——除非在我第一次出门时,这种厌恶的感觉再次袭来并且挥之不去。但以后我的来信将恢复原先的风格,你可能会觉得那样更有趣。我准备为你画一幅画,详细地展现一下巴黎这些沙龙的风貌。虽然它们烦得要死,但还是颇有些好玩的场景可以画(我的钢笔尖断了,请原谅,我得用铅笔写下去了)。三天前,我跨出第一步,去参加了佩西伯爵夫人②的茶会。那里的附庸风雅者多得超乎想象。我是由一位当红的作家朋友介绍而来的,作为这个圈子里愤世嫉俗的无名小卒,我的表现极尽粗鲁之能事,毫不掩饰地轻蔑地反驳大家,谩骂那些人,最后现场陷入一片死寂。然而,结果却出人意料。伯爵夫人,一位相当美丽的意大利女子,她的眼睛只盯着我;在我离开时,还结结实实地热烈拥吻了我。也许,我无意间树立了一种时髦的态度。总之,如果住到巴黎来,你就能亲身体会到它是否有趣。

---

① 信封上某处写着:"我很久之前就想给你写信了;事实上,我一直都想给你写信,哪怕只是为了让你别忘了我。现在,感冒给了我写信的灵感,一点儿低烧维系了我的勇气。我刚刚把你寄到摩洛哥的信找了出来。怎么,难道现在我比那时离你更远吗?"

② 佩西伯爵夫人,教皇莱昂十三世的一名侄孙女。

可是你会住到巴黎来吗？我在想，对我而言，这将意味着什么——知道你近在咫尺，我如何受得了？然而与你的预想恰恰相反，我可能、十分有可能极少见你——我正在完成那幅画（你对它的构思非常感兴趣）。也就是说，我完全陷入了那最珍贵、最痛苦的回忆中；白天我与你片刻不离，脑海中都是你的影子。他们说，到目前为止，这是我最动人的一幅画。我淋漓尽致地表达了自我。

我最近收到了朱利安·格林写来的一封感人的信（把这消息告诉罗比，他会高兴的）。他十分激动地谈起了我的画，说如今没有什么能像我的作品这般深深打动他。这是极高的赞赏，我为能通过自己的表达方式来打动某个杰出的灵魂而感到相当自豪。这样，就能与自己的偶像建立起思想的交流，一种奇妙的默契，神秘的共鸣，从而找到生存的理由——太可怕了，我竟如此大言不惭。我强烈地需要被欣赏，被理解，被喜爱，也就是一种成就荣光的需要——也许你得对此负点责任——但这将成为现实。

宝贝，别太迟给我回信。啊，只希望你能知道，你的片言只语能给我带来力量，令我激动不已。

巴

罗比答应把他其他几部小说寄给我。自然，后来就没了下文。他真是讨厌。

（请原谅页面如此不整洁；我是在床上写的，而且应该正发着40度的高烧。潮湿的天气让我的疟疾总也好不了；睡觉时，它恬不知耻地缠着我，起床时跟着我，散步时也跟着我——有了它，我成了最危险的人，等等。）

46. （1933年）11月16日，周四
安托瓦内特致信巴尔蒂斯

最亲爱的巴尔特里，收到信时，我的喜悦不会亚于你！我再次体

会到了能写信向你倾诉自己的所感所想是多么快乐。要知道,对你不理不睬甚至连圣诞节都没给你写几个字让我感到多么煎熬啊——我唯一的乐趣就是罗比有时给我念些你写的话——但我没动笔,因为我希望能够确信可以再见到你。如果我去巴黎,我们就能随心所欲地见面了。你怎么会认为我能接受与你近在咫尺却不经常地去见你呢! 可是,我会去巴黎吗? 这正是折磨我的一个问题,我非常担心自己去不了;我无法想象去任何别的城市生活;我会感到无比凄惨,思乡之情将泛滥成灾。我是如此依恋目前的生活,有时我会陷入极度的惶恐中。但如果去巴黎,一切都会简单得多。首先沃维①答应陪我去,巴黎很近,不会令她感到太害怕;其次,我将离你非常近。我是如此急切地盼望见到你,但不管怎么说,还得耐心等待几个月。可是,如果你能尽可能地经常写信给我,那就几乎如你在我身边一般美好了。

什么都别担心,我永远不会改变。我永远都将是你的小妹妹;从我们还互不相识却都欣赏《施洗》②的精彩题词开始,我就一直是你的小妹妹了。既然已与你相遇,那么什么都再也不能将我们分开。

想到你将出去社交我就觉得想笑。如果我们俩一起出席一个茶会,那会是多么有趣啊! 我们会尽情地蔑视那些附庸风雅者,这个"上流社会",因为当我有一天踏入某个极其无聊的沙龙时,我会向那些人摆出一副冷冰冰的面孔——这点我很清楚——谁都不认为我会启齿微笑。而且,我也将尽可能地闭门不出,可以巧妙地推脱说受不了在晚上过于频繁地出去——可是这一切都还那么遥远!

在这儿我不再见什么人,这个冬天我将完全躲在家里。我变得越来越古怪、自闭;在家兴高采烈,一出门就情绪糟糕。事实上,我就适合与罗比一起待在沃维身边;她得不停地照顾感冒的我们。我的意思是,实际上,只有罗比在不停地感冒,我则顺带享受一下照顾。

---

① 沃维,指奶妈安娜·菲尔斯特。
② 《施洗》是伯尔尼的一本大型杂志,除此之外,我们一无所知。

别拖太久才回信。非常感谢你寄给我的那张可爱的小照片。

> 宝贝

根据罗比的描述,我猜你画的是希斯克利夫让凯西看他在墙上画的那些十字——它们代表了与她一起度过的日子,而凯西却对他恶语相加。这本书越来越让我着迷,我永远都不会丢弃它。

罗比给你写的一封信已经在他桌上放了两天了,因此你可能半个月后会收到他的信。

47. (1933年11月22日)周二晚
巴尔蒂斯致信安托瓦内特
菲尔斯滕贝格大街4号,巴黎六区

宝贝,我终于有时间给你写信了——这已经是我第四次为你动笔了;这次不会像前几次那样写到一半就搁下了(给你写信,我不能仓促)。宝贝,我似乎心有余悸地结束了漫长而可怕的噩梦。于是,你重新来到了我身边。宝贝,亲爱的宝贝,我还没有失去你——我简直不能相信这莫大的幸福!其实还不能说是"幸福";事实上,你还离我很遥远,谁知道什么时候才能再次听到你的声音,见到你美丽的脸庞。但与以为你永远离开了我的惶恐相比,这是多么不可思议的快乐啊!我得向你承认,当周五晚上回来读到你的信,我竟然激动得令人难以置信,忍不住呜咽起来。宝贝,我只能用些陈词滥调来表达此时此刻的心情——这个可悲的时代已没有什么词汇能用来表达内心的激情与狂烈了,因为它担心变得荒唐(除了德国人,他们才不害怕呢)。而我,冰冷的外表下隐藏着一颗这个时代最热烈的心,我终于毁灭了自我,因为荒唐感已烙在了我身上。亲爱的宝贝,你再次回到了我身边,唯一阻挡我们的只有距离。你过来在我的岩壁上放了几朵小花,一如从前我在那边当兵的时候。你遥远的身影让一切苦难都变得可以忍受。可是小姑娘,你会走上一条什么样的道路呢,我不禁为你担心。我多么希望你能找到幸福,即使远离我,我也会因此而无比欣慰。至于我,我无法不恨天恨地、恨整个世界,无法不发出最刻毒的咒骂,因为生活把让我变得一无所有视为乐事,因为我已没有办法生活在你身边——无论此地或别处——我失去了未来。这就是我为自己目前的贫穷而怒吼的唯一原因。我真是该死!与你和罗比在一起的日子,像去年夏天那般和睦相处的生活是多么珍贵难得啊!难道那时我们自己还不足以建立一个属于我们三人的世界吗?啊,原谅我吧,宝贝,原谅我。我忘了自己毫无资格对你说这些。哦,宝贝,多么痛苦的折磨啊!你觉得你不会住到巴黎来吗?除了可爱的伯尔尼,巴黎可真是唯一适合你的城市,因为这里有其他所有城市的影子。不,我拒绝理解,拒绝任何逆来顺受,我的身上只剩下叛逆。老天啊,我什么时候才能再见到你,宝贝?但我们还是不能放弃希望。

目前,我过着十分可怕的生活;八天前,我接了一个简直不可思议的活儿。你知道的,马克斯·莱因哈特[①]正在此上演施特劳斯的《蝙蝠》。我协助凯纳(他负责舞台布景)监督后台布置、绘制背景。这样,我每天在皮加尔剧院从早上7点一直忙到晚上10点。我手下有六个工人和一个布景师。我成天骂布景师,因为他真是个蠢蛋,什么都弄得乱七八糟。今晚,我的嗓子在吼了一整天后似乎也坏了。什么都是手忙脚乱的,下周一彩排日前,必须一切就绪。自然,大家是乱作一团,章法全无,什么都赶不及。但从昨天开始,伴随着排练时施特劳斯优美的乐曲穿过舞台木板传入耳中,我加快了工作节奏。晚上回到家,我一连几个小时看着那幅浪漫的金发女骑士的画像。你认识这女骑士的,她的画像就挂在我的床头:

　　它无法与你的魅力媲美,

---

① 马克斯·莱因哈特(1873—1943),奥地利导演,现代戏剧革新的倡导者之一。

> 然而这已是人类艺术所能达到的极致；
> 它令我忠诚的心不再感到害怕，
> 它重新燃起我的希望，激励我活下去。①

写信给我吧，写信给我！

48. （1933 年）11 月 28 日，周二

宝贝，我终于从皮加尔剧院解放了。昨天是彩排前的最后一次练习。今天是彩排，所以今晚我还得去，完了就没人来烦我了。下回莱因哈特来巴黎上演什么剧目的话（可能在春天），凯纳会将布景交予我全权负责。这便是此次工作带来的好处，但我无法保证自己可以再次忍受剧院里那些讨厌的人。你无法想象他们有多么令人厌恶，我从未像这两个星期般频繁地骂人。更过分的是，我还差点在那儿送了命：正当我在壁板上画画时，几棵重达一百公斤、用纤维木板做的栗树倒在了离我 50 公分的地方。我能活下来真是奇迹；而且，被一棵纸板树砸死应该比西尔维奥的死法更糟糕。

总之，在逃过一场飞来横祸并重获自由之后，我开始重新奔向你。上封信里我一不留神吐露了两三句话。真希望自己没有写过，因为我没有资格给你建议，我极有可能再次失去你对我的信心。所以，别怪我写的那些话，它们只是我出于本能的呼喊。你信里有句话让我重新燃起了对人类的信心："我再次体会到了能写信向你倾诉自己的所感所想是多么快乐"——宝贝，哦，你是我的生命；在我看来，离你如此遥远是多么荒谬、绝对不能原谅的错误！——写信给我吧！

我很高兴看到你又开始叫我巴尔特里。

你没告诉过我你妈妈病了，她情况怎么样了？

---

① 可能是约翰·多恩的诗句，原文为英语。

49. (1933年12月1日)周五晚

可爱的宝贝:

今天早上我来了(我预先算好了时间)——我来到你的床头,扯你的头发,心醉神迷地看着你美梦初醒的样子。我坐到一张粉红色椅子上,头倚在床尾上,惊奇地凝视着你。每次看你,我都十分诧异,啊,多么奇妙的蓝色眼眸啊!(我很快地扭转头,因为我觉得自己会感动得热泪盈眶)然后,我打量着这房间,这温馨的房间;它充满了一种无法言喻的柔美,到处是你的芳香。以前你不在时,我经常进来,因为这里满是你的气息。然后那个忙得团团转的小女仆(要不就是另外一个)端来了早餐。(可是如果我的信晚到了,那开头这段就白写了。)

我们的信①擦肩而过,我就不描述收到你信时的感受了。由于在皮加尔剧院加了一天班,晚上11点回到家我才看到你的信。我连忙为此做了巧克力,希望500公里以外的你也做了同样多的巧克力。

可是得知我加快了工作节奏,你们为什么要笑成那样?我觉得你们似乎在嘲笑我。是因为我讲话慢吞吞、总是一本正经吗(不过,强调一下,我走路很快)?你们得看看我工作时的样子:指挥,部署,一眼发现错误和缺陷,给疲惫暴躁的工人讲下流故事调动他们的积极性——这样别人就会知道我是个大老粗。(我天生就是做事儿的料,哈哈,我也有当领导的天分,等等。)

既然忙乱的日子结束了,我就可以重新开始画画了。我正在为一幅新画做准备,一幅有点过分的画。我应该大胆跟你说吗?我之所以不能跟你说,因为这是幅情色画。别误解,这可没什么好笑的,完全不是平常人们偷偷用挤眉弄眼来暗示的那些下流小玩意儿。不,我要诚挚而热烈地向世人展示一出扣人心弦的人性悲剧,要大声宣扬本能中不可抗拒的法则,由此而实现艺术激情的回归。让伪善见鬼去吧!这幅画表现的是一堂吉他课(罗比看过图样了),一名年

---

① 没有找到安托瓦内特在1933年12月26日(第54号信)之前写的信。

轻女子在给一个小女孩上吉他课,上完后她继续在小女孩身上弹吉他。继乐器琴弦之后,她开始拨动一个人的身体——("因为莱斯博斯在世上众生间选择了我／来歌唱它那花季处女们的秘密。"①)

你瞧,我将招致劈头盖脸的辱骂。

我很高兴罗比又能顺利写作了。他上次的来信太可怕了,但你告诉我的情况真让我松了口气。他曾要我请西堡②替他推荐一篇文章。不巧的是,西堡已出去旅行一个月了,但这几天应该就要回来了。啊,我很担心《法兰克福特》只接收政治性文章。而且,另一方面,我与西堡的关系也不再那么好了,但还没到闹翻的地步。不过,无论如何,如果见到他,我会尽力而为的。

你难道不愿寄一绺头发给我吗,好让我见见你的这抹金色。

再见,亲爱的甜心。

巴

50.(1933 年 12 月 11 日)周一

宝贝,你的发绺,柔美的金色秀发,我深深地陶醉在它们的芳香中,我不停地亲吻它们,我在其中象征性地放了一根自己的黑发(天堂与地狱的结合),然后把它们藏在胸口——我已经成了彻头彻尾的恋物癖。

该如何向你确切地表述这种情感呢——我颤抖的双手握住这份实实在在的甜蜜,你身体上温柔、娇美的一小部分,禁不住浮想联翩,仿佛真的看到你就在那里,在我身边。

是的,我仿佛再次见到了你,我盼着能随时见到你。

---

① 引用了波德莱尔《恶之花》中的诗句("莱斯博斯")。

② 弗雷德里克·西堡,德国记者,后被怀疑曾为纳粹分子。见纪德(《日记》,1931 年 1 月);"读完了西堡的《上帝是法国人吗?》——当西堡似乎真的犯下了我们指责他的那些严重错误……我在他的书里却丝毫看不出'唯有法国投降,才能重建欧洲均衡'的意思来。格拉塞出版社给西堡的回复"等等。

哦，我真是找了魔！我觉得自己疯了，我失去了理智——我迷失了方向，我迷失了!! 我再次低估了自己神魂颠倒的程度。

你知道吗，几个星期以来，我突然发现自己有时几乎可以称得上快乐。

也许，生活很快就将把我们分开，至少是形式上的、最终的分开。然而，尽管一年多来表面上销声匿迹、毫无联络，我们还是凭借小小的一封信而再次出现在彼此面前。这就充分证明了外部世界的绝对依赖性。我怎会没有资格去相信无论什么都不能真正将我们分开——宝贝，亲爱的宝贝，要知道，你让我在这艰难痛苦的生活中受到了多大的鼓舞啊！

如果你明天或周三收到一个来自于巴勒的小盒子，别感到惊奇。由于很难将贵重物品寄出法国，我把它交给了一位女士；她正巧有机会周六去瑞士。这个小盒子里装了一份送给你的圣诞节薄礼，是我曾祖父的一件小东西，来自于一个据说他深爱着的女人。我完全不清楚这个故事是否真实，但无论如何，为什么不能是真的呢？最后，这位迷人的男士（根据达雷格照片判断）在29岁时去世，三个月前刚刚娶了一位自己不喜欢的女人。我对他的所有了解仅限于此。

我知道他们不会允许你戴上我送的这件东西，但请将它留作对我的纪念。

关于那差点砸死人的纤维板树木的重量，我还得再简要地说明一下。我简直难以相信你竟会对此怀疑。首先，有些很重的人真的甚至能重达120公斤，那为什么几棵树——哪怕是纸板树——就不能有上百公斤重呢？真得向你们详细描述它的构成从而证明它完全有可能那么重吗？——为了让你感受到我曾遭受的危险，我只是强调了它的重量。不，我只需简单告诉你，它由一个木制及铁制框架构成，这就足够了。

最新消息：有个称得上最大画商之一的人对我的画非常感兴趣。这事也许能成，他一个星期内带着人到我这儿来了五次，并宣称这是十年来他见到的唯一一幅重要作品。对于一个画商而言，能这么讲就不错了，但我希望事情别到此为止。

因为所有人几乎都认同这一观点(特别是我自己),但随之就没了下文。总之,我厌倦了被称赞为"出色""大胆"。我想现在是时候让别人肯定我对大众的用处了,就像矿泉水一样。

我现在被各种烦心事弄得焦头烂额。另外,一项我寄予很大希望的工作(一间酒吧的装潢)也打了水漂。啊,我多想和你们一起去滑会儿雪放松一下!巴黎的冬天真是匪夷所思。我真担心你冒冒失失的,你别已经开始弄坏滑雪板了!(旁注:别胡思乱想!)

再见,亲爱的小姑娘。下次我再向你解释我对情色画的看法及其理由。

这是必须的!

巴

51. (1933年)12月18日,周一
巴尔蒂斯致信在萨纳里的父亲

我最亲爱的老爸:

在你生日之际,为你送上最美好的祝愿和最深切的想念。希望你好些了。前段时间我碰到了布莱特巴赫,他说从朱口中得知你的情况正日益好转。

最近,我们可怜的祖母①去世了。我只能用最深切的情感来缅怀这位可怜的伟大女性那无比枯燥、毫无乐趣、不断付出的一生;我也为她的去世给你带来的打击而感到忧心。我还年轻力壮,却已越来越明白,快乐并不属于这个世界;有时我突然发现自己已学会对无尽的烦恼与忧愁妥协。

自从离开萨纳里后,我还没给你写过信。但希望你能知道,我与

---

① 从死亡证(萨纳里市政厅出具)上我们得知埃里克·克洛索夫斯基的母亲是"莉斯贝思,原名多尔克·德·弗勒瓦尔"。

你是多么亲近。我目前的生活就是一场让我完全看不到出路的无休止的战斗,但由于我还有不少时间和金钱可用来工作——即用来画画,我并无太多抱怨。这个奇迹之所以能出现,在于我干了各种各样的工作,包括翻译和工人干的活儿。最后,我还协助凯纳完成了莱因哈特在皮加尔剧院上演的《蝙蝠》一剧的布景工作。这项艰巨的任务耗时十天,每天工作12到14个小时,只为了可怜巴巴的400法郎。这帮混蛋到现在还没付给我。

这几天,我刚完成了在萨纳里跟你说起过的那幅画:《梳洗》。我想你会非常喜欢它的。上面的画像是以我自己为原型的。这是幅充满金色调的画。《窗边的少女》也完成了。上帝啊,要是我能叫人把这些画拍成照片给你看就好了……

朱利安·格林来过我这儿两次了。我想,他已极尽了溢美之词,特别是面对《街道》时。后来他去了美国,一直要待到一月份。事情也就到此为止。哦,事情总是到此为止。现在,我能得到相当多有识之士的赞赏,然后就没了下文。难道这是时代的特点?确实,从某种意义上讲,这使我保持了非凡的独立性。有天,皮埃尔·洛布①来访,这名年轻的画商(拥有皮埃尔画廊)是个聪明和气的小伙子。他一周之内到我这儿来了五次,每次都带些人过来,并宣称我的画是他十年来所见过的最重要的作品。这可是从一名画商口中说出的话!但这些并不能让一个人糊口。冬末,也许我会在他的画廊举办一次展出。不管怎么说,这会大有帮助的。

这就是事情到目前为止的进展程度。我踏上了阴暗森林里的一条狭窄小道,如同塔斯笔下的英雄一般。一种可怕的妖术令树木及

---

① 皮埃尔·洛布(1897—1964)于1925年组织了首次超现实主义艺术展。他是米罗、毕加索、达利、贝拉尔、贾柯梅蒂等人作品的购买商。他在《穿越绘画的旅行》(博尔达出版社,1946年)中写道:"我已经很久没有看到一幅令人震惊和意外的画了,直到我在伍德("海关官员"的朋友,现代艺术大师作品的早期收藏者之一)的带领下来到巴尔蒂斯的工作室……我被眼前这些令人吃惊的作品深深地震撼了,其中尤为突出的是《街道》。

岩石在我踟蹰的脚步前轰然倒下,但我依然前行着①。

亲爱的老爸,请快点给我你的消息吧。

让我紧紧拥吻你。

你的巴尔蒂斯

深情地吻亲爱的、善良的希尔德琴。

52. (1933年)12月21日,周四
巴尔蒂斯致信安托瓦内特

宝贝,我一遍又一遍地读着你宝贵的来信。我一直在焦急等待着你的回音,因为我不知道你收到戒指会作何感想。但难道它与你不像吗,难道它不是为你而打制的吗?上帝知道,我也多么希望这些日子能在你身边!也许我们三人会让圣诞节恢复其特性。但我被打发到了阁楼里;而你,在节日里想起我时也许会洒上一两滴眼泪,但你甚至不会从天窗爬进来与我相会。

有一天,巴黎城醒来时一片银装素裹。菲尔斯滕贝格大街看起来像是伯尔尼的街道。哦,宝贝,你还记得那些认真学习的冬日夜晚吗?那时,甚至连学校的作业(在雪地里跑了一通后我们气喘吁吁地趴在作业本上)也有种说不上来的美妙感觉(因为一道神奇的光辉穿透了万物);我们相处得也极为融洽。圣诞节是美好童年和抒情世界的最后映照。宝贝,现在我多想和你一起在白雪皑皑的树林里奔跑,冲下陡峭的斜坡,让风吹打着头发,就像飞一般的感觉……

---

① "塔斯笔下的英雄"(托尔夸托·塔索,1544—1595,意大利诗人):在这些英雄中,那不勒斯人上演了一出精彩的"木偶戏"。为此,朱利斯·梅尔-格雷费写了《奥兰多与安吉里卡》(1912年出版,埃里克·克洛索夫斯基为它绘制了非常漂亮的水彩插图)来表达敬意。至于"树木及岩石在我踟蹰的脚步前轰然倒下",见第48号信。

我还想起有次圣诞节前夜,在圣日耳曼-昂莱①(我当时7岁),我和我的小种马在树林里迷路了。晚上10点左右回到家时,我声称自己与淘气的小妖精和精灵们会面去了,结果被我们的家庭女教师狠狠揍了一顿。

可是如今,只有你才能让这一天显得美好;否则,就和其他日子没有两样了。最珍贵的圣诞节礼物,永远最美好的礼物,就是再次与你相逢,宝贝,亲爱的小妹妹。你遥远的身影是我仅存的一片蓝天,是我最后的希望。你知道吗,两年前,就在同一天,我从摩洛哥回来,拿到了你和罗比的信,我亲爱的天使们。(那时我还相信自己有可能获得幸福,我还充满了孩子气。)

我必须在你……(不,我无法写出这个词)之前再见到你,因为我非常担心那个戒指让我丧失了一切在巴黎见到你的机会。也许,也许,今年冬天我能来待上十几天滑滑雪,尽管到目前为止,似乎还不可能——你很清楚,这取决于你那边的许多情况。

我昨天晚上梦见了你,你穿了条蓝色的裙子。啊,这就是我所记得的全部了。但当我醒来时,还有一种甜蜜的感觉包围着我。珍宝消失在醒来时还紧握的指缝间。悲哀。

我将尽可能于下周日见到你们。

告诉罗比我明天给他写信。替我拥吻他。

让我不停地亲吻你

巴

快点儿回信!遗憾的是,周二之前我无法收到你的信,因为周日和周一没有邮差。

为《呼啸山庄》画的插图还没到能寄给你的程度。不管怎样,我提前将它们献给你。也许它们有天会出版?

---

① 1913年至1914年8月,克洛索夫斯基一家住在圣日耳曼-昂莱的一栋别墅里,皮埃尔·博纳尔建议他们租下这栋房子。

(这是你的鱼儿们的复制品,但远没有那么漂亮。至于苹果先生,他真的很有意思①。)

53. (1933年12月24日)周日晚

宝贝,亲爱的可爱的小宝贝:

我刚刚收到了你的小包裹,于是马上写信告诉你。你可爱的小礼物深深感动了我;在你的一些举动中,没有什么能像它这般打动我。是因为它的简朴和纯真?也许因为我没料到你会有这样的举动,因为我觉得这美好得不像是你做的事。总之,我不知道,也不明白。在我看来,你能花时间刺绣出我的名字真是不可思议,令人感到多么甜蜜,而且你绣得真棒!我总是想起你帮我整理颜料盒,看起来如此无足轻重的一件事,却深深地震撼了我,触动了某些我自己也说不清的内心的隐秘。总之,告诉你,我不明白。

你不会送出什么寒酸的礼物,因为你给的所有的东西对我而言都是价值连城的。

我不停地重读你的上一封来信,它融化了我冷酷的心。我永远、永远都在你身边。

巴

有一次,你要我经常写信给你。我用威胁的口吻回复说我会写情书的。我永远忘不了第二天自己所陷入的深深恐惧,对那天的记忆依旧折磨着我。

请你原谅我吧,原谅我某些信的语气。这不是我的错……

---

① 这段旁注指的是从一张报纸上剪下来的几幅幽默画(在一幅夏娃赤身裸体地站在苹果树下的的画前,苹果先生对梨小姐和香蕉小姐说:"你们看,我的祖先们回到了起点。")

54. 1933 年 12 月 26 日,周二
安托瓦内特致信巴尔蒂斯

亲爱的巴尔特里:

i ha di ja ... sooo gern①! 是罗比叫我这么对你说的。他中午出发去阿德尔博登了,会在那儿一直待到下周。现在就我一个人留在家里陪着爸爸妈妈。我很难过,不知道罗比不在时自己该怎么办,我问自己以后该怎么办。不过,真的,几个星期以来,那年夏天我们一起度过的美好时光似乎又回来了;只是我们非常想念你,只能一直谈论着你聊以慰藉自己。要是我们三个能一起去山上那该多好啊,但恐怕今年冬天是不可能了。不管怎样,我把你的戒指戴上了,但我却不能在伯尔尼见到你。别担心,如果我去巴黎,我们会在那儿见到的,我向你保证。不过,未来还是一片渺茫,我只能过一天是一天,但我对目前的生活基本感到满意。我很高兴能住在自己家里,很高兴能收到你可爱的来信——我一遍又一遍地读着,它们给我带来了无尽的甜蜜。我等待着重逢的第一次机会。不管怎样,如果你能来瑞士,你一定要和罗比去滑雪。谁知道呢,也许我们还是会有办法再次见面的。我永远不会灰心失望。

我打算二月份和罗比去山里。罗比想待上一个月养养身体,而我,待上十天就能让我乐坏了。我多么喜欢和罗比一起运动啊。上周四,天气晴好,我们和小祖尔莱德一起去布雷姆加滕骑马了。对我来说,我们的速度飞快,我有点儿害怕,但真的很开心,开心,开心!现在,罗比每周给我上一次课,我进步显著。但同时,我对开好汽车不再抱任何希望。这再次证明我的出生晚了一个世纪。

周三

我的宝贝,要知道,你的这些来信让我多么感动、多么快乐,

---

① 伯尔尼语,意为我多么爱你。最后两个字母是从报纸上剪下来的。

同时也让我无比伤感——每次收到你的信后,我会一整天都念叨着那些美丽的词句;每天晚上入睡前,我会再读一遍。今天早上接到你的信,说你收到了我的小包裹。我很高兴你正好在圣诞节前夜拿到了它。你收到我们的电报了吗?罗比给你发电报时,我正在点亮圣诞树,我正想着你,我最亲爱的、关在遥远的阁楼里的巴尔特里。

你多么深切地体会到了我在绣你小小的名字时所怀有的柔情蜜意啊。不过,这腰带不会太大了吧(你应该比罗比更瘦些)?我多么希望能来帮你摆好颜料盒里的东西啊,它一定非常需要整理。有时,我觉得我们俩被分开真是件极其荒谬的事!

新年过后,我会把刚买的蒲宁[1]的《米佳的爱情》寄给你。这是个可爱的"愚蠢的爱情故事",就像《维多利亚》[2]一样。我相信你会和我一样为它着迷的。我还要再读一遍;我觉得这个故事非常动人。然后我会把它放进信封里寄给你,因为这本书很小。非常感谢你那极为有趣的苹果先生!

写信给我吧,尽可能多地写信给我!

再见,我的宝贝。为你送上最美好的新年祝福!

宝贝

向你妈妈致以最诚挚的问候。

下面这段话我曾想附在包裹里寄给你,但我当时不确定是否可以……

亲爱的巴尔蒂斯:

我必须得告诉你,我们还不能完全相信你讲的纸板树的故

---

[1] 伊凡·蒲宁(1870—1953),流亡法国的俄罗斯作家,1933 年诺贝尔奖获得者。我不知道这部《米佳的爱情》是否有法文译本。

[2] 指克努特·汉姆逊的小说《维多利亚》。

事。弗雷迪·菲舍尔说过你是个爱吹牛的家伙;宝贝,他说你喜欢瞎吹嘘①。我们在想,你到底跟我们开过多少玩笑。不管怎样,你应该是个可爱的小伙子。

我把这两块手帕寄给你,是罗比弄来给你,让你擦颜料的。

再见,巴尔蒂斯

你的小妹妹

宝贝

---

① 弗雷迪·菲舍尔,在伯尔尼的一位同学。

第五章 *1934·1—6*

55. 1934年1月1日,周一
巴尔蒂斯致信安托瓦内特

(旁注)注意:别被这封信沉重的开头吓坏了。从某种意义上来说,它的结尾会变得挺有趣。

宝贝,在这新年第一天即将过去之际,我显然必须得给你写封信,跟你说说话,和你交流一番。可是我没多少墨水了,希望我能写完。我喜欢在寂静无人的夜晚,感受你留下的无穷魅力,狠狠地想念你。

不过,今夜,我心情沉重。我厌恶地飞快回顾了一下这刚刚过去的一年。它只在行将结束之时才突然闪耀出奇特的光芒:哦,我亲爱的天使,最后这几个月因你而洋溢着欢乐。可是,这种欢乐,这种欢乐是什么呢?我不知道。但它也许象征着我们在后退三步,然后冲刺,跃进无尽的深渊。你信里说的一件事打破了这封信给我带来的幸福:你宣称今年冬天我不会见到你了。啊,我只要你知道,宝贝,我的生命,看不到一丝与你重逢的希望将令我痛苦得无法自持。

宝贝,此时,我感受到了那条将我们分离的实实在在、真真切切的鸿沟。你缺乏自由,但这又多么情有可原啊!可是他们在担心我什么呢?我被打败了,我十分清楚这一点,我主要是被生活打败了。现在,我无意来破坏我衷心希望你得到的幸福。我有什么危险的呢,什么都给不了你的我,一无所有的我?不过,我得坦率地承认,如果还有钱,我的表现将会大相径庭,因为我并不是什么天使(这一点众所周知)。然而,目前,我毫无资格——我是最早意识到这一点的。而且,最重要的是,一般来说,我尊重我所爱的人。而你正是我在这个世界上最爱的人!可是,他们真的不允许我再见到亲爱的小妹妹吗——我钟爱的小妹妹,她是我幸福的全部;凝视着她美丽的脸庞、湛蓝的眼眸,我喜极而泣;她就是我的生命!从此,在这个世界上,我再也感受不到任何温暖——为什么,为什么人们不能理解呢?我迷茫了。我很清楚,如今再也没有谁能理解,没有谁能理解一切。不过,也许我看来像是在乞求怜悯。总之,人们有可能产生误会。但这真是天大的错误!怜悯让我们厌恶,我们并未有失体面。

恢复了些许理智后——我清醒得很快,让我们来谈点别的吧。啊,今晚应该还有别的重要事情要讲。我可以详细地向你描绘地狱的情形,并告诉你它的益处;但说说我晚上经常光顾的仙女与精灵的世界似乎更美妙些。不过也许还没到时候。以前倒是有个英国少女,跟着她的父亲、一位探险家到处跑。有次,总督在德兰士瓦省的一个大城市盛宴款待他们。"您不愿尝一个爱情水果吗?"总督问道,并把一个装满各色水果的篮子递给那名少女。"当然愿意。"女孩回答道,并毫不犹豫地挑了一根漂亮的香蕉……

现在我们来谈谈(瞧我的思维多么连贯啊)创作情色画的益处吧。无论别人怎么说,这都是个十分严肃的话题。可爱的小女孩,我看到你在正襟危坐地聆听着严肃的话题,并有点滑稽地皱着眉头。

首先,必须充分认识到我身上真实而必要的叛逆精神才能很好地理解这一切。从某种意义上来讲,我在这个社会里深受束缚。于是我通过某些宣泄来表达一种绝对的自由。如今让人感到可怕的是(特别是在法国),面对思想的表达,人们表现得麻木不仁。现在的人类不再懂得如何作出人性的反应,因为他们几乎已完全被机械化了。和一位先生交谈,你会猛然发现他就是具木偶。再换一个,结果是个机器人。第三个,知识分子,也是个死气沉沉的傀儡。救命,救命啊!都是些木头人!行尸走肉!人类被埋在一层沥青底下,时而叹口气,扭动一下,很快就一动不动。这些西方的泥沼啊!不,我认为光明遭到了泯灭,人类奄奄一息,误入歧途——好吧!于是我的灵魂甘愿经受人类精神每一次艰苦前行的历程——篡取竭力呼喊逃命的权利——不,但人人都应各在其位,我亦如此。注意,永远都将如此!

知识分子正是扼杀智慧的愚蠢罪犯,是他让智慧在脑壳里溃烂。他是谋杀思想的凶手,却自以为在捍卫思想,不停地将思想与物质割裂,从而令其腐朽。(我可不是二元论者。)

不,今天如果还想让别人听见你的声音,就必须高声呐喊;必须采取激烈的手段;必须依靠凿头、十字镐、机械钻来冲破人为的障碍,清除沥青,让大地、美好的大地重见天日。这就是为何我(旁注:当然还有别人)要创作情色画(它应当表现一种最高雅的情色——必将如此,因为这是由我创作的)。情色画还可充当钻头的角色(我不是在玩文字游戏),我们必须直达本能。下腹的本能还很敏锐,可以快速触及。也正是在下腹的本能中蕴藏了最活跃的力量。而且,如今唯有艺术中的情色还能让我方才提及的木偶们跳起来。人们普遍的反应将表现为愤慨或非难。真遗憾!或者说好极了,没有什么能更让我高兴的了,因为我还懂得如何补偿自己的身体。

我讲完了,宝贝。希望没让你感到过于头疼。如果你能从这些可怕的胡言乱语中明白些什么,如果你能更进一步地在我缺乏连贯的表达中发现一些真正重要的东西,那我真的感到非常幸福。我相信,你很快就会明白,为我刚才的一席话而感到被冒犯是荒谬的。

另外,这些深刻的思想暂时还只是在我的脑海中翻腾。目前,我的绘画创作被其他各种各样的无聊事打断了。这真是相当痛苦,因为只有绘画才能让我保持某种平衡。

宝贝，如果你愿看到我无比快乐的话，就在主显节时写信给我吧。这也是属于我的节日之一，因为我是三王中最黑的那个①。

哦，I HA DI JA ... Sooo GERN！

巴 ♥

我忘了提腰带了！我怎么能把这给忘了呢？它真是可爱！我在最后一个孔后 11 公分处又打了个洞，然后立即把它围在了腰上。

56. 1934 年 1 月 5 日，伯尔尼
瓦泰维尔家的安托瓦内特和罗贝尔致信巴尔蒂斯

亲爱的巴尔蒂斯：

我急着给你写信，这样明天你生日的时候还能收到我的信。我亲爱的小黑王，你在新年第一天就想到给我写一封又长又好的信让我多么感动啊。但看到你如此痛苦，我很难过——你必须保持信心，就像我一样。也许你会说，对我而言这很容易。但你的生活会取得成功的，对此我深信不疑。你已经成功了，因为所有人都对你的艺术产生了兴趣。他们不久就会肯定你"对大众的用处"了。而我，我会试着让你如此孤单的生活变得美好、愉快，用我的这些书信告诉你：你有一个小妹妹，多少个世纪以来，她都是你的小妹妹，将来也永远都是。我感到万分愧疚。我知道，如果我是个好妹妹，我应该让你快点过来，快点来找我，告诉你我迫不及待地想要和你在雪天里一起奔跑，我们将多么快乐。但我不能，千万别过分指责我的软弱。我又能如何对付这可怕的、也许没什么道理的嫉妒呢？但无论如何，我们都

---

① 是否应该注意到，"巴尔蒂斯"是"巴尔塔扎尔"的别称，后者正是其中一位"三王"的传统名字。

将保持这亲密的关系,因为它比其他任何一种友谊都要深切。我曾试图解释、试图让别人明白,结果只是招来可怕的争吵。不过,别伤心。我已无数次许下诺言:以后,在远离伯尔尼的地方,当我能收敛起任性、不再轻易贸然行事时,我就会见你。这一切都是建立在一个严重的错误之上,我很清楚,但你想让我怎么做呢?

上面的这些话太严肃了,几乎和你关于情色画功能的高深理论一样严肃,但我对你的那些理论尚未彻底领会。我也认为这个世纪是荒谬的世纪,人们已沦为纯粹的机器。但我担心,你的情色画更有可能令他们做出卑鄙无耻的反应,从而招致非难与愤慨。你也清楚这一点。而且,我尤其无法忍受让那些愚蠢的人来指责你做出了恶心之事。我知道你的画会很美,并富有感染力,但是否该将它们永远地藏在幕后呢?请原谅我跟你谈论显然我自己还不是非常有把握的事,但我总是为你的创作感到心醉神迷。我要把自己的想法毫无保留地告诉你。

寄给你几张电影《爱丽丝梦游仙境》的照片,但我觉得拍得相当差,不知道为什么,我觉得很丑。

再见,我的宝贝。一天至少要吃 12 根菲弗香蕉!我永远都无法相信你的腰围竟然比罗比还要小 11 公分。

宝贝

为我的沉默向你解释几句。我和朋友去阿德尔博登待了一星期(住在一个木屋里)。我通过电话得知你的一封信寄到了家里,但我没能让他们把信转给我。

昨天和今天,我都在为如何替伯尔尼高地旅游局写宣传文章大伤脑筋。我答应你这几天再写封长信。

祝好!

罗贝尔

57. (1934年1月18日)周四
巴尔蒂斯致信安托瓦内特

宝贝,亲爱的宝贝:

两个星期的艰苦战斗刚刚结束,我不能在充满压力、高度紧张的状态下给你写信。我再次获得胜利;但现在,我感到很累,筋疲力尽。在这段混乱不堪的日子里,我曾隐隐盼着能再收到一封你的信。可是什么都没有。我只能靠以前的书信,靠它们温柔甜蜜的气息和跃动其中的美丽身影来抚慰自己的悲伤。这一切就是我的救生圈。你为我生日写来的珍贵美好的信以其严肃深深打动了我,可爱的小妹妹。但这些日子,我感到自己在这个世界上是如此孤独,无奈的孤独。

亲爱的宝贝,在指责我的痛苦时,难道你忘了我在生活中频频受挫吗?"生活取得成功"对我多么重要啊,胜利对我多么重要啊,但只有你才能让这一切有意义。也就是说,我可能拥有的一切成功,我的创作可能获得的一切赞赏或美誉,如果不是为了"引起你的注意",那么对我而言就毫无意义。也许这听起来像是幼稚的表白,但它是非常人性化的,并且相当悲壮。谁会明知心怀厌恶却还有勇气去审视自己的心灵呢?我对自己的雄心壮志有着相当清醒的认识。另外一方面,其中包含了我要告诉人类、我要向人类揭示的所有,我想这是非常重要的。正是这种角色,或者说"使命"才令我还未放弃生命,尽管对我而言,活着非常艰难。没有你,也许我会"纯粹地去实现目标",也就是享受过程本身,将我的艺术成果交付给命运。因为,说真的,与其说我野心勃勃,不如说我是骄傲的。然而,现在恰恰相反,我必须用激烈的方式来表达自我,必须用吼声来向人们显示自己的力量。此刻,我就是一头满腔怒火与仇恨的怪物,渴望着复仇,携带着足以令山崩地裂的炸药——在生活愚蠢地将武器归还于我的那一天——也许这一天即将来临。你向我提到了一种可怕的嫉妒,但你不知道吗,我的嫉妒要比它可怕一百倍?然而,这种嫉妒消失了;在我无尽的爱面前,它微不足道。而在你面前,我只能轻轻摇头,喉咙里发出深沉的呜咽。我永远都对你一点儿怨恨不起来。想想这句话吧:"奴隶不会报复压迫他的暴君,但他会摧毁暴君周围的所有人①。"

我很清楚,由于笨拙的表达方式,或因为被草草写在小小一片纸上,这一切很有可能会丧失它极度真实的特性。但事实上,我所希望表达的一切是如此激烈、炽热,要不是迫不得已使用的那些愚蠢词汇用其灰烬熄灭了一切,那么这张纸也许马上就会烧着。

宝贝,尽管我的语句滑稽可笑,但我在这儿跟你说的是非常严肃的。你是否多少有点明白我方才所写的一切,这些预言呢?也许你会想:"他的思想永不枯竭。"你是对的,也许这正是我的不幸所在。难道我不应该为在世界的某个地方有这样一个亲爱的妹妹感到幸福吗?

我会马上把我那三幅画的照片寄给你。遗憾的是,拍得并不怎么成功;你会发现的。它们是罗比知道的两幅画——《街道》和裸体画像《镜前的爱丽斯》(!),还有最近一幅画《凯西的梳妆》的照片。我有些犹豫是否要把这张照片寄给你,也许是因为感到害羞吧。我愿意很快地就这三幅画向你"解释"一番,或者更确切地说是辩解。

关于《街道》没什么太多要说的。从某种意义上讲,它反映了一种造型视角。如果你愿意,可以称其为各种原始或本能情感的流露:画面上的人物大多是孩子。在看这幅毫不滑稽、散发着令人生畏的神秘气息的画时,请不要想起梅尔-格雷费的批评——幸运的是,也许你已经把他忘了,而他也并未抓住这幅画的关键。左边角落里的情色画面(仿佛是出于害羞,这部分在照片里显得很暗:一个男孩正

---

① 这是希斯克利夫对凯西发出的呼喊:"你残忍地对待我……我不愿向你复仇,我有其他计划。——暴君压迫他的奴隶们,但奴隶们反抗的并非暴君,他们摧毁暴君的属下。你有自由死命折磨我,但请允许我也乐在其中。"

在试图猥亵一个小女孩①)丝毫谈不上淫秽。想想那个愚蠢的小女孩吧,看着猫儿们哀婉动人的交配,她竟然喊道:"你好,小猫!"

至于那幅裸体画——我很生气,罗比竟然对它反感。我也不认为它是淫秽的。我认为,画面散发出凝重、严肃的气息,即便是一名少女,也可毫不脸红地观赏它。(镜子就是观众)

对于《凯西的梳妆》,我该说什么呢? 我认为无需向你揭示其中的深刻含义,你自己立马就能领会。就像书中所写的那样(尽管它并非是我为此书所画的插图),这一刻,两个融为一体、相互依存的人类个体来到了各自命运的十字路口;像两颗千万年才有一次机会在其轨道上交错而过的星球一样,他们即将重新踏上分离的道路,跟随着宇宙不可抗拒的节拍画出圆圈。

凯西赤身裸体,因为她具有象征意义。另外,可将她与替她梳头的女仆组成的画面视为一种幻象,视为希斯克利夫的一段回忆;实际上,希斯克利夫正独自坐在房间里。因此这是一段往事。

我不知道这一切拍到照片上会是什么效果。原画十分清晰,几乎所有人都能一目了然。这也是为什么我认为,从某种意义上讲这是我所有画作中最具写实性的一幅。

现在,也许你丝毫不会喜欢这一切了;那就真是太可笑!!

快点写信给我,求你了,别让我等得太久。再见,我亲爱的天使。

巴

我在等待罗比的消息。

千万不要到处散播这些照片,我不想让你的家人反感!

----

① 请注意,20年后,巴尔蒂斯应购买者的要求修改了这一细节,将男孩的手从女孩的裆部移到了腹部。(J. T. 索比,生于1905年,后成为纽约现代艺术博物馆购买委员会主席。他于1934年购买了《街道》。1938年,在巴尔蒂斯第一次纽约画展的开幕式上,他毫不犹豫地将这幅画作为"引人注目的作品"与《梅杜萨之筏》相提并论。1953年,他担心画中起初让他着迷的那处"情色细节"会令自己孩子的小伙伴们反感。)

58. 1934年1月24日,伯尔尼
安托瓦内特致信巴尔蒂斯

巴尔蒂斯,对不起,这么久没有写信给你真是对不起。但白天我从来都没机会一个人待着;而且,半个月前,我有了一条可爱的小狗,一只猎狐梗①。每天中午到5点,它都被寄养在我这儿,使我不得不成天带着它去散步。晚上,我和罗比总是聊个没完,当我终于爬上床时已经累坏了。将你那极其可爱的来信重读了最后一遍,我便想着你,立即进入了梦乡。

你的那些来信,哦,你的那些来信啊,每一封都让我烦忧,让我伤感,也让我的心充满了快乐。但是,你不应该感到生活孤苦伶仃;你的孤独,我会在远方与你分担,每时每刻。我一直在想着你,每时每刻;晚上睡觉也牵挂着你,希望能梦见你。我们的灵魂永远在一起。

谢谢,亲爱的宝贝,谢谢你的照片。啊,希望你能知道它们对我意味着什么。收到这些照片后,我甚至无法立即给你回信,因为我被感动了。如果照片就已让人过目难忘了,那么画作本身应该会给人留下真正难以磨灭的印象。每天晚上入睡前,我都久久凝视着《凯西的梳妆》——它是多么美丽,多么伤感啊!

什么时候、要到什么时候我才能去你那儿和你一起看你的画儿呢?我是多么痛苦啊,我无法想象真的还有很长时间不能见你。现在,我的前途再次渺茫起来。已经拖了半年而不是两个月的离婚②刚刚在阿姆斯特丹以失败告终。于是一切从头开始。离婚——即便双方都同意——是世界上最令人厌恶的事。对我而言,真正令人伤心的是,我们还无法确定下次见面会在何时。幸运的是,每次收到你的来信,我都感到你仿佛就在身边。我和你的灵魂是多么相似,以至于有一天,我在一家商店的墙上看到一幅应该是英国版画的复制品,

---

① 这条猎狐梗名叫"男孩",是金的狗。
② 有关金的离婚,见第30号信。

上面一个穿着蓬裙的小女孩将手伸向一个穿着绸缎长裤的小男孩,我竟突然间产生了幻觉,仿佛我们就是那两个千百年前就已紧紧联系在一起的孩子。

也许你会觉得我对你的画作谈论甚少,但我只能强调一件事:我永远都不会忘记它们。(希望你不会认为我过于仰慕你了!)特别是《街道》,当然还有《凯西的梳妆》,它们给我留下了深刻的印象。我没那么喜欢贝蒂的画像。我并未感到不快(另外,罗比让我告诉你,让他感到不快的不是那幅画,而是她对你所持的看法),但我觉得那具身体并未美得可以用来画裸体像。请原谅我幼稚的批评,但我也不太喜欢她女仆手臂上的那个小怪物。相反,我喜欢穿着蓝色大衣的小精灵王。它真是非常可爱!

再见,巴尔特里,我赶着去火车站,以保证明天你能收到我的信。吻你。

宝贝

59. 1934年1月27日
巴尔蒂斯致信安托瓦内特

可爱甜美的小宝贝:

(我在一个咖啡馆给你写信,所以这信纸看起来有点儿怪①。)我刚把照片寄走就收到了你的书和信。信虽短,但却那么亲切,很快就让我的阴郁情绪一扫而光。这么看来,我的自怨自艾是没道理的;你在焦急地等待我的消息!你真的会时而想到我,亲爱的小妹妹!我开始后悔刚才写了那封垂头丧气的信,觉得自己不过是个讨厌的满腹牢骚的老家伙。啊,我给你写的信总是悲悲切切,而你的回复却欢快明亮,无比仁慈、清新,就像玫瑰的香气浸淫着我的魂魄与心灵,总

---

① 圣日耳曼大街172号花神咖啡馆的抬头纸。

之仿佛来自天堂。我像可怜的撒旦,其实正忧心如焚,有时还能隐约看见失去的王国。

哦,宝贝,你刚写来的这封信多么可爱啊!你娓娓道来;那些话如果从别人口中说出将是不可饶恕的,但你,甜美的小姑娘,你却让它们听起来如此不可思议地实在,真切,坦率。你是怎么做到的呢?

我也一样,每晚入睡前,一遍又一遍地读你的来信,不住地吻你的发绺,希望能梦见你——这经常发生,就在昨晚我还梦见你了。确切地说,这并不总是梦。你美丽的样子深深镌刻在了我的潜意识里;它时时刻刻如此清晰地出现在我混乱的思绪中,于是我看到了你,我感到你近在咫尺,我极度惶恐,生怕失去你。总的说来,地点不明,是过去的某个地方,你在那儿,我过去将头靠在你的膝盖上,一如从前,内心极为安宁,甚至几乎有些伤感。接着,我必须离开了,或者你必须离开了,或者你只是必须到隔壁的房间去。但你再也没有出现;其他画面纷纷涌现,都是最近的场景。我试图把它们像窗帘一样撩起、拨开,因为它们把你挡住了。但这些画面越来越多,我继续在别的梦里等待着你。接着,我醒了,有种孩子般想哭的冲动。

我也记得那一天,确切地说是那个早晨,一连数小时我都处在幸福的巅峰。这是一种完满、极乐的状态,是绝对的、全身心的安详,让人突然觉察到了普遍的和谐、万物的共鸣,达到忘我的至高境界。不过这种幸福如此尖锐,它刺进了你的心里,于是就要死去。但你又苏醒过来了,重新落到了地面上。也许你不记得了。我们刚和于贝尔骑马散步回来。我们去厨房拿来牛奶,坐到"卡非①"上。那是8月的一个早晨,正是夏季绽放出最绚丽色彩的时候。阳光有点刺目。淡蓝色、柔和得让人想落泪的天空映射在你的眼眸中,融为一体。你穿了那件可爱的、颇有孩子气的日式睡袍,而我累得都没脱下靴子。我已不记得我们说了些什么。也许,飘飘然的我正向你描述着最奢华富贵的生活场景。不管怎样,我仿佛还看得见,我无法忘记那天早上

---

① "卡非"或"卡非格",伯尔尼房屋上的宽大阳台。

你眼睛里的颜色——老天啊,我到底做了什么,让我因为这无法言喻的喜悦和不可思议的幸福时刻而在现时遭受苦难和无边的黑暗——因为,以上帝的名义,现在正是这些美妙的回忆在折磨着我。

可怕!我的纸快用完了。我又得以诅咒来结束这封信了!我还有那么多话要跟你说呢。说真的,最近我状态极糟,我觉得自己都快得神经病了。因此,今天就不再多说了。让所有这些牢骚见鬼去吧!

宝贝,最亲爱的宝贝,请你仍然想着一个可怜、可恶的人,我亲爱的天使。

60. (1934年)2月2日,周五

宝贝,亲爱的宝贝:

昨晚,门房的小男孩哭着把你的信交给了我,因为他正在屋子里伤心着。于是,我得快点给你回信,好及时向你传达我的兴奋之情——我原本没指望会这么快就得到回音。

一道魔法,是的,宝贝,一道可恶的魔法把我们分离;而这诅咒就应验在我身上。否则,我无法理解,为什么我们会彼此远离?啊,这些书信就像梦幻一般,它们灼烫着双手,点燃了心扉、灵魂和思想;然后,你会猛地发现依旧孤身一人,美好的幻象消失在这现……这现……这现实面前,灰暗、阴郁、凶恶、压抑的现实,和眼前的这把椅子及其阴影一样无比清晰的现实。

宝贝,为何我要如此不幸?(重复这一点真是令人厌烦!……)

你就在我面前;在我疼痛的脑袋里,我看到了你,我把你的发绺捧在手里。你身体的一部分在我这里,但你的人却不在,不在,这真是让人几欲疯狂。

啊,宝贝,当我看到你在信上说希望陪在我身边,与我聊上几个

小时,听我讲仙女和精灵的故事,就这样陪在我身边,陪在我身边——我真想如森林中的狼一般发出绝望的嚎叫。我对生活再也看不明白了,我对什么都看不明白了。为何要遭受这无谓的折磨?在这封信里,我如此真切地感受到你的存在,真切到甚至想揪住你的头发——然而,你不在这里……

别担心,我的天使(尽管一想到你有可能在为我担心,我就觉得无比甜蜜),我什么事都没有,也许永远都不会有什么事。我太强壮了,似乎没有什么能摧毁我身体的抵抗力。所以这条路行不通——我的意思是,在某些软弱的时刻,我会想逃离这痛苦的境地,只想浑浑噩噩地过活,让这可怕的清醒泯灭。可是,没有办法,理智依然完好,健康亦是如此——我没有发疯,我从来都没有好好生过病……

你瞧,宝贝,我不愿意谈论这一切。我不愿看到你溅上我正在其中挣扎的泥淖,就像天使坠入了污水。你,绽放在瑰丽花园里的可爱美丽的花朵,你永远、永远不应见到在这乌烟瘴气之地怡然自得地躺着些废物和孱弱之人——这就是人类现状的写照。你,你属于充满童真和美丽的纯洁世界——我对你毫无隐瞒,宝贝:

我是坠入泥淖的天使,宽大的翅膀折断了,沾上了污物,拖上了沉重的淤泥,无法再次飞翔;但记忆中过去那些美丽绚烂的地方使我坚持了下来。狂风还在耳边呼啸,刺目的阳光照进眼里。

哦,宝贝,我什么时候才能再见到你?

为何你要问能不能留着那些照片,既然它们就是为你而拍的。

我带着这些胡言乱语奔向邮局,这样明天早上你就能收到了。

61. (1934 年 2 月 9 日,10 日)周五晚
菲尔斯滕贝格大街 4 号,巴黎六区

亲爱的宝贝:

明天早上我会在门下发现你的一封信吗？我不会等下去了，因为既然今晚有足够的时间，我不愿放弃自己唯一的乐趣、无比甜蜜的乐趣——给你写信。不过我还是必须简要地向你介绍一下巴黎发生的事情——我想你应该已经看到报纸上的消息了：嗯，怎么说呢，这里发生了革命（恕我大胆直言）！几天来，气氛变得极为诡异。每个人遇到第一个人问的第一个问题就是："那么今天死了多少人？"

几个星期以来，巴黎一片动荡。周二，突然爆发了疯狂的骚乱，规模之大出人意料。第二天局势稍许缓和，然后平静下来，但这是令人窒息的平静，充满了威胁的味道。最后，今晚再次猛烈爆发。

（我们将何去何从？）正如你想象的那样，我跟在人群中走了整整两夜，充当着公正而饶有兴致的观众——因为总算有了些新事物。

周二晚上，随着不同的人群绕了无数圈子并拼命躲过了机动保安部队后，我终于在一个小时后穿过栅栏已被撞坏的杜伊勒里花园，到达了协和广场，那个战斗之地（离我的住处不到一刻钟的路程）。远远地，就能听到阵阵可怕的喧嚣。里沃利大街上响起各种玻璃和铁器的撞击声；到处是由杂物垒成的着火路障，发出恐怖的微光。

穿过掩护在花园里的一排排游行者，我的眼前出现了令人目瞪口呆的场景。那一刻，我从广场上方的平台上凝视着这一幕：无数人密密麻麻地从四面八方涌来，吼叫着，咆哮着，如巨浪般前进，后退！起初，我几乎什么都分辨不出，因为大部分路灯都被砸碎了，广场一片昏暗，到处闪烁着柴堆阴郁的火光。在靠近广场中心的地方，有个巨大的火堆，那是一辆正在燃烧的汽车。警察筑起厚厚的人墙来保护大桥，但往往在人潮的强劲冲击面前败下阵来，而协和广场的古典氛围则令这一切蒙上了宏伟壮观、荒诞不经的戏剧色彩。突然，警察队伍大大后退一步，我看到巴黎保安骑警的头盔在闪烁。一声可怕的吼叫，警卫们拔出了刀。人群撤退到皇家大道，但立即又反扑过去，更激烈，更可怕。每一次冲击都强劲得令人难以置信。在混乱中，挣脱了主人的马疯狂逃散，许多伤者躺在地上。接着响起噼噼啪啪声——治安警察再也无法忍受,开始向人群射击,但只能进一步激怒大家。骚乱、冲击、可怕的人潮涌动一直持续到午夜。警察开始连续开枪,子弹在空中呼啸着,人们倒在地上。接着,人群重又向大桥发起最后的猛烈进攻。到处是恐怖的痛苦喊叫、震耳欲聋的咆哮。最后,大家在一片沉寂中四下散开。我被夹在涌向临近街道的人群中。人们躲进咖啡馆,从里面用桌子顶住大门,并关掉灯。半小时后,他们冒险外出,很快警车就追了上来。最后,快2点时,街道恢复了相对平静,但几乎每一条路上都留下了群众愤怒的痕迹。大街上狼藉一片,就像噩梦里的场景不可思议。到处是砸碎的玻璃、掀翻的报亭、折断的树木。已经一个多星期不见出租车的影子了;马路上只剩下私家车还在战战兢兢地行驶,并传来阵阵可怕的哐当声,因为路面上到处是碎片。我再次走上里沃利大街。那儿的一座报亭正在燃烧,仿佛一把火炬。消防员只有在一切化为灰烬时才会来。早上6点时,路上所有的痕迹都被清除了。

嗯,纯粹从戏剧的角度来看,我向你保证,场面极其壮观。但除此之外,就自然是愚蠢了。这些人想干什么?哎,大部分人自己也不清楚。这群猛冲过去占领国民议会的民众(快到午夜时,惊恐万状的议员们已关掉了灯,试图让人以为已经闭会)是由形形色色的阶层组成的;他们唯一的共同点就在于都是警察由来已久的仇恨对象。一名警察局长刚被解职了。从前大家都讨厌他;现在,他突然变得和蔼可亲起来。事实上,撇开各种政治因素不谈,这就是一场突然狂热起来的愚蠢的示威游行。不过,说到底,这证明人们还能做出反应。在我看来,更糟糕的是麻木不仁。

我只有请求你原谅我对这些政治骚乱的冗长描述。我想我开始变得极其乏味了……

2月10日,周六

宝贝,我亲爱的天使:

今天早上我真的在门下发现了你的一封信①。我一直怀着奇迹可能发生时的惶惶不安等待着你的来信。

如果你真的梦见了我,那绝对太疯狂了,因为前天我也梦见了你:我去了伯尔尼,但第二天就得离开。当天晚上有人约请你,对此你表现出了某种欢欣。于是,我几乎没见着你。真是可怕!我再次痛苦体会到你出去玩乐给我带来的折磨,而且是晚上!另外,我对电话铃声怀有极度的厌恶。昨晚以外省新闻报道的风格向你描绘完巴黎的暴动后,我禁不住哈哈大笑起来,仿佛看到你在担心我会冒险前往协和广场附近。宝贝,亲爱的宝贝,你真是太招人喜爱了!你瞧,你真是太了解我强烈而危险的好奇心了。不过,你看到了,我什么事都没有,而且真的不枉此行。一个倒霉的小女仆从克里荣酒店的窗户探出身子,结果额头正中一枪——这就是好奇心付出的代价。但它与我的好奇心不是一回事。

总之,经过这段动荡混乱的日子,在暂时克服了个人困难之后,我采取了最明智、总而言之也许是最有益的态度,我终于重新投入工作,开始了我的情色画创作!经过两个月毫无希望的寻找,在动员过周围所有人之后(只要我出现在某个地方,人们就会露出暧昧的笑容),我终于在一个贫民区的看门人那儿找到了一个小女孩。在母亲的陪伴下,她来做了三回模特。她斜视得厉害,但脱起衣服来却像孩子一样毫无羞耻心。这个时候,她的母亲,一个可怜的历尽生活沧桑的卢森堡女人,就在角落里打毛衣。因此,这算不上诱拐未成年人。

自从重新看到为自己而工作下去的希望后,我的情绪在一定程度上恢复了平静。否则就太可怕了。我经历过一段相当痛苦的日子(哎,我这么说,就好像它真的已经结束了一样!);但事实上,我一直都觉得精疲力竭、极度烦躁。我一如既往地对前往瑞士稍事休整抱

---

① 这封信未找到。

着一线希望,尽管我知道,如果不能见到你,即使有机会去,我恐怕也鼓不起这个勇气。见不到你、不能在你身边,我伤心欲绝。这不仅仅是因为我疯狂地爱着你,它还与另一种极其强烈的情感有关,我只能将其归结为"i ha di ja ... sooo gern!"我多么希望能再次和你一起坐在"卡非"上,或者和你一起逛街小小购物一番。哦,宝贝,你没什么要我原谅的,因为,我从来从来都不会责怪你。你是如此的迷人,我只能为你的存在而感谢上天。亲爱的可爱的小姑娘,你是我灵魂的幸福所在。要是一切能够重来……

罗比的因特拉肯计划实现了吗,还是又一次化为了泡影?替我好好拥吻他。而你,亲爱的宝贝,请求你快点给我回信!

巴

62. (1934年2月27日)周二晚
安托瓦内特致信巴尔蒂斯

亲爱的巴尔蒂斯,明天午夜时分就是你的生日了!我得赶快告诉你,虽然没有写信,但我并未把你忘记,只是滑雪滑得太累了。我曾想给你去封信,结果却没写成。于是只好给你寄张简单的卡片。我想你会明白,我正陶醉在空气、阳光和生活的快乐里,必须等平静下来才能给你写封长信。我非常开心,快乐;我去滑雪,除了滑雪,还是滑雪;我所谈论的、思考的、渴望的,只有滑雪。我甚至去滑雪学校学习令人惊叹的"半犁式转弯"和左右"平行回转"。总之,我正在成为一名出色的滑雪运动员,骄傲得像只雄鸡!因此,我和罗比在萨那默泽度过了愉快的十天,非常成功、难以忘怀的十天。我是周五晚上回来的。皮肤晒得黝黑黝黑的,非常快活,但也非常累!

多么可怜的巴尔特里!当我们在风和日丽的山上滑雪,你却凄惨地独自一人留在巴黎。要知道,我多么希望你当时能和我们在一起,我又是多么渴望至少明年我们能一起在雪地里奔跑。不过你在信里说你对能来瑞士还抱着一线希望。哦,来吧,来吧。如果你能来伯尔尼待几小时,我保证我们会见面的!罗比无比期盼你能来我们家。哎,我真想让你知道,我是多么希望你在这儿啊……

周三

  我的宝贝,这封信还是不会太长,因为至少最晚明早得让你收到我的信。我曾打算为你的生日织好一件漂亮的纯金色套头毛衣,它一定会非常适合你。但我去滑了雪,所以恐怕你还得等上一段时间。

  最亲爱的巴尔特里,我多么希望能飞向你、在今晚为你庆祝二十六岁生日啊!我的上帝啊,你已经不再是个小"淘气鬼"了。

  快点给我写信,快点。你好吗?你在做什么?你的情色画已经完成了吗?我已经太久没有你的消息了。我十分想念你那些非常美妙的来信。为你送上最最美好的祝福,我亲爱的宝贝。回头见!

宝贝

63. (1934年3月7日)周三晚

  最亲爱的巴尔特里,你为什么不给我写信?我心急如焚。快点,快点给我写几个字,好让我放心。我每天要跑去信箱看三次;没有你的信,我都快担心死了。我不能没有你的来信,它们每次都让我充满了喜悦!你怎么了?

  我又梦见了你。我想着你。

宝贝

64. (1934年)3月8日,周四
巴尔蒂斯致信安托瓦内特

亲爱的甜心,可爱的宝贝,你怎么会这么不可思议地碰巧记起了我的生日?这个3月1日的早晨给我带来了多么巨大的惊喜和快乐啊!这天醒来时,我的情绪比往常更加低落,满脑子悲观愤怒的想法,带着某种厌恶思考着我悲哀的二十六岁。哦,亲爱的宝贝,我欣喜若狂,我感受到了你的存在,多么可爱的快活模样,稍稍有点气喘吁吁,就像刚刚疯玩回来的孩子。你的沉默当然让我伤心不已,直到收到你卡片的那一天——它融化了我忧郁的心。我曾打算更快些给你回信。但不幸的是,我的新年没能开个好头:周一,我动手术切掉了左臂上一个奇怪的脓包(也许因为过量使用奎宁);然而情况没有好转,反而恶化到了目前的地步。于是三天来,他们不断给我的手臂施以拙劣的外科手术,并给我打了许多针。于是,我就躺在了这儿,手臂肿得跟索绪尔夫人的大腿一般粗,钻心持续的疼痛只有极其剧烈的牙疼才比得上。这下好了!最难的就是与家人和朋友保持距离。我怕听到怜悯的悲叹;于是无论谁来我的床边表示同情,我都毫不留情地把他轰出去。

总之,我意识到这样的状况恐怕还要持续一段时间,我无法忍受下去了,因为我多么热切地盼望感受一下你的气息,与你交谈。于是我还是下决心今天就给你写信。

我的思维一片混乱——不过,好久以来我一直想跟你聊聊你的那本可爱的书①——但我也知道自己会由此而扯到别的上面去,所以一再拖延。也许今天可以来谈谈了?

我很喜欢这本书,尽管翻译得比较蹩脚。一些拙劣的德语词汇和总体上缺乏特色的语言完全抹杀了它的艺术特色,显出"乖巧可

---

① 指伊万·蒲宁的《米佳的爱情》。

爱"的风格来——这在原著中应该不存在。我之所以喜欢这本书,因为它揭示了爱情的一个重要方面:爱留下的空白,即爱人不在时留下的空洞,仿佛空间里的漩涡。这片空白成为我们灵魂的主要构成物质,具有至高无上的重要性。我们依靠它来创作,或因为它而死亡。最近别人给我看了里尔克的一封书信。令我万分惊讶的是,他在信中就《米佳的爱情[①]》优美地表达了同样的观点。同样令我十分感动的是等待来信的痛苦过程——对此,我有着怎样深切的体会啊,宝贝!

但我认为米佳是"偶然"的牺牲品。对我而言,爱情意味着热切追寻能令我们完整的另一半,因为我们永远好像一只被打破的漂亮花瓶,花瓶的两半散落在了宇宙间。我不相信"偶然",最多只认可宿命为我们的行为留出了余地与空间。并不是每个人都注定能在幸福而不安的颤抖中猛然发现自己找到了一直隐藏在自我深处的那个形象,那个在童年最初的印象中便已感受到的幸福的真正形象。这种幸福不是现在这些铺满道路、被"偶然"用来引诱我们但我们必须懂得拒绝的幸福。这显然需要对自我有深刻的认识。哦,宝贝,要找到别处的那个伙伴,往昔的那个伙伴——要去回忆!找到自己的幸福,然后失去,这才是最痛苦的,因为我们知道再也没有任何指望了。我也是,从另一种意义上来讲,我是"偶然"的牺牲品!

周五

昨天信写到一半,医生来给我打针了。晚上,我就收到了你美妙的来信。得知你需要我的书信,我感到无比的甜蜜。今天我的胳膊好多了,就赶紧继续写下去,好让你明天上午收到。

可爱的小姑娘,为何你如此遥远?哦,亲爱的宝贝,当我还是个孩子,你就已经和我在一起了。那时,我自由、强壮、淘气,热爱生活,

[①] 在最后一次旅居巴黎期间(1925年1月—8月),里尔克认识了蒲宁,并读了《米佳的爱情》——"一个与爱情和抛弃有关的故事,有些老套,但里尔克认为它很感人"(拉尔夫·弗里德曼,《里尔克》,南方文献出版社,1998年,第737页)。

第五章 1934.1—6

对种种辱骂付之一笑。我把身边的世界变成了一片宽广的美景！

　　十多天前，我应邀去尚蒂伊朋友的熟人那儿骑马。这是我死气沉沉的日常生活中照进的一道短暂光芒。自从伯尔尼那次以后，我再也没骑过马。那天我过得极为悠闲。那是二月里一个风和日丽的周日，洋溢着春天的甜美气息，树林和田地里一个人影都没有。一行人包括一位退役老上校，两名肥胖的妇人和两名爱好体育运动的年轻人——都是些无聊透顶的人！脾性温和的马给了女士们，我分到了一匹品种优良、令人生畏的赛马。坦率地说，因为已经两年没骑过马，现在身体又虚弱，我对它直发怵。自然，得用马颔缰和双道的缰绳，这正是我最讨厌的，而且尤其不能流露出自己的恐惧。但并没有什么毫无畏惧的真正勇气，真的得付出点努力才行。于是我跨上马背。尚蒂伊森林开阔葱郁；两边是大片的田野，可以骑马穿过。当大家开始加快速度，我的马便撒腿狂奔，像箭一般将所有人甩在了后面（与你生日时在比姆加滕时的情形一模一样）。于是我的姿势变得极其难看，并且至少持续了半小时。但以我的名誉担保，我得说，我渐渐地恢复了平衡；一段时间后，我完全找回了自信。然后，这牲畜变得像绵羊一般驯服；在接下来的一刻钟里，几乎没有疾奔。至于其他人，我完全把他们丢开了。我独自一人，也许来到了很远的地方，完全不知道自己身在何方。于是我在树林里四处游荡，连只能指路的猫都没碰见。最后，在一条通向一座外观丑陋的大别墅的道路上，我跳下马来。我踏上小径，听到笑声传来。三个迷人的十一二岁的小姑娘正在花园里奢侈地享用美食。房子里没有其他人，除了一个伺候她们的女仆。父母出去了，否则，尽管天气怡人，也绝不会允许她们在外面吃喝的。这些孩子们毫不羞怯，仿佛在等着我的到来一般。她们不住地抚摸着马，然后毕恭毕敬地邀请我喝巧克力。当时快下午5点了，一切笼罩在梦一般伤感轻柔的夕照中。气氛变得奇幻起来。她们对我问个不停，因为我的确无所不晓。我跟她们聊怪兽，特别是尼斯湖怪兽，然后给她们讲各种匪夷所思、魔幻神奇的故事。我们周围的一切蒙上了神秘的色彩。孩子们非常投入。哦，宝贝，这一切的一切让我多么想你，多么深深地想你，我相信奥伯伦一定来拜访过她们；于是离开那里后，我在黄昏的暮色中大声呼喊着你的名字，柔软的心里满是甜蜜、爱意和柔情。不出十分钟我就到了尚蒂伊。大伙儿已经回来一个小时了，但我仍然神思恍惚，以至于都忘了道歉。

我得停笔了，否则明天你就收不到我的信了。写信给我吧，宝贝，我在床上躺着烦闷得要命！

巴

替我拥吻罗比。

65. （1934年3月12日）周日晚
安托瓦内特致信巴尔蒂斯

我最亲爱的巴尔蒂斯，在这漫长而痛苦地等待来信的一星期里，我每天跑去信箱三次，每次都失望之极，而且越来越惶恐不安。终于，终于有你的信了！特别是中午——往常你的信都在这个时候到，看到空空如也的信箱，我的泪水便夺眶而出。然后，我重新鼓起勇气，继续盼啊盼！我想你可能病了，然后又再次希望你也许会来瑞士给我个惊喜，突然出现在我面前——我开始做起梦来……

但这只是梦……悲惨的现实就是，你病了，你痛苦万分，而我竟然不在你身边照顾你。啊，要是我能陪着你，坐在你的床上，一言不发，那就将一切尽在不言中了！请你发誓，假如有一天真的需要我，你会立即叫我过去的。什么都不能阻止我。

快点告诉我你的状况，你的胳膊是不是真的好转了。宝贝，我是多么心疼你！

周一

我很快地继续写这封信,好让你明天就收到。

我真高兴你喜欢我说的那本书。对此我是有把握的。我不相信你会对一本我喜欢的书无动于衷。这就像当我试图让你相信我不喜欢《爱丽丝梦游仙境》而你却觉得不可能一样。当然,《米佳的爱情》翻译得很糟糕,我们不能读俄语版本真是太遗憾了。不过它的故事太美了,我还是被深深打动了。我特别喜欢那一段——米佳发现了那座孤零零的废弃旧城堡,周围长满了花;他仿佛看到卡嘉出现在大阳台上,在四周花朵和六月明媚阳光的映衬下是那么光彩夺目;然后他真的看到她了,看到她从阳台探出身来;他满心欢喜,但片刻后又堕入更深的痛苦。

我听到罗比正在演奏肖邦那首美妙的《大波兰舞曲》。我很喜欢这首曲子;每次听到它,我都希望你能在我身边……

最亲爱的宝贝,我一遍遍读着你笔下那令人向往的骑马散步;它让我的心头涌起一股无法名状的忧伤,啊,要是我跟你在一起多好!

最亲爱的巴尔蒂斯,我只能写到这儿了。我得带着我的小狗赶紧去车站,好让这封信能赶上10点半的火车。

快点写信给我。想想看,我曾一个月没有你的消息!

送上我最深的情意。

宝贝

66. 1934年3月16日,周五
巴尔蒂斯致信安托瓦内特

宝贝,亲爱的宝贝,我一遍又一遍地读着你美妙的来信,内心如此欢欣而又伤感、绝望!啊,最亲爱的可爱的小姑娘,我亲爱的小妹

妹，造化为何如此弄人，让我们分开，远离彼此。得知你在坐立不安地等待着我的消息，就像我没在门下发现你美妙的来信时一般焦虑不安，我禁不住潸然泪下。哦，宝贝，如果可能的话，我真想跳上火车去看你，哪怕只有一个小时——啊，再次凝视着你美丽的脸庞，忘掉周围的世界！哎，可是再见面又怎样呢——既然某种因素把我们分开了——我还是要更加悲伤地离开。但尽管如此，我还是无比企盼这幸福的一刻，哪怕要承受最痛苦的折磨。我对痛苦已经麻木了。去瑞士的那一线希望依然存在。什么时候呢？哎，我也不太清楚。另外，医生建议我去山里（这很简单），因为我的身体非常虚弱。我的胳膊总算痊愈了——我又可以画画了。你问起的那幅情色画差不多完成了。

宝贝，现在已经出现"胜利的曙光"。那些最重要的人物们络绎不绝地来看我的画。我还接待了——请注意——内政部长（现任）阿尔贝·萨罗。他收藏了大量绘画，并为我最近的一幅画陶醉不已。他对我说，他忘记了史塔维斯基事件。

毕加索这样显赫人物的到来也令我这里蓬荜生辉。同来的还有其他许多人。在他们面前，毕加索对我不吝赞美之词——这是何等的殊荣！还有巴黎最大的画商之一也对我产生了浓厚的兴趣，并将于4月15日为我举办一个画展（包括最近这一幅——这说明他勇气可嘉）。胜利的曙光！宝贝，为了你，这一切都是为了你！尽管获得了这些成功，我却仍陷在阴沉压抑的悲伤中，无法自拔。不知道这段时间以来我被什么样可恶的烦恼缠上了。

啊，只有在你身边、在罗比身边，我才能感到快乐、平静。我们在一起的美好时光也许已经一去不复返……

我要赶着去邮局了——再见，最最亲爱的小宝贝

巴 ♥

67. (1934年3月23日)周四
安托瓦内特致信巴尔蒂斯

宝贝,亲爱的宝贝,

哦,亲爱的巴尔蒂斯,一想到你的画展我便兴奋不已。我为你的成功感到如此高兴!终于,人们要认识你、为你庆祝、评论你了,所有人都将谈论你!我多么开心和骄傲啊,亲爱的。但我也感到无比愁闷,因为我想到,除了我,所有人都将见识到你的作品,我离你如此遥远,在这也许是你一生中最关键的时刻,我却帮不上一点忙。我也陷在阴沉的悲伤中,有时简直难以自持。

周六晚上正要出去吃饭时我收到了你的信。我把它放在包里,整个晚上都紧紧抱着。与往常收到你的来信一样,我沉浸在忧伤的甜蜜中,一贯无聊的晚宴愈发显得讨厌。我借口头疼,坐在角落里,想着你……我们什么时候才能再见?当然,现在你必须先完成画展;但五月份时必须到你的"苏勒"来休养休养,你的"柱头隐士们"肯定会很乐意悉心照料你的①。我也将去看你……

周五

巴尔特里,我的宝贝,我感到你就在我身边,我的眼前时时刻刻有你的影子,我感到没有什么能真正把我们分开,但有时候我还是对未来感到如此恐惧……

现在你马上要举办画展了。快写信告诉我,在什么报纸上能看到相关评论,我希望知道他人对你、对你的作品的所有看法。你会展出我的画像吗?还有《凯西的梳妆》呢?你不能把它卖了,你知道的!

再见,我亲爱的小宝贝,让我拥吻你。

宝贝

---

① "苏勒":老家,窝——巴尔蒂斯似乎是这么描绘他亲爱的贝阿滕贝格的。"柱头隐士"指马格利特·贝和她的英国朋友多拉·蒂姆。

68. (1934 年 3 月 23 日)周五
巴尔蒂斯致信安托瓦内特

怎么还没收到宝贝的信？这周都快过去了！这几天我好几次提笔想给你写信，上次写得太仓促了。可惜总是有人来打搅我。我这里再无宁日，不断有人来看我，就像人们去动物园围观一只奇怪的动物一样。我衰弱的样子倒成了风景。天哪，我多么希望能离开巴黎一段时间！皮埃尔先生（他是我的画商）人脉极广；他决心要让我"出名"，每天带着一大群人说来就来——真是太可怕了。

画展不在 4 月 15 日举行（我之前是这么告诉你的），而是在 4 月 13 日周五。这天不是罗比生日吗？我并非没有可能在画展结束后立即前往瑞士。我的感觉如此糟糕、筋疲力尽，去一趟真的很有必要——只需凑到钱。也许他们突如其来、硬要给我安排的这次荒唐的宣传能带来些实际成果。在巴黎，无论哪个领域出现新事物，一群卑劣无耻、大吹大擂的附庸风雅者便立即冒了出来，破坏它们的真正价值。他们会给你贴上标签，把你归类，总之就是全方位打造你。接下来，如果你没有迅速打入他们那令人厌恶的社交小团体，那么就要小心了。我是不会被那些人拉进他们肮脏的小把戏中的。至少我思想单纯，毫不卑鄙，从未求过谁。是他们到我的窝里来找我的。

下午 5 点

亲爱的宝贝，有时这个时候会有你的信。可是依然什么都没有！

我沮丧地继续上午开始写的这封信。今晚，斯坦普夫里（于贝尔的朋友）会过来。前段时间，我们在俩人共同的朋友家里认识了。这个讨人喜欢的小伙子音乐才华出众。这几天，他就要和一个非常美丽的年轻法国女孩结婚了（我想应该是瞒着双方家人）。你们会在复活节时见到他们，他们月底将去伯尔尼。你无法想象，亲爱的宝贝，能在某个认识你的人面前说出你的名字，这是多么幸福啊！

我多么羡慕他们将去伯尔尼啊!

如果四月中旬我的伯尔尼之旅真能成行,我希望能和罗比去乡下待几天。也许你会去和我们碰头?! 这一切都还停留在梦想里。但我越来越清楚地意识到,我再也受不了了,我必须见到你,如果没有你,我永远永远无法获得平静与休憩——而这一切是没有出路的。

宝贝,亲爱的宝贝,啊,请你快点写信给我。同情同情一个在黑暗角落里缩成一团的可怜的不幸的人吧。

巴

替我拥吻罗比,告诉我,他 4 月 13 日的生日过得好吗。

69. (1934 年 3 月 25 日)周六晚
安托瓦内特致信巴尔蒂斯

我要立即给你回信,亲爱的巴尔特里。我很难过,这个星期没能更早给你写信。你知道,给你写信是我最大的乐趣,但我傻乎乎地每晚都不得不出门。别以为我变成了愚蠢的小社交迷,恰恰相反,我不堪其扰。我绝对更向往晚上安安静静地与沃维待在一起。在那些美妙的夜晚,我感到你就在我周围,近得让我每时每刻都仿佛看到你走进我们家。宝贝,这屋子里仍旧充满了你的气息,都是有关你的回忆!

"但这一切都是没有出路的?"哦,巴尔蒂斯,我也找不到解决的办法。我只知道一件事:我是永远永远都爱你的亲爱的小妹妹;遇见你我非常幸福;经过这漫长的噩梦,我们之间再也不存在任何阴影……。我没有资格拥有可怜的小小梦想吗?但其中最美好的一个梦想、与你重逢的梦想,马上就要实现了! 哦,亲爱的,那天我会去车站接你! 上帝啊,也许就在一个月后了! 你还记得从摩洛哥服完兵役后来我们家的那一天吗,你在吸烟室等我,而我穿了睡袍就来了——那天我多么快乐啊!

宝贝,快点写信给我。告诉斯坦普夫里到伯尔尼后给我打电话,我非常高兴能见到他,能和他谈谈你——既然昨天他还见到了你。而且他人很好。我焦急地等待着你的来信。

再见,我的爱。

宝贝

70. (1934年3月29日)周三晚
巴尔蒂斯致信安托瓦内特

亲爱的宝贝,我的天使,"多么甜蜜优雅、多么迷人!"——你的两封来信都让我如此感叹。它们让这几天的日子多么愉快,让我的心情顷刻间如此时的天气一般明媚,而不是像过去那样阴郁。事实上,春天已经热热闹闹地来了。对面,每天早上,屋顶的那一抹红色映衬在明快、纯洁、有几分料峭的天空下,显得特别鲜艳,不可避免地让人想起两年前在伯尔尼的某些恬静的早晨。

我是否记得在吸烟室等你的那天?哦,记得,宝贝,我还同样清楚地记得四年前离开伯尔尼的情形。与你有关的记忆都特别清晰,清晰得可怕。要想自我折磨,只需浏览一番我可怜的混乱的大脑,一切,一切都镌刻于此。现在,还有几个星期,我就要再次见到你了,再次见到你,因为你渴望如此!天知道我又将招致什么新的、更厉害的折磨手段——我们将如何见面?我将如何承受得了?不过,我感到,如果现在被剥夺这个机会,我会当场气绝身亡的!目前,见你的念头支撑着我。想到马上就能见到你甜美的模样,将听到你的嗓音,你的笑声,我才觉得现在应该再坚持坚持。我对其他所有事情毫不在意,或者更确切地说,它们让我厌烦。这个时候,如果不是考虑到有可能从中挣到去瑞士的费用,我会发疯的。所有这些溢美之词、阿谀奉承掩盖不了哼哼叽叽聒噪着纠缠我、折磨我的可怕的焦躁。什么时候我才能摆脱这跑来添乱的烦心事呢?不过,宝贝,我就要见到你了,因为你渴望如此;我将短暂忘掉这一切,因为你马上就将出现在我面前,我将可以把手放在你的肩头,触摸你的秀发!这可能比想象得简单得多,也许,我将幸福得手足无措。然后,我们就好像在继续未曾结束的谈话一样。不过,也许你会觉得我变化很大,因为我似乎老了十岁(希望这只是夸大其词——尽管这样就达到你青睐的那个年纪了①……)。但我还是更倾向于不沉浸在这个过于美好的梦想里,就怕美梦破灭。

你问我是否展出了《凯西的梳妆》——当然,我肯定不会卖掉它(有点可笑的保证,因为不存在卖掉什么东西的危险);自然,还有你的画像。哦,宝贝,为什么你和罗比不在这儿,在我一生中并非最关键(如你所言)而是最艰难的时刻支持我?因为,老实说,我觉得自己很可笑,或者说他们让我显得很可笑。不过也许你们还是最好不要在这儿,因为你们很有可能会嘲笑我(而此时此刻我会难以承受的)。

周四

亲爱的甜心,这明媚欢快的天气、充满希望的天空把我吸引到了户外,我去了卢森堡公园。哦,宝贝,你会喜欢这个公园的,我在此度过了最初的童年时光!可爱的童真,金色的花园,如梦似幻、仿佛在海边的阳光……宝贝,宝贝,我的心已经习惯向你倾诉一切美妙的感受。来到水池边,我看到了一个孩子满面通红、硕大无比的脑袋,仿佛就被放在水面上一般。它看起来像个气球似地漂浮着,拼命地叫喊。这个愚蠢的孩子跳进池塘去追他的船,结果水一直淹到了他的下巴处。被救上来后,他就浑身湿淋淋地尖叫着走掉了,似乎和谁都

---

① "你青睐的年纪":金(生于1897年)比巴尔蒂斯大十到十一岁。

没关系,然后消失在一条小路上。要是看见他变身一只猪,我绝不会有丝毫的惊奇。这真是荒唐……

有天晚上我见到了斯坦普夫里。尽管有其他人在场,他还是只顾着和未婚妻吵架。因为这个可怜女孩的天主教家庭要求斯坦普夫里去筹钱准备在教堂结婚。这种在大庭广众之下一吐为快的做法真是令人尴尬和心烦。他根本没法跟你聊起我,因为那天他就没看到我。不过我还是希望你们能碰见他,这样他就能给我带回你们的消息了。

又到复活节了。还记得两年前的那个复活节早晨吗,早餐时,我们三人吃了太多的茴香塔饼。啊,真希望我们能重温那美好一年里的某段日子,至少要么几个小时。我所说的与怀旧毫无关系,因为这段往昔是永恒的,真正的永恒。

亲爱的宝贝,我的爱,我就要见到你了!! 别把我一人扔下太久。快点写信给我。告诉我今年的茴香塔饼好吃吗?

巴

71. (1934年4月2日)周日晚

我亲爱的宝贝,现在是喝咖啡或打桥牌的时间(9点半了),你在哪儿呢,在向谁展示着你的笑靥,今晚要用你无穷的魅力去诱惑哪些眼睛呢? 你乘汽车去了夫里堡,还是洛桑,或者在伯尔尼的晚宴上大放光彩?

啊,今天是复活节。我度过了尤为烦闷的一周。但今天早上醒来,令人难以置信的是,我的内心竟然涌起了一种温柔,开始领悟,变得理性,并对事物有了深刻的理解——我是通情达理的。我去拜访里希夫妇,结果发现他们俩都病了。于是我打算散会儿步。但当我看到人们穿上以黑色为主、丧服般的节日盛装,看着这群试图美化自己可憎的面目结果反而令人生畏的怪物,当无数节日歌曲勾起忧伤,我开始焦躁不安起来,急急忙忙跑回了家。早上不期而至的温柔心境一下子化为杀人凶手般的可怕愤恨。后来,我接待了一个疯狂崇拜我的外省诗人。他一会儿吹嘘,一会儿问些冒失的问题,烦了我三个小时。

今天晚上,我有个盛大晚会要参加,但他们得等我很久。因为我回来躺在了床上,我再也控制不住给你写信、随便跟你说点什么(这正是有趣之处)的冲动。

昨天下午,家里正好有几个人在,我母亲突然带着特里来了!我有四年没见过特里了。她是来公婆家过节的。我觉得她没变:昨天,她甚至十分美丽;还是一样滔滔不绝,一样慷慨激昂。我没有再与她有真正的接触。这段往事给我留下了隐隐的苦涩,一种已经丧失意义的苦涩;当它再次出现时,我已十分淡然了,有的只是故人重逢时的些许惊愕。有时我觉得自己的冷酷已经到了十分危险的地步。最后,特里告诉我你把头发染成了浅金色(幸好我的胸口还藏着深色头发),她声称你流连于酒吧,正渐渐摧残着自己的身体!!

宝贝,我的爱,我知道特里喜欢夸大其词无中生有。但你也明白,我还是希望能让自己放心。我一点儿不信她的话,可是我很不安。请你一定要写信给我,让我在这件事上放心。我知道你不会对我说谎的。

我面前的这张迷人的照片上,一个小姑娘正坐在岩石间的一块石头上——她正准备拿面包片吃吗?我一直没能弄明白她的手的动作。这张可爱的脸庞上流露出多么坚毅的勇气啊!这张晴天远足的照片是我仅有的一张你的照片。宝贝,我的天使,看着它,我的泪水就不禁夺眶而出。啊,上面布满了我多少吻!谁都不能再来指责什么!

最亲爱的宝贝,还有一个月,多么漫长的一个月啊!

巴

72. （1934年4月7日）
安托瓦内特致信巴尔蒂斯

宝贝，我亲爱的宝贝，复活节时我离你那么近，我和朋友们去了第戎。从房间里，我看到了"巴黎，321公里"的牌子。我的心碎了，因为我想到离你只有不到六小时的路程，如果傍晚出发的话，夜里就能到巴黎。我想象着自己早上飞奔去你家，像一颗大大的复活节彩蛋一样气喘吁吁地倒在你怀里。哎，可是我并非独自一人，所以不敢过于坚持，担心别人猜测为何巴黎如此吸引我；因为对我而言，巴黎就是你！啊，我多么渴望在明媚的天气里和你漫步在卢森堡公园，了解这个公园。我愿意像小女孩一样和你在公园里奔跑，呼吸春天的芬芳，重温过去模糊的宏伟梦想……

毕竟，我刚刚对你美丽的国家有了一丁点儿认识。有生以来第一次，我在法国待了三天。科多尔把我迷住了。我非常喜欢这里多姿多彩、阳光充裕的风景，喜欢这些老房子，以及隐藏在葡萄林间的小城。我品尝了美食，特别是喝到了世界上最棒的葡萄酒。正如罗比所说，我在享用饕餮盛宴，而他在滑雪间隙吃上一个三明治就已经满足了。他去了格林德尔瓦尔德过节，我们只在周二早上吃到了传统的"茴香塔饼"。它远不如两年前的美味，而且我们很想念你以及我们在一起度过的那个美好夏天。

周五

亲爱的巴尔特里，我得快点把信写完，好让你明天早上就能收到。我有差不多半个月没给你写信了，你肯定伤心极了。还有，我必须让你对特里口中我那"饱受摧残"的健康放心。

我把特里对我的议论告诉罗比时，他气坏了。我却笑了，因为我想到在这段出入弗里斯科酒吧的遥远日子里，最多只有我的声誉受损。我有一年多没见特里了，我肯定她还保持着"信口开河"的危险习惯。我很担心她还说了什么。即使没跟你说,至少也跟你母亲说了。

快点告诉我,你的画展是否只有一天——你似乎是这么说的。我非常自豪你甚至摆出了我的小画像。但想到特里看了《凯西的梳妆》,我心里不舒服。

写信给我,写信给我

宝贝

73. (1934年4月14日)周五晚(午夜)
巴尔蒂斯致信安托瓦内特

可爱的宝贝,亲爱的,我终于抽出时间来给你写几个字了,我的爱。整个星期我都为没法给你写信而焦躁不安。我忙得团团转;这几天成堆的事要做,只有可怜的一点安静时间可以与你交流。上帝啊,我亲爱的小姑娘,周日收到你美妙的来信我大大松了口气。你寄的还是快信,真是可爱!之前,我进行了种种可怕的猜测,我担心你病了,甚至——原谅我,宝贝——非常害怕他们禁止你继续给我写信!哦,亲爱的宝贝,有次你在信中为不能在此刻对我有所帮助而感到难过。可是,但愿你知道,你对我是多么重要啊,宝贝,我的爱,如同呼吸的空气,如同阳光!我如此强烈地感受到你的气息,强烈到似乎一伸手就能把你搂住。那天,我对你的画像作了小小的修改。不知是什么灵感驱使了我的双手,它们竟然画得如此成功,表现出了此前画像上看不到的、你温柔美丽的脸庞上某些机敏的神情。我呆住了,甚至感到惊骇,对着你的画像凝视了好几个小时。

> 它无法与你的魅力媲美,
> 然而这已是人类艺术所能达到的极致;
> 它令我忠诚的心不再感到害怕,

> 它重新燃起我的希望,激励我活下去。

哎,现在我要与它分开半个月左右了,也就是说画展要持续这么多天。我非常想念它。以前,每天晚上我都要吻它一下。

今天下午,画展开幕了。巴黎所有附庸风雅的大人物络绎不绝地来观赏我的画。幸好,还有几个有价值的人。大家反应各异,有愤慨,有激动,但没有人无动于衷。总之,比我预想得好多了。画展持续了整个下午,从2点一直到8点。我常常跑出去,免得听到有些人的蠢话。现在,我是如此疲惫。有些陌生人过来热情地与我握手,但什么都没说。也许他们就是看懂了的人。

但现在我只有一个念头,那就是很快见到你。老实说,目前还没有任何可能性。我当前的处境相当悲惨。但这个念头似乎在支撑着我的生活,这一需求如此强烈以至于我认为还是可以再抱一次希望的。

亲爱的宝贝,最可怕的是,也有朋友想带我去第戎过节,但我竟然拒绝了!!!这不是愚蠢透顶吗?当我打开你的信,我吼叫了起来。不过也许这样更好。否则也许我们突然就在街上或餐馆里遇上了,那样我会发疯的,或者我会成为悲剧的。命运不愿如此安排。

再见,宝贝,最最亲爱的人儿,我可爱的宝贝。我爱你,就像再也不知道怎么去爱一般,也就是说爱得无比强烈!我就写到这儿了,好留点力气给罗比写信。千万别那么就不写信来。

(没有署名)

74. (1934年4月18日)周二
安托瓦内特致信巴尔蒂斯

> 啊,这爱情的春天就好像
> 四月那绚丽的天气,

刚才灿烂的阳光还普照大地,

但不一会儿,乌云便遮天盖地。①

哦,我的宝贝。天气多么晴朗,春意令我微醺。每天,我要么去树林,要么沿着阿勒河散步。我走啊走,快乐洋溢在心头,我想着你,就好像我们正在一起。"卡非格"很舒服,今晚我在上面待了好长时间。还记得有一次我们在"卡非格"上吃美味的无花果吗? 后来我再也没吃过。我多么想你啊,亲爱的巴尔特里。周五,我一整天都焦灼不安,急于知道你的画展是否顺利,你的情色画是否招致非难。快点写信告诉我发生的一切。如果你认为很快就可以来,我非常高兴!

你知不知道斯坦普夫里是否在伯尔尼? 他没有打电话给我们。我多想把你的毛衣交给他,因为寄到巴黎有点复杂。

再见,亲爱的,希望很快能见到你。

宝贝

75. (1934年4月19日)周三,夜间
巴尔蒂斯致信安托瓦内特

亲爱的宝贝,迷人的小姑娘,我可爱的小妹妹,今夜,睡意故意溜走了,好让我有机会亲近你,努力摆脱令人窒息的孤独。哦,宝贝,当我的心在绝望中呼唤,你什么都听不到吗? 当我的双臂搂住的只是空气,你什么都感受不到吗? 夜深了,也许你已睡了(至少我这么希望)。我多想如精灵一般穿越空间,在你稚气的双颊上温柔地一吻,抚摸一会儿你的秀发。啊,我多么幸运,能把你柔美的金色发绺放在心口!

---

① 此处引用了莎士比亚《维洛那二绅士》里的诗句(引用有误,见下面一封信)。

我无法入睡,一遍又一遍地将你那些可爱的来信读了两个小时。我看到了你美丽的双眸,从前它们总是温柔地、微微激动地看着我。啊,幸福,往昔的幸福,它刺痛着我,折磨着我。发发慈悲吧,我做了什么啊,我承受不了了!哦,放弃!有时我过于清醒,清醒得可恶;于是我发现了,我明白了——我已丧命,是的,丧命;也许,我已死去。哦,宝贝,但愿你知道,我的痛苦有多么深切!可是,对此你又能如何,可怜的孩子,你无忧无虑,优雅迷人,在试图安慰一个被残酷命运捉弄的可怜人时,你充满了感人的魅力。哦,宝贝,宝贝,没有什么有权利将我们分开;一切都在跟我们作对!以后,很久以后,也许你会明白这段痛苦的经历有多么可怕;也许你会因此而懊悔。但你的心,你纯洁可爱的赤子之心,如此温柔、敏锐的心,恳求你的心一定要记得我,再也别疏离我。至少,别人不能从我这儿夺走你的心——只要它还记得那些美丽的梦幻之地以及诗境中绚烂欢快的山谷,那些它属于的地方。

看到了吧,亲爱的小仙女,你令我做了什么,我为你做了什么:面对那群粗鄙莽夫,那群盲目卑劣地穿梭于被他们轻率地称为"生活"的泥淖中的人,我展示了一个神奇的世界。这个世界令他们恐惧,因为他们已经丧失了对深刻信念的认识;这个世界也令还懂得保留某些信念的人赞叹不已。画展开始引起广泛的反响;说真的,我没有料到。当然,感谢上帝,一群可怜的狗也对我进行了猛烈抨击,显然它们认为我的画阴暗变态。我自己不看报纸。不过今天一个好心人送来一张报纸,它把我称为"绘画界的弗洛伊德"。不,文章大号字体的标题更贴切些:"天真的学生走近绘画界的弗洛伊德"——滑稽之极!显然,用华丽辞藻吹捧过愚蠢事物的艺术评论家们被我画作中表现出来的深刻人性(对他们而言是神秘的)惊得目瞪口呆。总之,我不断听说我们这个时代最伟大的那些人在坚决地为我辩护。有件事令人鼓舞:思想界各个领域的所有重要人物都被触动、吸引、震撼和感动了。还有,十年来,似乎还没有一场画展能像我的画展那样吸引如此多的观众,引发如此广泛的讨论。而且这一切发生在混乱的时代,发生在人们对思想领域漠不关心的时代！他们似乎真的认识到了我的重要性,我的绝对优势！！啊,宝贝,我不再是唯一意识到自己伟大的人（谦逊从来都不是我的风格）。哦,亲爱的宝贝,如同骑士比武凯旋归来、跪倒在他们的贵妇人面前,我也献上了自己的躯体,我奔向你,你这个小仙后,而我,则是可悲同辈们尚未发觉的未知之地的国王,一场残酷精神战斗的胜者,我来将胜利献给你,把它归功于你,没有你我无法凯旋而归。啊,我要配得上你,希望我悲惨不幸的爱情能对你有意义！

周四早上

我写着写着就睡了几个小时。今天早上,阳光把我唤醒,然后我收到了你的信。亲爱的宝贝,这封信也充满了阳光、欢快和生活的乐趣。当它奔向我时,我正在夜里给你写信,啊,可怜虫,信里又充斥着阴郁的论调。能沉浸在你的信带来的甜蜜感觉中、立即给你回信是多么幸福啊！我马上就带着这封信去邮局,让你继续发言。这就有点像我们在交谈,在隔空进行一场敏捷的对答。你抢先一步在信中的显要位置写上了莎士比亚的诗,我也打算这么做——但我得先批评你,因为你的引用有误,应该是：

"啊,这爱情的春天就好像,四月变幻莫测的天气……"

自然,你忘记了不确定性,不确定性,哎！

现在是取出披肩的时候了,如果你还留着,如果它还没过时——据说这个时代已经抛弃了披风。你还记得我们找到披肩的那个晚上吗？哦,看到你在信中说很高兴能再见到我,我感到多么欢欣啊！

要是我能确定可以马上来就好了,但可恶的是,目前看不到一点希望。他们要任我在无尽的荣光中饿死了！难道我现在没有资格享受片刻的幸福吗？

这个混蛋斯坦普夫里！尽管还没见到他,但我知道他回来了;他曾答应要来看我的……拿到你织的毛衣,我会很高兴的。不,不能把它邮寄过来,路上会弄丢的。

罗比帮你拍的照片成功吗？成功的话，就快点寄给我吧。

再见，亲爱的宝贝，我的小妹妹。让我们祈祷很快就能见面。那将多么美好啊！

巴

76. （1934 年 4 月 25 日）周一晚
安托瓦内特致信巴尔蒂斯

巴尔蒂斯，巴尔特里，亲爱的，是的，要是你来，那将非常美好，非常快乐。我也是，只有这个念头支撑我活下去。我想象着我们将做什么。我会带你一起去散步，我们还得在某个上午去骑马，晚上我又会做巧克力。也许，也许，你甚至能陪我过生日。一切都将和两年前一样，这将多么美好啊！

亲爱的，我的宝贝，你的信让我伤感。你告诉我，我是你的小王后，你所做的一切都是为了我。而我，只知道让你伤心，我莫名其妙的冷酷让你深受折磨……啊，多想真正成为你的小王后！但愿我能减轻你的痛苦，能把我心中的阳光全部给予你，照亮你如此艰难的生活！

周二晚

罗比拍的照片太令人失望了。想象一下，我看起来像个已婚妇女，因为他自然而然地把镜头推得太近，而我也很不上相。为了不让你过于失望，我在去年拍的一些照片里找了找，给你寄上一个镶有照片的挂件。照片上的我坐在山间的一块石头上，和从前在晴天出去远足的幸福时光一样。不过这照片实在太小了，于是我还寄了两张去年夏天的照片。我非常喜欢穿着小紧身上衣的那一张；很久以来我一直想把这张照片寄给你，但别人又帮我把它洗了一张，而我更愿意给你一张只属于你的照片。因此，你得来亲自帮我拍些漂亮的照片。更重要的是，你必须赶在巴黎的酷热再次来袭之前到这里休整一番;一场热闹的画展过后,你一定非常累,我可怜的人儿!啊,要知道,你的成功让我感到多么骄傲与快乐;以前我就相信这一天终将到来,但我不敢奢望如此迅速!

周三

哦,亲爱的宝贝,我太高兴了!今天,我刚刚得知我非常非常有可能定居巴黎①。能把这消息第一个告诉你,并且想到也许甚至圣诞节前就能和你同住一个城市了,我是多么快乐!我想我无法接受去一个遥远的城市。在最后一刻,我会拒绝的。我不能忍受再与你分开数年,无法忍受比在伯尔尼时离你更远。但在巴黎,别人就无法阻止我们成天见面了,成天。很久以来,我一直梦想着能去巴黎生活。我们将愉快地去卢森堡公园、凡尔赛宫散步,你将向我介绍巴黎一切美好的事物,然后我们再去附近美丽的树林里骑马……哦,亲爱的,我有那么多的计划!我真是高兴坏了。快点写信给我

宝贝

77.（1934年4月29日）周日
巴尔蒂斯致信安托瓦内特

宝贝,亲爱的小宝贝:

在你深不可测的双眸前,在你妙曼的美好身姿前,相机的表现是那么苍白无力,根本无法传递你迷人的韵味。凝视着你的照片,我是如此感动。挂件里的那张照片我尤为喜欢,我也非常喜欢另外两张。穿着小紧身衣的那张很好看,但我有点认不出你了。不过这些照片都强烈地勾起了我对你的想念,让我失魂落魄,忧伤低落,迫不及待

---

① 还是那个比利时外交官!

地渴望再见到你。我希望你没改变发型,头发还和从前一样长。如今,1934年的巴黎女人们非常时兴表现出一种惹人怜爱的多愁善感。

哦,可爱的宝贝,你真的是非常乐意再见到我!我也确实承受不住了;这巨大的幸福感令我不断地浑身发软,令我融化,令我夜不成寐。但我真的能与你好好见面吗,你真的会有时间与我一起散步吗?我不敢相信。但又有什么了不起的!见到你,只要能略微见见你,在我看来就已经是无法想象的幸福了!

总之,我想这个梦想会在5月15号左右实现。最近,我行尸走肉般的状态和悲观伤感的言论让朋友们警觉起来,提出了种种有可能吸引除我之外任何其他人的建议,他们提议我去南部待一段时间,还邀请我去苏格兰南部康沃尔的一个开阔之地休养一番——这听起来十分浪漫,而且那里有马。哎,这些朴实的人不知道,我的痛苦是无法治愈的,即便让我去地球上最逍遥的地方,我还是会伤心死的。啊,谁能将幸福归还于我?

现在,你真的必须在下一封信中告诉我能从巴黎给你带点什么。千万、千万别忘记。

你在信末宣布的消息令我为之一振,完全不知所措。起先,我以为这是快乐,但它也类似于一种尖锐的疼痛。以后我会试着向你解释。

此时正在旅行中的里希夫妇可能会去伯尔尼。我已写信叫皮埃尔给你们打电话。告诉罗比一声。皮埃尔·里希是个优秀的小伙子,才智出众、敏锐超群,是我在巴黎最好的朋友。我想,你会很高兴认识贝蒂的。

我的画展本该昨天结束,但前来观看的人实在很多,于是我们决定延期至下周三。我会把一本附庸风雅的艺术文学评论杂志《米诺托》①带给你,上面印了一幅《凯西的梳妆》(这期杂志十天后出版)。

---

① 米诺托是希腊神话中的人身牛头怪物。《米诺托》是一本创刊于1937年的超现实主义杂志,由诗人布莱敦主编——译注。

5月15日,啊,无常的命运啊!啊,命运的无情嘲弄!《凯西的梳妆》将被送去参加一个大型画展,与当代其他最伟大画家的作品并置,在……布鲁塞尔!

再见,我最最亲爱的宝贝。快点写信来,我的爱。我再重复一遍,别忘了告诉我要给你带什么,例如香水或其他什么可爱的东西。

巴

78. (1934年5月5日)周五
安托瓦内特致信巴尔蒂斯

最亲爱的巴尔特里,我见到了皮埃尔和贝蒂。他们周三来吃了午饭。我觉得贝蒂很迷人,长得的确十分精致,我尤其喜欢她的大眼睛,但我对皮埃尔没有太多好感。当然,我只不过与他接触了几个小时。但我和罗比俩人都觉得他过于矫揉造作,不太单纯。总之,我会跟你解释的。罗比和他自然马上就《长夜行》展开了争论——让我高兴的是,贝蒂承认她还没有看过这本书——哦,但他的口音,你知道吗,他轻微的巴黎口音唤起了我的无尽惆怅。我多么迫不及待地想要见到你!

可是我们要怎么做呢?你和罗比去乡村,然后我去与你们会合?我不知道,我甚至还没能鼓起勇气宣布你要来。但唯一重要的就是,我们要重逢了。我有那么多话要跟你说!但小宝贝,我也得责怪你如此宠溺我。你知道吗,你的戒指是我在这个世界上拥有的最珍贵的东西。你只需再给我带一件小纪念品,一件巴黎的小纪念品,与你有关的,那我就很满足了。当你再次离开我的时候,它将抚慰我的心。

5月15日《凯西的梳妆》真的要到布鲁塞尔来展出吗?这条消息令我大吃一惊。这件专属于我俩的作品,这件我希望别让世人看到的作品真的就要来……布鲁塞尔了!

我的宝贝,我如此热切地盼着与你长谈,以至于我不知道该写些什么了。再见,我亲爱的宝贝。很快见!

宝贝

79. (1934年5月13日)周六晚
巴尔蒂斯致信安托瓦内特

可爱的宝贝,亲爱的宝贝:

贝蒂刚回来。尽管你们只见了很短的时间,但她还是带来了你的一些消息。她告诉我,你出众的美貌让她眩晕。这话宛如一阵清风吹到了我身上。哦,宝贝,我度过了多么可怕的一个星期。这是为了争取与你见面的极致幸福而努力拼搏的一个星期,但同时我曾指望的那些机会也一个个化作泡影!总算,昨天我又看到了新的希望,如果实现的话,那将是另一件喜事,即出版由我绘制插图的《呼啸山庄》,包括法文版和英文版。由于出版社对我所展示的成果感到十分兴奋(旁注:甚至连我随手的乱涂乱画都被认为十分出色),我很可能一个星期以后就要签合同了。

这也要归功于你,宝贝,我的爱,这是我要为你树立的一座丰碑。在书的第一页,我将把自己的插图献给你。(我告诉你这件事,是因为这次看来是认真的。)

可是,宝贝,你要知道,为了最简单、其实也最自然、最必要的行动而挣扎是多么多么痛苦、可怕和令人厌恶啊。例如,在像我这般病怏怏的时候乘上火车出去休养一段时间;或者去一个最最亲爱的人身边,努力抚慰一下饱受痛苦折磨的灵魂——而这个人,我们甚至无权心平气和地与之重逢!

总之,我本打算周二或周三出发。不过,没什么可能了。圣灵降临节你肯定不在,我去也只能看着你离开。不管怎样,我最好之后立即动身,也就是下下个周三。这样我就能赶上你的生日了。除非你改主意,除非他们不允许你见我——这将给我致命的打击,而你就可以炫耀杀死了世界上最爱你的人。亲爱的小妹妹,千万别那样对我!

你用了"宠溺"这个词(从你妈妈那儿学来的),但并未进一步说明。那么就必须由我来提出具体的问题:请你告诉我,你喜欢什么样的香水;告诉我你是否需要手套之类的东西,如果需要,你得给我尺寸;告诉我你是否有什么具体的愿望。我希望能给你带一个漂亮的生日礼物。再次恳请你给我一个明确的答复!宠溺你,宠溺你,哦,宝贝,我的爱,我多想能够宠溺你,每天给你送上最奢华的礼物。永远永远都找不到足够美的礼物给你!

回复我,快点写信给我,宝贝,我必须收到你的来信。难道你不愿意让这煎熬的等待过程,这因可怕的不确定性而更加折磨人的等待过程变得轻松一点吗?

巴

今天,在布鲁塞尔,"米诺托"画展开幕了。

我的那包信封快用光了。今年冬天买的时候(几乎都用在给你的信上了),我相信当信封用完时我就能再见到你了……

80. (1934 年 5 月 17 日)周四
安托瓦内特致信巴尔蒂斯

最亲爱的巴尔特里,啊,我曾多么希望这个星期你能来啊,原本可以安排许多事的。但别害怕,这没什么。你下个星期就来了。如果可能的话,还是尽量早点来。现在我一个人,圣灵降临节也不走。我高兴极了,成天只想着我们重逢的那一刻。快点告诉我你打算什么时候来,坐哪趟火车。我刚刚得知于比下星期要来,所以你可能就没有床了。这样你最好只在周三或周四来。哦,我的宝贝,要知道你的来信让我多么感动啊。我多想立即给你回信,但有个女朋友在我这儿,没有一刻空闲。《呼啸山庄》的插图终于要出版了。我要把一本漂亮的书放在床头柜上,取代你以前送我的、已经被我翻烂的那本。我将拥有一本这个世界上对我来说最珍贵的、由你亲手绘图的书。这是你能送我的最美的礼物!

你要我告诉你想要什么样的生日礼物。可是,亲爱的,我不值得你如此宠溺!我想要一双小小的凉拖鞋;由你送我作礼物,我会非常开心。要不就是一副手套(7号),或者随便什么巴黎的新奇小玩意儿。不管什么我都会喜欢的。我先对你表示深深的谢意,我的爱!

再见,亲爱的巴尔特里,

宝贝

81. (1934年5月底,布鲁塞尔)周六
金致信安托瓦内特

亲爱的宝贝:

只有你的存在和你的温柔才能驱散这几个月来不时在我心头猛然涌起的深深悲哀。可是,此时你不在我身边,而你的温柔,也不再对我表达,它已经不见了。我毫无责怪之意,亲爱的。分别时我还有些担心,没有我,平常我们在一起的那些时间对你来说会显得漫长。想到你会找些事情做,我感到欣慰。但我无法想象连小勒诺①都能占据你生活里的每一分钟,以至于你无法享受时常与我聊天的乐趣。

我对你一无所知了(……)

周二

亲爱的宝贝,不给你写信不是出于报复,而是出于懒惰。而你那

---

① 波莱特·勒诺,一位日内瓦朋友。

边,则是因为态度的转变。周六晚上我收到了你周五写的信,它让我心安(……)。关于巴黎,问题的重要性在于,无论是那里的工作性质,还是收入状况,我都很满意。人事主管现在在罗马,等他回来我会见他。我们已经讨论过了:我希望去巴黎——考虑到经济、财务、商业等方面,我希望得到高额补助。这得经过几个月的努力才行。这些你都会适应,不是吗?你很少跟我谈起自己。你应该有很多话要跟我讲啊。

我急切地想见到你。你不能来巴黎吗?我29号离开布瓦福尔,31号或6月1号经巴黎回伯尔尼。不能以探望你亲爱的姑父[①]为借口吗?博埃蒂大街上的罗切斯特酒店相当不错,很舒适!!!

纯粹建议!!

三张第戎的照片,留作小小纪念。

你微笑的照片就摆在我面前。我多想把你久久地搂在怀里,唤醒某些沉睡的东西。当我回来时,你会更爱我一些……还是爱得少了些?

回头见,亲爱的。我非常需要你。

金

周日

亲爱的,我只有一个愿望:尽快回到你身边。

周三下午我在巴黎有个约会,也许我会在周二夜里离开布鲁塞尔?

没有你,巴黎对我毫无意义——还有"男孩"[②]!我不愿总丢下它一个。也许周四晚上我会回伯尔尼。(……)"男孩"会高兴坏的,也会累死的!

明天及周二上午我在部里还有事。没有特殊情况,我就不写信

---

① "你亲爱的姑父"指乔治·贝尔纳,巴黎人,他娶了安托瓦内特的姑姑吉泽尔·德·瓦泰维尔。

② "男孩"是经常寄养在安托瓦内特家的猎狐梗。

给你了。四天后,周四见!

我爱你

金

82. (1934年6月4日,贝阿滕贝格)周一
    巴尔蒂斯致信安托瓦内特

宝贝,亲爱的宝贝:

我的脑海就像天空,一阵狂风怒吼,浓重的黑云相互推挤、追逐、咬啮、吞噬;一隅蔚蓝的天空不时显露出来——这就使我想起了你的双眸!

我试图看清楚,试图冷静思考,但"激情的风暴"不停地席卷着我。感性永远占据上风,理性却陷入混乱纠结中——我只能追随自己的心。对我而言,还有更明确的一点:两年来,我徘徊在极度痛苦的边缘;与你重逢后,当我害怕看到你消失,当我几乎无法承受你离开房间时留下的空白——哪怕只有片刻,我再次深刻地意识到,没有你,我无法活下去,你的存在于我如同呼吸的空气和脚下的大地一般不可缺少(这句话庸俗得可怕)。无论可否,我都必须再次向你坦白我的爱。爱?这个词让我犹豫。通常它指的是一种痛苦幼稚的微小情感,也许是某种生理反应,但总之是短暂的。因此我不知是否应该如此形容自己内心与灵魂的痛苦挣扎。这是一种长久的折磨,不住的痉挛,持续的爆发;但令人惊奇的是,它也能极其模糊地回忆起生机勃勃的幸福和永远光辉灿烂的欢乐。这就是我的情感:我拖着脖子上绚丽而又沉重的珍贵枷锁,直至被它摧毁,除非你来解救我。但此时,理智发出了尖锐刺耳的声音。我有资格要求你来解救我吗?我有资格把你唤来,把你拉进我目前动荡不安的生活吗?当然,我知道自己终将成为胜利者,但你有勇气等待成功吗?啊,没有比为你拼

搏更幸福美好的事了,而且我不是已经开始了吗? 罗比怀疑我对你的勇气。可是我再强调一遍,我无法不对你有信心。可是,宝贝,你呢,你是否真的那么爱我,也愿意对我有信心? 啊,天哪! 有天你说的一句话一直让我感到幸福。你告诉我,你存在的唯一理由就是为我而活! 告诉我,这是真的吗?

我躲到树林里的一个"小谷仓"里给你写信,所以我用的是铅笔。肮脏的蚊子嗡嗡地围着我转,但这儿比较贴近自然,而且如画的美景能让我享有片刻的安宁。可是我的脑海中思潮翻滚,仿佛被风卷走的一页页纸。我理不出任何头绪,所以写下的一切杂乱无章。

怪物们兴高采烈地欢迎我。看他们笑得! 但现在我已不存任何仁慈之心,他们只能令我暴怒。我谴责他们无数的罪行,包括面对最弱小的牛犊、最弱小的羔羊时表现出的令人无法容忍的怜悯,而且是以艺术的名义。其实这不过是压抑可怕的未被满足的母爱。上帝啊! 刚才,我很高兴地宰杀了两只小鸡。显然,这是任何人都不敢有的举动(但愿他们是好人!)。自此,别人就带着戒备的眼光看我了。

贝阿滕贝格显出了一片萧条之气,其实我对此并不反感。酒店将外观装扮成1900年代的木屋,举办了一些无济于事的晚会,并竖起牌子吹嘘最新推出的服务。都是徒劳无益! 酒店里还是空空荡荡,越来越像幽灵出没的地方。有许多新开的商铺,还有旅行社,照相器材店,但就是没有人。一辆大型客车在路上来来往往,总是空荡荡的。于是,一个彻底发了疯的牧师开始以奇怪的方式给农民们传教。有天,他似乎对精神分析法进行了抨击。农民们从教堂出来后开始议论:"他说了一个名叫安娜·利兹的坏女人的事①。"

总之,我就在这样怪异的环境中饱受折磨。我来这儿做什么呢? 我逃离了伯尔尼这座带有你迷人气息的美好城市,因为我想自己无法忍受这混乱的状态。如今,我在想,远远地关注你是否不比完全见

---

① "安娜·利兹"这个名字含有"淫妇"的意思。

不到你好。啊,这个星期多么漫长啊!

替我拥吻罗比。

再见,我亲爱的宝贝,看完后把这封惹人厌烦的信撕掉吧(但别没看就退回来)。

83. (1934年6月5日)周二晚
安托瓦内特致信巴尔蒂斯·克洛索夫斯基先生
由马格利特·贝小姐(贝阿滕贝格)转交

亲爱的巴尔特里,亲爱的,几天来我尝到了痛苦的滋味,我发现自己突然面对着这个世界悲惨的现实,仿佛一下子从童年的乐园中被驱逐了出来。我可怜的头脑意识到为时已晚,两年前我违背了自己的意愿,现在为时已晚,我必须履行自己的职责,留在被我做出的一切承诺夺去了所有、现在只拥有我、只要我的这个人身边。但我的心在挣扎,我的心在绝望地呼唤你,让我不停地想你,唤起我日益强烈与尖锐的激情。昨晚,我没能给你写信,我没能赶回来吃晚饭。我不得不整夜与一种疯狂而莫名的绝望作斗争,直至凌晨3点半。我想自己一定是发狂般恐惧、焦虑,不知该干什么、说什么。回家时我筋疲力尽、虚弱不堪,甚至情愿死掉。哎,可是我很坚强,我挺住了,我继续照常吃喝,而且刚才还睡着了,尽管依旧悲伤绝望。但有一件事令我欣喜若狂,这就是,周六我又要见到你了,整个晚上都将属于我们,周日晚上也是。但愿你知道这对我意味着什么。你会感觉到我的整颗心都属于你。我将要见到你了,见到你了!

明天我将去日内瓦。我很高兴能离开伯尔尼,能有几天时间远离一切。啊,如果能去"苏勒",我多想和你一起到处逛逛,那将多么美好啊!但还得耐心等到周六。这是我的电话:51 577。上午我可能一直在。然而遗憾的是,我们在电话里说不了什么。

我爱你,我爱你,我的宝贝

宝贝

84. (1934年6月18日)周五
安托瓦内特致信巴尔蒂斯·克洛索夫斯基先生
菲尔斯滕贝格大街4号,巴黎六区

宝贝,我的宝贝,终于能和你说说话了。我急着上了床,一个人待着,这样就可以告诉你我是多么快乐啊。今天一天仿佛在梦里一般。想到昨晚,我就幸福得直眩晕。这突如其来的夜晚多么美妙,并将永远是一个谁都不会泄露的幸福的秘密。多么美好啊,亲爱的!当我见到你,一瞬间,所有的恐惧、疲惫、恼怒在与你重逢的巨大喜悦面前烟消云散。我不住地想起我们一起散步的每一个时刻,你的每一个动作,我甚至还闻得到你头发上的香味,还听得到那悦耳的《蝙蝠》圆舞曲。要不是在玫瑰花中看到你送我的白色星星,我真会觉得这是一场梦。它美好得太不真实了!而这幸福感如此汹涌,甚至完全吞没了我内心深处的痛苦,得知你已回到巴黎的痛苦,再次失去你的痛苦,不知何时才能再见的痛苦。我爱你,我爱你,我的心永远永远都将陪伴着你!

此刻已是午夜。昨天,我们来到桥边,最后一次久久地凝望对方……现在,我只想一个人待着。哎,可是明天还有人来。让人无法忍受的是,明天晚上睡觉时也不是一个人。我甚至不能在睡前吻你如此柔软乌黑的发绺和你可爱的照片。

周日上午

哦,宝贝,突然在电话里听到你的声音是多么幸福的事啊!昨日一整天的阴霾被刹那间听到你声音时的快乐一扫而光,它让我忘了你离我如此遥远。倒霉的是,电话被糟糕地摆在了走廊里,我什么都不能对你说。而且周围如此吵闹,甚至要听清你的声音都很困难。

周二晚

亲爱的,我终于能在家里待一个晚上了,我终于可以继续写这封信了。当我渴望给你写信时,我甚至都无法这么去做,多么可怕!你说周六周日玩乐一番对我有好处,但我没有一刻不在想你。当我希望独自幻想一番、重温一下与你在一起的那些甜蜜时光时,我还必须表现出亲切友好的样子。周日早上,当波莱特①还在睡觉,我以为可以给你写信了。我希望你能尽快收到我的消息,但我不得不整天在外。更糟的是,昨天还有人邀请我去莫拉湖游了一天泳。下午,我们去了纳沙泰尔湖,就在埃斯塔瓦耶,一座美丽的小城,比莫拉还漂亮。我满脑子都是你,因为所有美好的事物都会立即让我想起你。天气如此明媚,我就试着想象你正和我一起并排躺在沙滩上,我看到了你快乐时含笑而温柔的漂亮眼睛……

哦,宝贝,我们该怎么办?我们刚刚在一个星期前见过,而我似乎已经无法忍受不能很快再见到你,甚至无望收到你很长很长的温柔来信。这是多么悲惨的事,我看不到出路。可是,向你倾诉我的悲伤只会让你更加悲伤。

我的宝贝,我只能再次告诉你,我深爱你,我不能毫无希望地活着。

宝贝

85. (1934 年 6 月 20 日)周一晚

最亲爱的宝贝,我有三天没在家了。周六去了拉利,昨天再次开

---

① 指波莱特·勒诺,见第 81 号信。

车带波莱特经皮荣去了洛桑。今天,海蒂·沙夫讷——你在游泳池见过的一位校友——上午 10 点就和她迷人的梅赛德斯来找我去游泳了。我非常享受这阳光,这水,还有这晴朗的天气。我每分每秒都在想着你。我刚回来,马上又得出去吃饭。我很快地给你写了这封信,只是想告诉你我爱你,我爱你。

再见,我的爱,我明天再给你写封长信。

宝贝

第六章 *1934.6—7*

86. (1934年6月27日)周二晚
安托瓦内特从伯尔尼致信在巴黎的巴尔蒂斯

　　宝贝,我亲爱的宝贝,你的信①让我肝肠寸断。你想让我说什么呢?我也不知道。我感到如此害怕。当我的心告诉我,我爱你,我将永远爱你,我却还在犹豫——也许这是一种犯罪。但我害怕,我害怕让你遭遇不幸,我害怕成为枷锁,成为负累,妨碍你实现自我,妨碍你成为伟大的人物,非常伟大的人物。你明白我的意思:由于我,你将为金钱而操心。几天前,我答应尝试着在一两个月的时间内专心考虑与金共同生活的种种计划和展望,尝试将你的身影抹去一段时间。如果这样努力下来,我还是感到激情过于强烈,只有在你身边才能快乐,那么我就可以自由了。这是明智的做法。但我无法不时时刻刻想着你。而且,这几天我深受震撼——我第一次遇到了这样两个人:他们相互怀有这种真正的、强烈的、永恒的爱情,这种爱情只能存在于命中注定要在一起的两个人之间。周末,我和金一个来瑞士旅行的朋友去了四州湖。同行的还有他的情妇,一个年轻美丽的荷兰女子。我看到了一份无比深情与纯真的爱;这份爱把他们维系在一起

---

　　① 这封信未找到。

六年,也许将永远维系下去,尽管他已结婚,并且无法离婚。尤其打动我的是,湖水、阳光、美景在他们眼里只是俩人幸福的背景。而我呢,大自然的美丽让我深深陶醉,我很高兴自己因为被爱而感到满足。但如果天气恶劣,也许我的情绪就会很糟糕……

周三

我刚游泳回来,就是那个我们曾快乐地待在一起的游泳池。我们一起度过的那个星期是多么美妙啊!啊,我多喜欢可以游泳的生活,还有阳光。如果你在这儿,那它就是人间天堂了。我想到你正在那死气沉沉的巴黎暗自伤心。现在,那里一定酷热难当。你能为《呼啸山庄》绘制插图,我真为你感到高兴!但你真的有必要争取到英国或随便哪个乡村去工作……现在我还无法跟你说这些,但,我的爱,请你不要过于懊丧,我永远在你身边,我时时刻刻想着你。

拥吻你

宝贝

87. (1934年6月30日)周六晚

亲爱的,我一整天都为你感到忧心,当你远离我,我的宝贝,我总是为你担心。

你的上一封来信①多么忧伤,多么绝望。我觉得自己的回信很糟糕。今天,我原本盼着收到你的信。但现在看来,在后天之前是没有指望了。这太漫长了,我多么悲伤啊。我给你写了这封短信,向你问好,告诉你我爱你,我的心永远在你身边。

别忘了,你不能丢下我离开这个世界。留下我独自一人会是你能想到的最残忍的报复。

---

① 这封信未找到。

写信给我!

宝贝

88. (1934年)7月2日,周一
巴尔蒂斯致信安托瓦内特

宝贝,亲爱的宝贝:

你的来信多么荒谬啊!开头你说答应试着将我的身影抹去一段时间(!),结尾的时候又要我写信给你,写信给你!我也曾试图残酷地惩罚自己一两个星期不写信给你,给你多留一点自由的空间。

但昨夜在梦中,我们俩都成了圣日耳曼-昂莱那座漂亮房子里的小孩。厨房里,女仆们正在做茶藨子果酱。为了捉弄她们,我们把鼠曲草的花扔进锅里,然后躲到堆满了各种新奇玩具的库房。你的头发如金子般在微光中闪耀,我不停地吻着它们。终于,一个大人过来要把我们揪出来。但我们跑进了树林,来到一个橡树洞旁(确实有这么一个树洞,只是必须通过梦来提醒我)。你爬进了树里。可是当我也打算进去时,树的表面突然合上了。我孤零零一个人,只听到苍蝇在一片寂静中嗡嗡地叫。于是我用拳头敲树干,用额头撞,直到双手和脸上全是血。这时,邮递员骑着自行车过来,递给我一封信,并说道:"很久了,真的很久了……但晚了,晚多了……"那封信是你写来的,然而打开后我发现一个字都没有。可是我听到一阵若有若无的低低的音乐声,似乎从极其遥远的地方传来,仿佛一段记忆的碎片,微微颤抖着,同时也无比轻柔,无比哀伤。就在此时,我醒了,双眼饱含泪水。

哦,宝贝,在我们自己面前装腔作势有什么用呢?你能试着忘记我吗?我能忘记自己的灵魂吗?不管我是一如既往地给你写信,还是换个方式,或者根本不写,又能改变什么呢?只是最后一种情况会让我遭遇难以忍受并且无济于事的痛苦。不管是一遍遍地告诉你我

爱你,还是什么都不说,难道你会不知道吗?你在害怕自己什么呢,为何你认为自己会给我带来不幸?你不明白吗,这就好比对一个断头台上的犯人说,如果得到减刑,他也将必然死于消化不良。

不,不,别怀疑我们的爱情,我们的幸福。这一切可以再次归咎于俗气的金钱问题。如果我不是一个被生活抛弃、挣扎于社会边缘并被庞大的生活所需和对美好时光的追忆压垮的倒霉鬼,我们本该过着世界上最美好的生活。然而,现在,我贫困潦倒,我需要一定的时间来恢复正常的生活。我愿意奋斗,"实现自我,成为非常伟大的人物",并且只为了你。然而,我知道你的"激情"不会是最强烈的。你爱我,这点我相信,我也知道。但你最爱的还是生活,不过这也是我如此爱你的重要原因之一。这就是为什么在现今的情况下,尽管我如此遥远,并且陷入了彻底的绝望,而你还能感到快乐,你目前的生活是美好的,你爱这种生活。而我,我爱你,我就爱这样的你,因为对我而言,你就意味着幸福,不知忧愁。天使们也是快乐的,即便其中有一个跌落。

我宁愿死去千百回,也不愿看到你溅上我正挣扎于其中的泥淖。我再说一遍,我的幸福并不重要,你的幸福和安逸才是我唯一在意的。所以,假如你认为可以在"金"那儿得到幸福与安逸——这是非常有可能的,因为在和某个人共同生活之前就是这样一种生活状态……可是但愿他们不要试图把我们分开,不要阻止我们见面!如果我是他,只要你坚持,我永远永远不会试图阻止你去见他。至于我,我将继续站稳脚跟,继续为你而拼搏,如同没有什么把我们分离一般。但我的心中将不再有希望,因为我太清楚了,命运的车轮正向我滚来,并将碾过我的身体。失望,而不是绝望,因为那样的话我就不活下去了。我的生活暗无天日,我向你保证——我是孤独的,极其孤独,体会不到丝毫的愉悦,再也感受不到一点儿快乐,除了一种情况——这时的快乐是无法形容的,真的——有时我还能收到你珍贵的来信。我会一遍遍地读,直至收到下一封。

哦,宝贝,我的爱,就在我写下这句话时,你的信送到了,我可爱的小姑娘。我能感觉到你爱我,也许比我想象的要爱得深!啊,千真万确,我们之间没有时空的阻隔,我们的心以相同的节奏跳跃着,我们的思想步调一致。我不住地吻着你小小的问候,它令阳光都黯然失色。这一天余下的时间里,我重新感受到了快乐。

啊,天哪,这一切就没有帮助和拯救的办法了吗?我一会儿满怀希望,一会儿彻底绝望,直至发疯为止。我感到未来就像眼前一座嶙峋的山峰,我必须在没有任何援助的情况下用双手挖出一条通道。但我必须鼓足勇气,毫不气馁,我要为你成就伟业,让全世界为之震惊。

上周四,我的画从布鲁塞尔送回来了,几乎与你的信同时到达。我无比激动地再次见到了这幅画。我多么希望你能看到它啊。这些天,我都在忙《呼啸山庄》的插图。我非常痛苦地拼尽全力才得以重新开始这项工作。而我之所以能做到,唯一的原因就是它与你密切相关。

哦,宝贝,我的眼前时刻浮现着你曼妙的身影,那么美好,那么优雅。你抬起手臂,挥动着手,然后消失在街角,正如那天晚上我与你分别时的情景(啊,已经是半个多月前了)。这极其迷人的形象铭刻在我的心头,就像你戒指上那小小的"爱"字。

罗比有天给我写了封亲切愉快的信。我是那么害怕看到他远离我。如果他知道了真相,他会怎么说呢?他也会是同样的态度吗?很遗憾,今天我还没法给他写信。希望明天能写。替我紧紧拥吻他。

89. (1934年7月10日)周二
安托瓦内特致信巴尔蒂斯

宝贝,我亲爱的宝贝,我担心的事终于发生了。我必须恳请你一段时间不要给我写信,而且永远不要再写情书了。我度过了噩梦般的几天,我意识到自己是多么的伤风败俗啊。

我首先是你的小妹妹。当你来伯尔尼时,我忘了我不能再进一步了。两年前,我背叛了自己的心;我应该料到自己现在不会有勇气破坏一切,得罪所有人。我曾差一点就这么做了,真的只差一点,但我后来胆怯了。金太了解我了,他让我对自己感到恐惧。于是我决定遵守诺言。我将永远是你的小妹妹,但我们真的不能再招致任何非议了。你想来伯尔尼的疯狂念头让我感到害怕。怎么能偷偷摸摸去见你呢,一个世界上我最敬重、最仰慕的人。我知道,我们可以在巴黎见面,只要你信守承诺(有天你似乎做出了承诺),只要你永远不再提你的爱,你将是很久很久以前陪我一起玩各种有趣游戏的可爱的小兄弟。

我多么希望你收到这封信时不至于太过悲伤。我对你说的这些话很愚蠢,但各种情感在我脑海中纷乱浮现,难以表达。无论怎样,我还是希望你能感到我永远在你身边……

我会时常给你写信,告诉你我在做什么,并试着让你高兴些。

我一直都是永远爱你的小妹妹。

宝贝

另外,能把你曾答应给我的书列张单子吗? 我会非常高兴能读到你喜欢的书,你为我挑选的书。能告诉我《赫尔曼与乌瑞克》的作者吗,就是你跟我提起过的那部 17 世纪的小说。

你的梦让我感动得哭了。

原谅我,原谅我!!!

90. (1934 年 7 月 11 日)
巴尔蒂斯致信安托瓦内特

宝贝,宝贝,你为什么不给我写信? 十天了,十天以来,你音信全无。如果你决心要将我彻底逼疯,这绝对是最好的办法。发生什么事了吗?宝贝,你应该不可能愿意让我痛苦的!周六,我的精神就完全崩溃了。从那时起,我就一直处于一种无法形容的状态。

收到你如此甜蜜真诚的小小问候之后,我拿起手枪——我已仔细地看了它几天了——把它扔进了塞纳河,以免让自己沦陷在一种过于美妙的感觉中。真正痛苦的是活着,而不是死去。我可爱的小姑娘,亲爱的小妹妹,求求你不要抛下我!

巴

91. (1934年7月18日)周二晚
巴尔蒂斯致信安托瓦内特

宝贝,违反禁令给你写信,是因为我要出发远行了,我不能不和你道别就离开。没有人会责怪我,因为这是最后一次了。"金"以毫无意义的凌辱口气(也许他自己并未意识到这一点)给我写了封信。我给他回了信,我想我表现得非常仁慈。我试图逐一向他解释所发生的事情——主要是向他表明你丝毫没有"伤风败俗"(你信中的这个词刺痛了我),也主要是为了避免在你们之间留下阴影。

但我不想让这最后的道别变得凄凄惨惨。它应该让你充分感受到我的温情,如同天空般宽广的温情。这是我灵魂的最后一道光芒。

我寄给你一本小书留作纪念,是艾米莉·勃朗特的诗。另外还有约翰·福特(莎士比亚的同时代作家)的戏剧集,其中包括一出我非常喜爱的精彩绝伦的悲剧,题为《可惜她是个婊子》(我跟你提起过这出著名的悲剧,写的是一对兄妹之间的爱情)。

我也和善良的罗比道别,我亲爱的小鱼儿,你们俩是我在世界上拥有的最珍贵的人儿。

如果我的离去让你过于伤心,那就想想吧,我终于要获得安宁与平静了。难道我不配吗?但愿想到这些你会深感欣慰!让我吻你娇嫩的双手;过去它们对我总是非常温柔的,我的小妹妹。

巴

92. (1934年7月20日,快信)周四晚11点
安托瓦内特致信巴尔蒂斯

亲爱的,我刚刚读了你的信。早上贝蒂打电话来时,我还没有收到。我不明白她指的是哪封信。听到她的声音而不是你的,我非常害怕。接着,我明白某些可怕的事情发生了,不过你还活着,你很虚弱,但很平静。我问贝蒂我是否应该去巴黎。我只有一个念头,我要陪在你身边,照顾你。我为自己的怯懦与背叛感到深深的内疚,轻率让我遭到了可怕的报应。中午,在与金激烈争吵的过程中,我得知他给你写了信,尽管我曾请求他不要那么做。我给你写了信,我想尽一切办法来阻止你看那封信。

之后,我再也无能为力了,于是就出去散步。我走了很远很远,一连走了三个小时。站在乡间,远离尘嚣,我感到自己如此接近天空,接近树木,接近花草。突然,我意识到你还活着,奇迹把你还给了我。我感谢上帝,感谢神灵,我几乎感到了喜悦。晚饭前,我拿到了你的信。但我不得不出门,所以直到现在才能读它,躺在我的小床上……但愿你知道,不能立即来巴黎让我痛苦万分,可是我甚至没钱乘火车,我的父母当然也不会给我。他们会认为有责任阻止我。

最最亲爱的小宝贝,你怎么会认为我很高兴看到你离开呢?难道你不知道吗,没有你,我就像离开水的可怜的小鱼儿,我再也不会有片刻的快乐……给你写这些真是"伤风败俗",我知道,我应该叫你忘了我,但这是我的心在跟你说话。

写信给我,当你身体好一点就给我消息。让你遭受如此折磨,而

我甚至不能陪在你身边让你忘记一切,对此我忧心如焚。如果我相信祈祷的作用,我会整天跪在那里,祈求你原谅我,祈求你快乐。

你的小妹妹

宝贝

93. (1934年7月21日)周五
贝蒂·里希致信安托瓦内特(英文信)
萨瓦大街13号,巴黎六区

亲爱的安托瓦内特:

您应该急于想知道巴尔蒂斯的情况,特别是昨天在电话里很难讲清楚。我原本担心您没有收到他周三上午写的信(现在他声称自己不能确定已经寄出去了),这样的话,要是对所发生的事一无所知,那就可能会带来严重的后果了。

今天,他的情况好多了——阿片酊没有对他造成实质性的损伤。他只是非常虚弱,需要安静,需要恢复正常生活。几天来他不吃不睡,整个星期(我们根本没见着他)都处于可怕的状态中。周三,他应该几乎是疯了。

现在他看起来平静多了,尽管还陷在深深的悲伤中。他的脸显得那么痛楚,让人不忍心看,但是现在很难知道该为他采取什么措施。也许等身体康复后,他会和皮埃尔一起离开。完全无法做些什么或说些什么来真正帮助他。他必须通过自己找到开始新生活的力量和基础。这可能会需要很长时间。

至于您到巴黎来的事(旁注:我想他急切地盼望您能来,但一定要避免让他重新陷入时而兴奋时而绝望的状态),他说,显然,他不能叫您来。但您知道,您的到来对他意味着什么。唯有由您来决定怎样对他最好——这取决于如何定位你们未来的关系,以及许多外人无法给出建议的事。我想他在等您的信。

我非常想更多地了解您,给您更多帮助。但生活中有些时候,我们只能旁观。这是极其痛苦的。如果您很清楚巴尔蒂斯在您生命中的地位,或是没有地位,难道最终让他知道不是更好吗?我猜想,有一天他会在某个地方找到一个理由重拾勇气和生活的乐趣。您非常了解他,应该知道他对所发生的事看得有多重。再见。如果我能帮上什么忙,请告诉我。

贝蒂

94. (1934年7月23日,快信)
巴尔蒂斯致信安托瓦内特
由里希转交,萨瓦大街13号,巴黎六区

宝贝,我亲爱的宝贝小妹妹,至少电话能带来存在的错觉。你明白此时我多么需要你在身边。你的第一反应就是要到我身边来。对我而言,这跟你真的过来具有同样重要的意义。如果他们阻止你,其实这再正常不过了:我总是错误地对脆弱的人性本质报以过多希望;我总是认为,在某些时刻应褪下外表的伪装,露出我相信人人都有的那一面。哎,我犯下了严重错误。而你,我的孩子,我的小妹妹,你的心还是非常纯洁、非常简单、非常高贵的,你能理解并体会到你的朋友、你可怜的哥哥的灵魂遭遇了怎样炼狱般的折磨。我乞求你的原谅,宝贝,原谅我再次让你痛苦!求求你,别把责任揽到自己头上,别为了我的事自责。为了我,恳求你不要对"金"有任何怪罪。无论如何,每个人都应服从上天的安排。

我犹豫着是否该告诉你发生了什么。我不知道你是否能承受得了。显然,收到你叫我以后别再给你写信的来信,我完全失去了理智。这一切在我看来意味着可怕的拒绝,它重重地压垮了我整个生活。我生活的每一步都不断遭遇着这个"不"字,永远都是拒绝,直至不可避免地放弃生活。命运似乎随心所欲地对我的生活剥夺了太多。我决定要躲开它,宁可成为自己的牺牲品,也不愿成为它的牺牲品。整整一个星期,世界上任何人都无法想象的一个星期,我寻求着"解决的方法"。最后,我略施小计,在一个医生那儿拿到了阿片酊。接着,我进入了深深的平和状态。我把家中整理一番,处理好各种事务,给你、给"金"写信。原谅我,原谅我,宝贝,但我当时认为我们都终将获得平静。然后,我怀着无法言喻的满足感吞下了阿片酊。可是人逃脱不了命运的安排!接下来发生的一切,后来他们告诉了我。那天,我的一个朋友刚从非洲回来。他遇到一个人,跟他说起了我。然后他没来由地感到恐慌。尽管已经过了午夜,他还是急急忙忙跑到我家,闯进门来。下午5点以后,我就陷入了昏迷。他赶到里希家。里希夫妇带着医生来到我这儿。然后我被送到他们家。直到那时,在被催吐之后,我才苏醒过来。我就是这么被"拯救"了(如果能这么说的话),我就这样奇迹般地(我不认为可以称之为幸事)被人从死神温暖的怀抱中夺了回来①。

哦,宝贝,在经历了一场可怕的精神磨难后,在从"那里"回来后,如何,如何才能将断成两截的线重新接上?啊,在疯狂的时刻,我拼命反抗,试图摆脱这一成不变的节奏不断冲击我的癫狂!上帝,请给我重生的力量,继续负重的力量吧!宝贝,此时此刻,我需要你毫无保留的友谊,你全部的温情,亲爱的小妹妹。我希望你能给我写

---

① 十三还是十五年后,安托南·阿尔托(1896—1948,作家、导演及诗人,最早赏识巴尔蒂斯才华的人之一)完成了一篇文章的初稿。1983年,正值蓬皮杜中心举办巴尔蒂斯作品回顾展之际,这篇文章第一次发表在《艺术报道》杂志上,题为《一位画家的不幸:1934年往事》。其中提到了这件事:"……一天晚上,巴尔蒂斯独自一人,试图自杀。我发现他一人躺在床里头,左边的椅子上放着一个小药瓶,里面装了15克的阿片酊。药瓶旁边摆着一张照片。我看了看药瓶,看了看照片,巴尔蒂斯呼吸微弱,我觉得……用常见的阿片酊自杀,为了一个女人自杀,因为对爱绝望而自杀,这简直太不可思议了,令我觉得难以接受和认可。当时我走进房间去看巴尔蒂斯,一如我每天晚上6点半或7点左右都来看他。门并不比往常关得紧。巴尔蒂斯躺在床上,就像有时候也会这样一般,但仿佛在沉睡,比沉睡更甚,可以说'入殓'一般……。"

信,希望我也能给你写信,但不引起任何人的猜忌,因为我绝不愿意打扰你的生活,你的幸福。我认为自己已经证明了这一点。啊,相信我,如果人们怀疑我的"纯洁",但愿他们知道,没有什么比与死亡的接触更能使人"净化"了。我不愿看到你为了我继续与"金"争吵,这让我很难过。啊,希望我所遭受的折磨至少不是完全徒劳无益的!

我们之间的感情,永远没有任何东西能摧毁它,因为它并不属于这个世界。但是,也许别人会认为我还"活在那儿"不是什么很光彩的事。这不是我的错,因为我并不愿意回来。

总之,请你放心,宝贝。我的身体重新强健了起来,只是我的心灵还那么虚弱,我的手还神经质地抖动着(所以我写的字非常难看),这些都是中毒必然的后遗症。但他们不再让我独自呆着,他们把我当成一个危险的疯子看管起来。也许我的确是个癫狂的疯子。里希夫妇对我像天使一般仁慈。他们希望下周能带我一起去英国,但我还不知道是否会接受。

我的小姑娘,宝贝,我再次恳求你,如果我给你带来了痛苦,请原谅我。千万千万不要自责,求求你!这是我与我的天使的争斗,是我违抗了我的天使。快点写信给我,求求你了

巴

你的来信令我感动万分,它已经对我产生了巨大的积极影响。

95. (1934 年 7 月 25 日,快信)周二晚
安托瓦内特致信巴尔蒂斯

最亲爱的巴尔特里,非常非常感谢你这么快给我回信。昨天上午听到你的声音真是太好了,但当时我很担心你会因为我不能去巴黎而感到无比伤心。而我自己,我为在这个世界上所遭遇的物质与

精神挫折而感到如此痛苦。它们阻止我的心去履行它自己所感受到的职责,一件非常纯洁、简单的事……

我收到了贝蒂写来的一封十分亲切的信。我感到十分无助,便把信给罗比看。他很耐心,我们聊了很久。他告诉我,即使"金"不该给你写信,我还是应当原谅他对你的事耿耿于怀,因为你确实试图把我从他身边夺走。

是的,我的宝贝,我明白我不应再因为你的缘故而惹金生气。一个多月来,我只能给你们俩人带来痛苦。可是,放心吧,我不会再违抗他,不会再背弃留在他身边、信守承诺的责任。我痛苦地责备自己把你拉进了这个我本该知道绝对实现不了的梦里,所有这些悲剧也许本来不会发生。既然我已恢复一些平静,对与你有关的事也淡然了一些,我希望能作为你的小妹妹来给你幸福。

你奇迹般地得救了。不,我不这么认为,你之所以得救,是因为你必须活着,你必须创作,正如我为你而活一样,即使远离你。

金也许被你的信打动了。他答应我,如果我们的友谊是纯洁的,也就是说如果你不再试图把我从他身边抢走,他再也不会做任何事来把我们分开。我可以给你写信,我可以见你。(并不是说你以后不要给我写信了,而是不要再写情书了。)

让我们试着回到今年冬天的生活吧,你的工作、你如此成功的画展不也给你带来了喜悦与满足的时刻吗?我多么希望你一旦完全康复后就能找回工作时的平和与欢乐。你为何不愿与里希夫妇一起去英国呢?我觉得这是个很好的主意。在重新开始工作之前,你绝对有必要将身体养好。

好了,我的宝贝,我试图与你严肃地谈话。也许你会嘲笑我。我的安慰是那么笨拙,但我希望你快乐的愿望真的可以感天动地。写信给我,再次让我放心吧,我的爱。原谅我没有更快地给你写信。替我感谢贝蒂好意写来的信。

来自于小妹妹的温柔的吻。

宝贝

第七章 *1934.8—12*

96. （1934年8月2日）周四
巴尔蒂斯致信安托瓦内特

　　宝贝，亲爱的宝贝，我之所以这么长时间没有给你写信，是因为我的身体再次变得极其糟糕，同时饱受各种精神痛苦的折磨。两天前，情况有所好转（相对而言），尽管我依然沉陷在深深的忧郁中，尽管我的身体还十分虚弱。我暗暗盼着能有你的来信，但也许你以为我已经到英国去了。贝蒂一个星期前去了她父母家，皮埃尔和我将于后天即周六去与他们会合。但我也许根本走不了，因为在最后时刻一个与戏剧有关的工作可能会把我留在巴黎。这事儿能成吗？我一无所知。也许这只是让我轻易上当的众多陷阱之一；就像许多事一样，先让我的心蠢蠢欲动，直到头脑发热，继而一切化作乌有，成为泡影。尽管如此，我还是不能去休息，虽然我很需要休息，并且想到要在巴黎待到10月份我就很焦虑。这次工作是为莎士比亚的《皆大欢喜》在香榭丽舍剧院的一次盛大演出做舞台布景。这本该是一次很宝贵的经历，能拥有一定的自由，并和有才华的导演合作。当然，情况并非如此。事情总要以最糟糕的方式展示在我面前。这次机会又正好出现在我一无是处时。

总之，我会鼓足勇气、拼尽全力地尽量避免失败，一举成功。

谢谢你，我亲爱的小姑娘，可爱的小妹妹，谢谢你的来信。你没有必要竭力安慰我，你无须盼着我有一天会快乐起来，因为我已不抱此希望了。你只须祝福我恢复元气，鼓起勇气，变得谦逊，然后将我如此沉重的命运进行到底。你是这个世界上唯一能减轻我命运痛苦的人，用你的柔情，用你的优雅，用你最宝贵的灵魂中闪耀的每一道光芒。你将永远永远都是我的小妹妹。我在这个世界上再也找不到比之更美好的东西了，没有什么能绝对、永恒地超越它的美好。快点写信给我，宝贝，你给我带来极大的抚慰。你按计划去了利菲尔阿尔卑吗？你能否具体告诉我下一步有何打算？你会来巴黎定居吗？那么，什么时候，什么时候我才能再次见到你？我焦急地等待你的消息。

重新把信寄到菲尔斯滕贝格大街 4 号来。

替我拥吻罗比。我很希望他也能给我写信。

97. (1934 年 8 月 2 日)周四
安托瓦内特致信巴尔蒂斯

最最亲爱的巴尔特里，谢谢，谢谢你写信给我。我不能没有你的来信。我已经开始担心不已了，这是有道理的，因为你现在身体不好。现在，一想到你身体还没完全复原就要开始工作，我就忧心如焚。我多么希望你能去英国休养一番，和那些亲切和蔼的人待上一段时间，这将对你大有裨益。别再生病了！如果你真的要为《皆大欢喜》做布景，叫他们预先把钱付给你，免得再像上次那样倒霉。

也许你会笑话我的建议，但我就是个为她的兄弟们操心不已的小妹妹。罗比他现在也处境艰难。他得找到出版商，并且几乎得去兜售自己的稿子了。他错误地将书的部分内容寄到了苏黎世,还附上了一封确实写得非常漂亮的信,但对方甚至没看就退了回来。显然,一位苏黎世出版商在收到一个籍籍无名的伯尔尼小伙子的稿子后根本不会费神去看的。自然,罗比把这事看得很重,你了解他的。满怀希望之后他开始怀疑一切。我为他的首次失败感到难过,不过瑞士还有很多出版社……

我正在读《可惜她是个婊子》。尽管一般来说我不爱读戏剧,但这个兄妹间的爱情故事还是深深打动了我。上周日,我偶然在《鲜血,享乐与死亡》中也发现了一段兄妹间缠绵悱恻的爱情故事。我发现了巴雷斯,我非常喜欢这些故事中蕴含的深邃诗意,尽管有时其中流露出的过度理智令人恼火。我寻思着你是否会喜欢这本书?不管怎样,你应该会喜欢德尔里奥和他妹妹之间的这个故事。我也非常喜欢《图勒的一段爱情》。每当我读到一本喜欢的书,我总是希望你能在我身边,希望能告诉你我喜爱的理由,听听你总是那么一针见血的观点,并和你一起读读我最喜欢的片段。只要读到什么精彩的文字,我就会立即想到你。我是那么伤感,因为你不在我身边。

再见,我的宝贝,吻你那可爱的头发。

宝贝

别问我下一步有什么具体打算,我真的什么都不知道。写信给罗比吧,他会很高兴的。

下面是我一周前在纸片上写下的一段文字,现抄录于此。我不太清楚是否应该寄给你。

周四晚(7月26日)

亲爱的巴尔特里,现在已经很晚了。我刚刚把你最近的一些来信重读了一遍。今晚,我似乎比往常更贴近你。每晚入睡前,我都要向摆在床头柜上的你的照片送上小小的问候,并期盼着在梦中见到你。但今晚,我尤为强烈地感到你在我身边,我在想你是否已经睡了,我要看着你睡,就像有一天我曾走进罗比的房间,看到你躺在长沙发上睡着了。我久久地看着你……这已经是很久以前的事了,有两年了。那时我总跟你捣蛋,我从未告诉过你我曾看着你睡觉。

我在想着你,我的宝贝,我的心在呼唤你。但我不应该说这些,我担心让你更痛苦。

98. (1934年8月7日)周一晚
巴尔蒂斯致信安托瓦内特

宝贝,我亲爱的小姑娘,我可爱的小妹妹,那天我得到了多么甜蜜的一个惊喜,收到你的来信是多么幸福啊。这么快就给我回信,你真是太好了!本来我也打算立即给你回信,但因为舞台布景的事今天应该要定下来,我以为会有些消息可以告诉你。可是今天什么结果都没有!你可以想象我等得有多么焦躁了。如今我是什么都承受不起了。为什么现在要遇到这些事呢?

每当面对这样的情形(或者任何与造型艺术有关的事情),我便忘记了一切,满腹才思泉涌,脑海中开始构思起来,专心致志,再也停不下来。所以要是现在这事搁浅了,那就太可怕了。但最痛苦最令人懊丧的是,如果恰恰相反,这事成了,那也不会有多大意思:该剧导演巴诺斯基①在柏林已经功成名就,因而极为自负、不切实际。他的《皆大欢喜》在那边获得了成功,现在开始带着它满世界转,就像莱因哈特的《蝙蝠》一样。因此他的编排是不容侵犯的,他不愿做任何改动。遗憾的是,这个编排有许多滑稽可笑之处,我担心它们会成为巴

---

① 维克托·巴诺斯基(1875—1952)在1913—1924年间主要掌管柏林莱辛剧院。巴尔蒂斯的父亲在这座剧院完成了许多获得巨大成功的舞台布景。

黎人的笑料。例如,有一场戏中出现了两个牧羊人。其中一个得在身后拖着一只装有小轮子的玩具绵羊,而第三个人物(该剧中的丑角)则要将手中的一把干草递向这只绵羊。如果不是为了拿导演寻开心,巴黎人是不会对这类喜剧手段有反应的。总之,看到莎士比亚的作品被以此种方式诠释,我感到有些担心。因此,我这方面必须竭尽全力地做出点成绩来。如果成功,将对我大有裨益。

这一切让我疲惫,疲惫不堪。周四还得交草图。幸好,进展比我想象得顺利,但我真的非常疲乏!宝贝,为哥哥们操心的亲爱的小妹妹,我多希望能把脑袋靠在你的膝盖上睡觉,永远地睡下去!

只要有片刻空闲,我就会写信给罗比的。可怜的罗比,这些混蛋带给他的第一次挫折让我无比揪心。他上一封来信是那么意气风发,满纸绝妙的想法,谈的全是工作。他不应该这么快就泄气。遭到一个甚至都没读过他作品的出版商的拒绝后就怀疑自我,真是太不可思议了。我对他、对他的才能非常有信心。我目睹了他的才能经过长期的磨砺与提炼,得到了长足的提高;他已学会非常用心地去显露、展示这种才能。上帝啊,失败,我想他应该和我一样习惯失败。让他想想我吧,我无数次地体会过这类沮丧,太多了;我在生活和工作中都摆脱不了这些失望。精神上的胜利固然精彩,但我却开始以此自嘲。这种胜利往往建立在最荒唐、最低劣的误解之上(上次你提到了画展获得的成功:老实说,它给我树立的敌人远远多于朋友,而那些"朋友"也没有明白我想表达什么)。总之,我认为罗比没有走对路。他显然应该把稿子寄给一个经验丰富的人,并且附上推荐信。沃尔特·梅尔不在奥瑞尔·菲斯利出版社了吗?悲哀的是,德国已经没有任何作为了。

我很高兴你喜欢《可惜她是个婊子》。我希望你没遇到太多的语言障碍。令人赞叹的是,雪莱后来也借鉴了其中某些章节的诗歌形式。

哦,宝贝,有这么多精彩的文字可以欣赏,有这么多优秀的书籍我们想要一起阅读。确实,我们已经读了一些最优秀的书。以后空一点的时候,我会为你精心挑选的。今天我没什么要推荐你读的。现在没有什么非读不可的东西,但英美浪漫派作家的作品值得一看!

尽管巴雷斯的作品确有其精彩之处,但我并不喜欢他。我对他的观点心存恐惧。令我无比感动和欣喜的是,你猜到了这一点。不过我非常喜爱德尔里奥的故事;很久前我就读过,但印象已经很模糊了。宝贝,宝贝小妹妹,知道你与我如此亲近,这是多么美好、多么甜蜜、多么幸福的事啊!我从中得到了拯救,我唯一的拯救!

写信给我,写信给我!

巴♥

99. (1934年8月13日)周一
安托瓦内特致信巴尔蒂斯

亲爱的巴尔特里,我给你写信已经十天了,我在焦急地等待着你的来信。我非常担心。我在想,你是病了吗?或是工作缠身?快点写信给我,我非常担心你身体不适。

我想着你

宝贝

100. (1934年8月15日,快信)周二晚
巴尔蒂斯致信安托瓦内特

亲爱的宝贝,刚收到你的信。我完全糊涂了!一周前我给你写了信,你应该上周三就收到了。难道你没收到吗?

这怎么可能!现在我的信失踪了吗?我也是,我也在焦急地等待着你的消息。我想不明白你为何迟迟不来信。由于我的迫害妄想

症越来越厉害,恳求你给我回信吧,可能的话立即就写,告诉我你是否收到了这封信。我已经开始想象他们设下了最毒辣的阴谋。如果周六还没有你的消息,那就证明了我的猜测。

我告诉过你为戏剧演出做布景的事。现在有眉目了,已经谈好了。五天来,我疯狂地工作,这种情形还要持续两个月,因为首演将于10月12日进行。终于,这次做成了点事,虽然现在我为自己在这种时候肩负起如此繁重的任务而感到有些心惊胆颤。这工作也极其令人懊丧,因为得与一个看法与我完全相左的导演合作。这就意味着我毫无自由,我不断受到限制,我喷涌的灵感总是被一个毫无诗意的人压制。啊,要是我能随心所欲就好了!所以这不怎么有趣,也许它不会让我得到任何赞誉,也不会有任何收益,因为我的酬劳少得可怜。如果必要的话,我的休息就得放弃了。不过,从另一方面来看,目前,一个需要我全心投入、令我筋疲力尽的工作反而比静养和休息更有利于健康。也许藉此重新认识到自己的力量是有好处的。但愿我的身体没问题,我非常担心自己的精力不够。我有自己的办公室,有人可以差遣、斥责。我喜欢装腔作势,我心甘情愿地承认这一点。至少我的布景会很漂亮;而且不像一般情况下那样由一家企业派人制作,我将带领四名工人亲自绘制。想到自己将面对一幅10米×6米的画作,我狂妄自大的一面——也就是超凡出众的愿望,你明白的——得到了满足。整整一周,我都将自以为是米开朗基罗!

亲爱的小妹妹,现在我多想把头靠在你的肩头睡去,什么都不想,除了你的温柔,因为,老实说,我感到自己虚弱无力,一无所有,我非常非常疲劳,难以言说的疲劳!再次求你了,亲爱的宝贝,给我写信吧,常常给我写信。你无需写得很长,三言两语,小小问候即可,因为我需要你,宝贝,需要你给我力量;我需要一点你的温情,它将令最美的风景黯然失色,令最愉快的假期毫无意义。

我拥吻罗比。

巴♥

101. 1934 年 8 月 17 日
安托瓦内特致信巴尔蒂斯

亲爱的巴尔蒂斯,昨天我收到了你的两封来信。8 月 7 日的那封令人不解地在英国比肯斯菲尔德兜了一圈,于昨晚才寄到。

我刚游泳回来,赶紧给你寄了这张卡片,好让你放心。我今晚再给你写封长点的信。

宝贝

102. (1934 年 8 月 23 日)周三晚
巴尔蒂斯致信安托瓦内特

宝贝,你为何不写信来? 我很担心,我感到自己在这个世界上非常孤独,似乎我的小猫是唯一能给我带来温情的生灵了。

罗比在做什么? 他的计划实施得如何了?

给你寄一份有关《皆大欢喜》准备工作的文章①,其中也提到了我的参与。

巴

103. (1934 年 8 月 22 日)周二晚
安托瓦内特致信巴尔蒂斯

我很羞愧,宝贝,一直等到今晚才给你写信。可是时间过得真快。周六晚和周日一整天我都在外面。我只有晚上才能好好给你写

---

① 指从《巴黎人报》上剪下的文章《〈皆大欢喜〉的两大成就》

信,但每次我都累得倒头就睡着了。不过我还是得略微详细地跟你解释一下那封离奇丢失的信件到底是怎么回事。上周四我收到你的信,说我应该一周前就收到你的信了。我惊慌失措,不明白一封信怎么会在从巴黎到伯尔尼的路上丢失呢。从来没发生过这样的事。结果,当天晚上我拿到了信,7号从巴黎发出,8号到伯尔尼,然后被送往(也许是夹在报纸里?)比肯斯菲尔德,直到14号再被寄回。这不是很蹊跷吗?不管怎样,罗比让我告诉你,如果你告诉他这样一个信件丢失的故事,他无论如何都不会相信的。

罗比又重新鼓起了勇气。他与奥瑞尔·菲斯利、拉谢尔以及弗劳恩费尔德的鲁本谈过了。他们都非常感兴趣,但显然不愿冒险。奥瑞尔·菲斯利要求他自己付印刷费,而拉谢尔,我想,则要求他保证1000份的发行量。总之,最重要的就是必须找到一家知名出版商,必须出名……

我为你感到高兴,你有了一份至少还相当有趣的工作。你没时间去英国稍事休整真是太遗憾了。无论如何,十月份你必须去休假。

至于我,目前还留在伯尔尼,下个月将去日内瓦附近的贝尔维待几天。十月份我要去布鲁塞尔待上十几天。我非常期待,这将是伦敦之行后第一次大的旅行。金对我真的很好,现在我感到很幸福,尽管为了你和他又大吵了几回。你想怎么样呢,别人非常担心你还会把我抢走,而这些争吵让我非常沮丧。我希望你不要再用"亲爱的宝贝"或"可爱的小妹妹"这样亲密的字眼,因为这是我们的关系令他不快的最后一个原因所在了。别生气,尤其是别太悲伤。但为了幸福的生活,我必须让金对我重树信心。

我仍是你亲爱的小妹妹

宝贝

最新的惊人消息:特里快有孩子了。我下周将去看她,确认这件真的令人难以置信的事!

104. 1934年9月3日,周五晚

最亲爱的巴尔特里,我刚给自己做了一杯巧克力。我照例每次都想起了你。今年我们还没有做过呢。你有时还会做巧克力吗?我喜欢想象我们隔着500公里的距离,却想着、做着同一件事。但我很伤心,因为没有收到你的信。写信给我吧,宝贝,你知道的,这将给我带来多大的快乐……

周日早上

你生气了吗?你没收到我上一封信吗?我很焦虑,我多么希望这个周日能收到你的片言只语啊。快点写信给我,让我安心。

我很喜欢你寄来的文章,我为你感到无比骄傲。巴诺斯基看起来挺热心的。不管怎样,他似乎挺欣赏你。也许这是个让你成名的绝好机会。为这样一出将由莫扎特音乐伴奏的精彩剧目做布景,应当是非常棒的经历,尽管有时你会感到厌烦。我多想和你一起观看首演啊。哎,可是我不自由(这种缺乏自由的生活有时真快把我逼疯了)。但我仍盼着今年冬天能看到这次演出,至少要去巴黎待几天。

别爱上安娜贝拉(罗比觉得她很迷人)。别太累了。快点写信给我。替我拥吻你的小猫。

宝贝

105. (1934年9月6日)周三晚
巴尔蒂斯致信安托瓦内特

啊,(删去:亲爱的宝贝)(对不起)亲爱的宝贝,我已经很久很久没有做过巧克力了。但每到做巧克力的时间(例如此刻),我总是下意识地萌生出强烈的愿望,而且更期盼能看看你做!

我也很久没给你写信了。我得承认,宝贝,你的上一封来信让我非常难过。非得写些什么吗?你能对我信中本能地、毫无杂念地流露出来的对你的柔情报以指责吗?这一切发生后,当我已经失去和放弃了一切,人们还能去误解此番柔情的本质吗?践踏一个如此落魄、差点儿丢了性命的人,他们不会感到羞愧吗?我再强调一遍,我已放弃了一切,而且还体会到了某种快乐,因为我明白了哪里才是你的幸福所在。在这个世界上,你的幸福我是唯一在乎的事。这一切不能改变你是并且永远都是我在人世间最珍贵的拥有的事实。至少,关于你,我的内心已是一片澄明。它是纯洁、真诚的,是照亮我黑暗灵魂的唯一光芒,恰似裹藏在壳里的珍珠。没有任何一个名字比妹妹,我深爱的妹妹的名字更甜蜜的了。痛苦让人变得无比清醒。

　　啊,我再也不指望自己成为波德莱尔所称的"英雄与圣人"。人们为何意欲剥夺我活下去的机会呢?不过你会明白,别人将我视为危险的引诱者在我看来是如此荒谬,而且更是对我的冒犯。哎,在我的身体里还积存着许多毒素,稍有震荡,它们便会侵入血管,将我推入刚刚费尽力气爬出来的深渊。我的第一反应是给你写封措辞严厉的信,然后我开始嚎啕大哭。我想,如果指责你,我就真的一无所有了;我再次意识到自己绝对不可能对你有任何怨恨。我下定决心不再写信给你,我告诉自己,她是完全正确的,她是幸福的,我还能再奢求什么呢?我的信只会破坏她的幸福。这个决定是痛苦的,因为你是我唯一能推心置腹的人,只有对你,我才倾诉自己所有的感受,所有的愿望,所有令我感触和激动的事物;最后,只有因为你,我才不感到自己是孑然一人。面对你,我体会到吐露一切的需要;面对你,我毫不隐瞒自己的期盼、灰心、激情。当我迷失在梦幻花园中时,到处都能看到你的身影。(别问为什么,我自己也不知道。)我还冒出了一个可怕的想法。我似乎明白了,你被迫交出了我的来信。(无需向你表明我会认为这一行径有多卑鄙无耻了,请你让我在这件事上安心。)

最后,当我想起过去的巧克力时,这个新的噩梦消失了,我又找回了最亲爱的小妹妹。因此,必须请求你原谅我在信的开始写下了这些也许荒唐可笑但完全必要的话。过去,我难以忍受无法立即给你回信。但现在,简直不是人过的日子了!我几乎再也没有一点自己的时间。要是晚上 10 点能空闲下来——这样的机会很少——我就沉沉睡去了。幸好,这个星期我就要完成草图了。接下来就要制作布景与服装。今天,我、安娜贝拉和服装设计师花了一整天时间逛商店买布料,真是累坏了。安娜贝拉非常迷人,相当谦逊;但在电车上,你几乎不会注意到她。服装设计师是位高个子的俄罗斯女士,非常能干、风趣,曾负责所有俄罗斯芭蕾舞剧的造型①。

安娜贝拉要这个,服装设计师提议那个,而我独对两名女士,很难按自己的意愿行事。这就引发了激烈的争论,售货员们被逗乐了。

最近这几个月是我一生中非常奇特的一段时光,一连串各种各样的事件接踵而来。实际上,这份工作是唯一可行的恢复方式。我努力忘记自我,彻底麻醉自我,昏沉沉地游走在整个过程中,大部时间都处于完全无意识的机械状态。我就这样梦游一般进行着布景制作,放任自己陷入无尽的愁绪中——在我严肃认真地工作时是绝不会允许这种情绪出现的(我是指自己而言),仿佛在倾听一段遥远而神秘的回忆。由此带来一种甜蜜温柔、充满孩子气的幻境——它让我在清醒时放声大笑。这就很像在暗示什么,极易招致误会,人们会以为我在嘲笑他们。宝贝,现在我只能写到这儿了,因为我困死了。我很快就会再给你写信。我将把少有的几个不用去剧院的晚上统统留给你。你呢,你要写信给我,快点写!

我们将上演《皆大欢喜》,而不是《如君所愿》②。另外,我很惊讶现在几乎到处都在上演莎士比亚的戏剧。问候罗比!

---

① 指著名的卡琳斯卡女士。
② 安托瓦内特在信中附上了一张《如君所愿》首演的广告插页,并写道:"正如你看到的,伯尔尼在与你竞争。"其实这里指的是同一剧目。

读这封信时我发现它那么讨厌,不知所云,还说了些蠢话,都是因为我太累了。我来不及重写了,必须把它寄走了。你会原谅我的!

巴

106. (1934年9月11日)周五
安托瓦内特致信巴尔蒂斯

哦,亲爱的,亲爱的,我又让你难过了。我只希望你能幸福,但也许我还将被迫对你说些狠心话……我很伤心,宝贝,非常伤心,读着你的信,我不禁放声大哭。我多么理解你,但别人不理解你,永远不会理解你。我已付出了自己的全部生活,但别人还要得寸进尺——他甚至要干涉我的内心,试图将你的身影从我心中抹去。为此,他不许我戴你送的戒指(有时我会在晚间戴上它,但这种偷偷摸摸的行径让我感到羞愧),强迫我交出你最近的来信,想知道我给你写了些什么。我大吵大闹,但如果不想闹翻,就不得不妥协。

如果他不逼我伤害你,我是不是就会满意,甚至也许会感到快乐了?无论如何,我答应你,我向你保证一件事,你今天的这封信将是金看到的最后一封。想到你曾一度怨恨我(你是有道理的)我就感到痛彻心扉。如果你再也不给我写信,我不知道自己会变成什么样子。两个星期没有你的消息就已经让我这么忐忑、焦躁、悲伤了……

周一晚

以上是周五收到你的信后我立即作出的回复。写完后我犹豫着是否要寄给你。但我想,我必须寄给你,让你更理解我。我是偷偷寄出的,你在回信中不要提起。金并不愿意攻击你,他只是在争取自己的幸福。我们无法指责他。但是千万不要担心,我还是永远喜欢你的小妹妹。别人阻止不了我。

赶紧撕掉这封短信,我明天再给你写封长一点的。

宝贝

107. (1934年9月13日)周三晚

亲爱的巴尔特里,从信中得知我又让你伤心了,我感到很难过。我希望今天是最后一次对你说这些。首先,你得知道,我没表达清楚。金狠狠地指责了我。我告诉过你,金对你心存戒备。他的想法让你很生气。但实际上,他担心的是我,担心我卖弄风情,因为两个月前发生的事与两年前一个样。不过如果你说的话——我知道你只是在倾吐衷肠——令他担忧,那最好还是不要再说了。另外那封丢失的信件令金更担心你的来信会连累我(一年前,一个愚蠢家伙寄来的信被我的堂姐安德莉·德·瓦泰维尔拆开了)。但不要认为他想攻击你,他只是要求我们今后以好朋友的身份见面。正因为如此,我才愿意重新获取他的信心。请你原谅我给他看了你最近的来信。但金之所以要看,是因为他相信那些是情书。恳请你原谅我,继续给我写信吧。我多么喜欢收到你的信。告诉我你都在做些什么。

我被你描述的生活现况逗乐了;我仿佛看到你正为安娜贝拉的华美服饰挑选漂亮的布料,为了按自己的意愿行事而与两位女士争论。我多想看看你的布景,我一定会喜欢的;但我担心你劳累过度,可怜的宝贝。如果现在任务就如此繁重,那首演前那几天会忙成什么样啊!找点时间给我写信吧,我想更详细地了解你的工作。另外,我还在想《呼啸山庄》的插图该怎么办,我原以为你要在圣诞节完成的。

罗比可能在圣诞节时就要出版自己的书了。他正与奥瑞尔·菲斯利出版社确定合同细节。出版社自然是要剥削他的,但他们的优势在于是瑞士最好的出版社之一,有能力把事情办成。但我还是心存厌恶,因为他们试图仗势欺人。不过,我很骄傲能在圣诞节时拿到罗比的书①。

我迫不及待地想去巴黎。女厨子在厨房的墙上钉了一张介绍大桥和协和广场的地图。每当我看到这张地图,心中便充满了惆怅。我多希望你能向我介绍这座城市啊;对我而言,它是属于你的城市。

拥吻你。

宝贝

108. (1934年9月19日)周二
巴尔蒂斯致信安托瓦内特

宝贝,我隐隐不安,日益烦躁,因为,哦,老天,我已经两个星期没有写信给你了!幸好,你知道这不是我的错。时间飞逝,太快了,宛如指间的流水般迅速消逝。

现在,已经快凌晨2点了。你知道吗,我刚给自己做了杯巧克力,但没有你做的那么好喝。我善良的小妹妹,你睡了吗?能给我写信,你真是太亲切、太善良了。啊,愿上帝消除一切阴影!我曾以为、我曾希望一切都将变得简单。然而我觉得他不该怀疑你。难道如今你还会像淘气的小女孩般撒娇扮媚吗?过去我就没有勇气或意志力来抵制这种媚态。我相信自己的判断,因为我确信,在倾听灵魂的悲切共鸣时,你已学会深深地体会、学会忍受。啊,上次我如此强烈地感受到,你是多么纯洁!

宝贝,我不会责怪你交出了我的信,尽管想到这事我就非常不快,但我希望你能保证以后不再这么做。总之,我能想象"金"的担忧,尽管他对此事的态度在我看来相当令人不解。也许有一天他会

---

① 罗贝尔·德·瓦泰维尔的这本书由奥瑞尔·菲斯利出版社出版(苏黎世,1934年),名为《一个国家:摩洛哥的人们》(见第119号信)。

理解我的,也可能这过于苛求了。

至于我目前的生活,它已经不再有任何乐趣了。哎,宝贝,接下这份工作让我不堪重负。我现在就像个无头苍蝇,整天四处乱撞。起初我打算密切监督他们按照我的设计图纸制作。这份活儿交给了剧院的置景总管来做。这个酬劳低得可怜的人急着把这份差事打发完,免得拿不到钱。于是我极其悲痛地发现自己美丽雅致的背景设计在画工们的刷子下变得粗陋不堪。有两个晚上,从夜里11点到第二天早上8点,我不得不亲自重画这两幅8米×12米的巨型画,好让它们稍稍可以拿得出手。你知道这多么耗费体力。我非常焦虑,因为我担心是否还有力气继续干下去。一共有八幅画呢。白天我得参加排练,设计服装,修改布景设计草图——今天这些设计图还符合要求,第二天就完全不能用了,因为巴诺斯基先生根本不懂画,并且毫无诗意。我还得去服装设计师那儿去试样,去鞋店,去武器商店,去假发店买假胡子。我从来没干过这么荒唐透顶的事。

排练相当顺利。初涉戏剧的安娜贝拉表现得比我预想的出色得多。但有一天,我们之间出现了激烈的争执,因为她一点不喜欢我给小伙子做的精美服装(前半场她将女扮男装)。她从因斯布鲁克带来了一条小小的蒂罗尔裤子(几乎不符合莎士比亚的风格),执意要穿上它。我花了一刻钟的时间试图让她理解一件服装所代表的意义。然后我失去了耐心,责骂了她。自打离开学校后,她肯定没被这样骂过。如此鲁莽的行为令她目瞪口呆,不过第二天她还是很友好。而在我看来,不得不与女影星们商讨真是令人受不了,尽管她们很有名。总之,戏剧,我没什么兴趣。

巴诺斯基是个古怪的家伙,典型的柏林人。罗比应该会喜欢他这样性格鲜明的人。他总是揪着我的头发对我抛过来这样一句话(从中你多少能看出他是个什么样的人):"啊,小东西,别这么放肆!"我总是回敬道:"您真蠢!"他个子很矮,有点圆滚滚的,手脚不怎么灵活。他有一个体型肥硕的妻子,块头是他的两倍,被他称为"小宝贝"

或"心肝宝贝"。他挺喜欢我,而我已经开始相当恨他了。不过我得承认,他比任何一个巴黎导演都高明得多。

哎,宝贝,现在我只能写到这儿了,明天要起得很早。快点给我写信,好吗?我再也不会等上两个星期才跟你交流一小会儿。别怪我,你很清楚,如果可以的话,我恐怕都寄过十封信了!

巴 ♥

拥吻罗比,提醒他,他曾打算把书题献给我的。

109. (1934年9月24日)周四
安托瓦内特致信巴尔蒂斯

可怜的亲爱的巴尔特里,我很担忧你得拼命工作。罗比很欣赏你的毅力,他相信倘若你能坚持到底,定会对你大有好处。今天上午我把你讲的生活中的事读给他听了。你对巴诺斯基的描写让我们哈哈大笑。应该说,我猜你在这个领域干得很艰难。我有点担心,在电影中表现出色的安娜贝拉并不能完全适应戏剧表演,特别是莎士比亚的戏剧。我担心你还得无数次为了蒂罗尔裤装之类的事抗争。

周四晚

现在我继续完成下午和"男孩①"在树林里悠闲散步时写的这封信。我想起了我们一起散步的美好时光,我觉得我应该向你介绍我非常喜爱的这片树林,哪怕它不是最美丽的(我说的是 **Konigsberg-wald**,我想你不知道)。有一天,我经过树林时来到了一个挺可爱的小餐馆前——19岁生日那天我和罗比一起在这儿吃过饭。于是我

---

① 金的狗。

下定决心,我们也必须在这个餐馆用餐或吃点什么,你会喜欢它的。然后,想到也许很多很多年之内我们都不能在伯尔尼一起散步了,一阵深深的悲哀涌上了我的心头。对此,我无能为力。我觉得这样的话简直太荒唐、太不可思议了!

周五晚

我又没能写完这封信,因为我累倒了。不知今晚能否写完,我有很多话要对你说。你知道,我真的怕你生气不再写信来。但你真好,总是原谅我。醒来时拿到你的信能让我高兴一整天。就在周二晚上你给我写信时,我正试图面对"金"的责难为你辩护。下午,他偶然发现了《米诺托》上那张《凯西的梳妆》的照片。我太不小心了,竟然把它忘在了桌上。你可以想象这是怎样的悲剧!从世俗的角度来看,他的反应并不出人意料。而我在想,如果去巴黎,怎样才能不让人认出画里的人是我。我本打算问你一个问题:难道你不认为最好把它作为我们之间的秘密吗?但由于我的愚蠢,金开始攻击我,强烈指责我没有因为你竟敢公开展示这样相似的一具裸体而感到愤慨等等,并说你的做法简直令人难以置信。这种情况下,我总是为你开脱,结果自然只能使局面变得更糟。不过这一切也没那么可怕,我告诉你这些只是为了让你知道,我成天就像在走钢丝,我们多么应该谨慎行事!

周六晚

知道吗,我今晚见到了斯坦普夫里和他的妻子。他打电话给于比。由于我猜到是他,便叫于比跟他说我想见他。于是我们在弗里斯科见面了。这些你都能料想到,因为我希望能从他那儿得到点巴黎的消息,你的消息。我认识了他的妻子。我觉得她很迷人、漂亮,特别是很幸运。我们明天下午可能会去奇吉塔跳舞。我很想再见到他们,尤其是在巴黎见到他们,他们真的非常和气可亲。我跟你说起巴黎时就好像我肯定会去那儿一样。哎,其实我对此还是一无所知。

仿佛总有一道黑幕挡住我的未来,我受够了。

周一

我必须赶快把这封信寄出去,希望它的长度能弥补它的迟到。今天上午我拿到了自己的占卜结果。你知道的,五月份时我托日内瓦的朋友波莱特·勒诺去帮我占卜,她认识一位在这方面非常在行的女士。我都把这事忘了,结果今天上午收到了结果。应该说,我被小小地震撼了一下。关于未来没有什么说法,只是指出我将有数次婚姻,并且在39岁时在居住地方面会有重大变化。如果你感兴趣的话,我就寄给你。拥吻你

宝贝

110. (1934年10月2日)周二
巴尔蒂斯致信安托瓦内特

宝贝,亲爱的宝贝,我多么想抽出可怜的一点时间来给你写信啊;但我们现在已经到了最后关头,到处忙成一团,乱七八糟,大家都昏头涨脑,所有人都疯了。

我是在剧院给你写信。我躲在一个隐蔽的角落里,别人不会发现,这样我就能安静五分钟了。至少你明天能收到我写的几行字。谢谢,宝贝,谢谢你那么亲切的来信!我也有许多话要对你说,但今天就别想了!舞台上机械师们正等着我的指示,发型师带着他的假胡子和假发已经到了;我还得准时去服装师那儿试样。周四8点要进行最后一次彩排。自然,所有事情都拖延了。而我,还有最艰巨的一项任务要完成:周日结束之前要把八幅背景画整个重画一遍——这简直荒唐得不可思议。不过,另一方面,将画工们按照我的设计图炮制出来的拙劣画作以我作品的名义展示出来,这同样是不可思议的。你听过这

样的童话故事吧:主人公必须将湖水排空寻找掉落其中的一枚戒指,或者要在一夜之间拼死建出一座城堡来——现在就差不多是这种情形。更雪上加霜的是,我还发着烧。它还挺有幽默感的,总能出现在最恰当的时机。两天来,我都是带着39度的体温在晃荡!

糟糕,他们来找我了! 我得下去了。再见,宝贝,我会很快再写给你的。别忘了我!

巴♥

向罗比致以最诚挚的问候。我为他感到非常骄傲! 请原谅我用了这么丑陋的信纸。

111. (1934 年 10 月 10 日)周三
安托瓦内特致信巴尔蒂斯

最亲爱的巴尔蒂斯,这些天你肯定累坏了。幸好,还有两天就要结束了。我真的很同情你。你应该很厌恶这种极度繁忙、这种长此以往将令人厌倦与烦躁的剧院生活。但我相信你的画一定很出色,大家都会喜欢的。周五过后,我也会快乐起来,因为你终于又会有时间给我写信了……如果周六晚上能收到你的一封信,我会乐疯的。但如果不可能的话,从周一晚上开始,你就把信写到布鲁塞尔联合大街142号***夫人家(她是金的姐姐)。我周日早上乘汽车出发。我会从布鲁塞尔写信告诉你我的感受。

我只能写到这儿了,回头见!

宝贝

我在罗比家找到一张你4岁时的可爱照片(那时我刚出生)。我把它拿回家了,再也不会离开它。我喜欢它!

112. (1934年10月12日,快信)周五
巴尔蒂斯致信安托瓦内特

最亲爱的小宝贝,昨晚回家换衣服准备总彩排时,我看到了你可爱的来信,多甜蜜的感觉啊!这有点像是我是回来带你一起去剧院的。

遗憾的是,这封信不会长——今天晚上是首演,我必须待在那儿应付各种琐事,但我多么希望你能在出发前收到我的信啊!希望你很快能写信来:布鲁塞尔有许多可欣赏的美好事物;但就城市本身而言,我并不喜欢那里。

我有那么多话要跟你说!我终于从这愚蠢、可恶的工作中解放了。可以说,我成功地挽救了那些背景画,至少它们还是有点看头的。当然,与我的初衷还是有很大距离的。哎,我天生就不会妥协。别人不应该限制我,不应该试图让我屈服于他人意志;很遗憾,我的才能无法适应任何让步。因而,这份工作让我感到极度的厌恶,深深的悲哀和难以忍受的犯罪感。啊,我急切地盼望为自己而工作,重新进行符合自己审美标准的伟大创作。

不过,这段惹人生厌的日子倒是很好地麻醉了我。现在,我又故态复萌,精疲力尽的同时还感到令人焦虑的、不可救药的孤独。当一些朋友度假归来,我兴高采烈地急忙去找他们,结果却发现,实际上我们再也没什么可讲,每个人都走着自己的路,再无交汇的机会。

不过,我不愿悲悲切切的了。下周我会告诉你一些工作中最开心的事。另外,下期的《时尚》杂志上会登出我的设计图。我还打算把演出宣传寄给你,它相当漂亮。你会在比利时待多久?求你快点写信给我。我要赶快去邮局了,这样明天你就能收到信了。

再见,宝贝,旅途愉快,我的温柔将陪伴着你。

巴 ♥

113. (1934年)10月27日,周六,圣-安托瓦内特节

宝贝,我的小妹妹,我根本不知道你在哪儿。但你会知道我这一整天有多么想你,几乎比平常任何一天都要强烈,因为今天是你的节日。今天晚上,斯坦普夫里一家和其他一些朋友来我这儿了。幸好他们早早就离开了,这样我还可以来和你聊会儿天。

是的,我情不自禁地认为你在听着,认为当我用文字跟你交谈时你会有所回应!

可是,漫长的两个星期过去了;漫长而煎熬的两个星期里,没有你的任何消息。的确,我没指望你会从布鲁塞尔给我写信;我知道,让一个陶醉在新鲜事物里的人来谈自己的感受有多困难。我不知道自己是出于何种心理才没有不等你召唤便写信到那里去,但我希望你能在出发前收到那封快信。今晚,为了享受给你写信的乐趣,我拿起了笔;我有点儿把这当作了一种魔法,无论如何它都能把我的思念带给你,哪怕我不寄出这封信。

从那可怕的剧院解放出来已经半个月了,我很惊讶地猛然发现现在已是秋天,冬天就快来了。那么夏天是在哪儿过的呢?不过,有几天,乱蓬蓬的树林里还是风和日丽,秋高气爽。现在,树叶和你的头发是一个颜色,尚未变成丑陋的红棕色枯叶,而是显现出淡淡的浅金色。我怀着如释重负的愉悦心情(我认为自己有权享受这份心情,我已经两个多月没有这样了)漫步在卢森堡公园里,在树林里!然后,我那不思悔改的想象力很快就故态复萌地做起白日梦来,它对我说:布鲁塞尔离巴黎那么近,也许可以把宝贝带到巴黎来几天,我们将一起尽情地愉快散步!哎,我只活在另一个世界里,那个梦的世界。

你可知道,巴诺斯基最终以惨淡的失败收场。演出持续了十来天,然后就停演了,因为没钱了。这人真是蠢得惊人,我还没见识过这样的人。就在即将首演之时,当得知他的演出经费只有区区十五万法郎,我就知道我们将面临巨大的灾难。他本应从投资者那儿要

来两倍资金的！他指望着演出收入，但当我第一次观看了排练——同样是即将首演之时，之前一直没有时间——我就想，虽然他给自己造出如此浩大的声势，但最后会被巴黎人贬得一无是处，因为他居然给他们弄出了"这么个玩意儿"——"这个玩意儿"平淡乏味，从导演的角度来看没有任何才情可言。也许编排得不错，但毫无新意，毫无诗意，毫无特色。他的首要错误在于坚持选择《皆大欢喜》，尽管他知道声名赫赫、广受欢迎的导演科波①（他让我反感）也在排演该剧，并且是同时。新闻界抓住了这一点，将这次不幸的巧合视为一场票房竞赛，并且出于民族主义的情感，评判科波为胜利者，尽管两剧旗鼓相当。第二个错误在于选择了巴黎最大的剧院，这里从来没有坐满过。第三个错误也是最大的错误在于，完全忽视了广告的作用——为了省钱！现在，这个可怜的小个子陷入了绝境，背负着十万法郎的债务，面临被开除的危险。当然，那少得可怜的酬劳，我也只拿到了一半。但我很反感别人拿这悲惨的倒霉事开涮，现在它已经成了所有人的笑柄了。上帝知道，在这份可恶工作的整个过程中，他愚蠢的所作所为让我多么恼怒、烦躁和痛苦啊。

不过，首演那天气氛不错。晚上和安娜贝拉亲密地一起夜宵，大家都热情高涨，对成功深信不疑，除了我。我心想，再等几天吧，朋友们。不过，安娜贝拉的表演很有魅力，十分精彩。虽然略微笨拙，但几乎只有她表现出了一点儿诗意。

我会把最近一期《时尚》寄给你，上面登了几幅我的设计图。起初我拒绝了，希望别人不要谈论这越来越让我难以忍受的合作。但在他们的坚持下，我让步了，因为——我得向你承认——我认为，倘若有一天翻看《时尚》时发现了这些设计图，你可能会感到很有趣。

现在这一切已经远去。如你所料，我感到万分疲惫，并且有点沮

---

① 雅克·科波(1879—1949)，现代戏剧史上的重要人物，《新法兰西评论》的创办者之一。

丧。我磨磨蹭蹭，但还是重新开始为自己而工作——我继续画插图，另外也有一些宏伟的绘画计划。但由于没能拿到其余的酬劳，目前我处境十分艰难。这真是令人厌烦，我多么希望如此拼命辛苦后能清闲一阵子啊。

幸好，巴西亚诺亲王夫人①要我给她女儿画像。那是个比我高许多的瘦高个女子，没什么魅力，但她的脸倒不是没有特点，相当典型的 16 世纪意大利人的长相。

周一

这封信一直搁置着，我不太知道该怎么处理。今天我下决心要把它寄往伯尔尼。也许你已回到那儿了，或者很快就要回去；也许他们会把信寄往布鲁塞尔给你。但我希望很快能有你的回音。

巴

114. (1934 年)11 月 1 日，周四
安托瓦内特致信巴尔蒂斯

亲爱的，我要无数次地请求你原谅我没有从布鲁塞尔给你写信，但我没有一分钟属于自己的时间。白天，和我同时在那儿的一对新婚夫妇让我没有一刻独处的时间。而晚上，我从未在 2 点之前睡觉。昨晚回来时我昏头涨脑，感冒严重，但你的信给我带来了多大的惊喜啊！我多么盼望能收到你的来信啊，但走廊里、卧室里什么都没有。就在我不再抱有希望时，沃维突然在我睡下时告诉我说床头柜上有

---

① 巴西亚诺亲王夫人(1880—1963)，原名玛格丽特·夏邦。这位美国资助者(1924 年至 1932 年，她为与瓦莱里、法尔格和拉尔博共同创办的《商界》杂志提供资金)曾嫁给一位罗马作曲家。她是李斯特(唐·罗弗雷多·卡塔尼)的教女。后者为巴西亚诺亲王，后成为塞尔莫内塔公爵。

你的一封信。我高兴坏了。

哦,宝贝,我多么想去巴黎啊,多么想在最近晴朗的天气里和你一起散步。秋季的巴黎一定很美!哎,我会有机会和你一起散步吗?我不这么认为,因此回来时也就没有坚持要从巴黎走。我肯定只会有一天的时间;想到与你近在咫尺却不能相见,我会发疯的。但我何时会去巴黎呢?对此我还是一无所知……

布鲁塞尔没有给我留下深刻的印象。确实,在车上是看不到什么的,但仅有的几次乘坐电车出行让我感到非常厌烦。实际上,我喜欢的只有气势恢宏的"大广场",还有圣古都勒教堂和树林。这里有漂亮的商店。它应该是个很怡人的城市,是骑马的理想之地。我看到了漂亮的房子;我还看到了——当然是过于迅速了——鲁汶、根特、安维尔、布鲁日和奥斯坦德。看到亲爱的布鲁日,我非常高兴(我想,你还记得我墙上的风景画吧)。多么可爱的城市啊!我真想沿着河流或在两边坐落着奇特的狭小房屋、风景秀丽的小道上四处奔跑。似乎还有一家博物馆了收藏了范·艾克的出色作品,但我只看了梅姆林作品的小展厅,因为还得去看就在25公里之外的大海。我飞快地穿过可怕的奥斯坦德,然后与"男孩"奔跑在寂静的沙丘间。我们乐疯了。我喜爱大海,真想在这片沙滩上打滚……

周六

我要赶紧把这封信以快件寄出,这样周日你就能收到了。快点回信给我。既然已经结束了可怕的工作,你就应该追回这段失去的时间。最近我很少收到你的信。把《时尚》也寄给我,那就太好了。我急切地想要自己去买,但我更希望由你来送给我。拥吻你。

宝贝

我原先以为自己的节日是1月17日。我的日历显示,10月27日是圣-弗……(字迹不清)

115. (1934年11月8日)周三
巴尔蒂斯致信安托瓦内特

宝贝,终于收到你的信了!

我原以为你把我忘了。我很喜欢你对这次旅行的精彩描述。啊,确实应该追回失去的时间,我们将非常非常频繁地写信——至少我是这样。

我把早就准备好的《时尚》寄给你,还有最近一期的《新法兰西评论》,上面有几篇关于这次演出的文章,还有一篇专门介绍安娜贝拉和我的文章(我为你做了记号,以便查找①)。作者坚定地站在我这一边,抨击了新闻界普遍对我所持的态度。我很高兴,因为这份支持来自于一个我敬仰和喜爱的人。你会在《时尚》上看到我的两幅布景设计图。刊登服装设计图并非我愿,它们画得匆忙而粗陋,但将其与我的竞争对手的图样放在一起看还是挺有趣的。她可是画得很认真的。她的图更"漂亮"些,但一向自命不凡的我还是更喜欢自己的设计。原谅我吧,但我觉得自己的设计更阳刚粗犷。尽管如果我有自由发挥的空间,效果会完全不同,但它们还是显露了某种才气。既然已经好好自我吹捧了一番(因为其他人没有赞扬我),现在我就要开始另外的话题了。

你的日历不对头。我猜不出你信中提到的那个圣者的名字,不知道10月27日他为何而来。不,这天就是圣-安托瓦内特节。1月17日是圣-安托万-德-拉-泰巴伊德节(他是欲望之神——也许正因为如此,你才想让他充当你的守护圣人)。10月27日! 你知道吗,宝贝,真是惊人的巧合,一年前的这一天,在漫长的沉默后,你终于让我收到了你的"第一封"来信。从此,对我而言,这就成了神圣的一天。一年了! 天哪,时间过得真快,我似乎刚刚离开你一两个星期。

---

① 指《安娜贝拉在香榭丽舍的剧院》一文(见《新法兰西评论》第254期及1980年伽利玛出版社出版的《全集二》)。

我满怀感动地想起去年与你重逢的那个无比甜蜜的冬季。不过,也许现在我更平静(但愿我能把这个词用在自己身上!),因为我认为已经可以确信再也没有什么能把最亲爱的小妹妹从我这里夺走……

但我不喜欢、不敢展望未来。对于一个年轻人而言,这很悲哀。我希望能留住现在,尽管痛苦难熬,经常陷入对过去的回忆中。迄今为止,我的生活是多不寻常啊!至少没有麻木不仁,对事物有强烈的感受:我曾徜徉在最纯净的幸福巅峰,虽不经常,但有时的确如此;我也曾坠入痛苦的深渊,谁都没经历过比这更剧烈的起落。我无法适应,开始莫名地头晕,害怕过山车!宝贝,我感到多么厌恶和焦躁啊!

我有那么多重要且必要的东西要抒发;我必须斗争,仅仅是为了争取工作的机会——我的意思是"表达"的机会。多么浪费时间和精力!我总是惶恐不安地怀疑自己是否能及时实现目标。我几乎不见任何人;现在,所有人都让我心烦意乱。我重新开始了《呼啸山庄》的插图工作(我想已经跟你说过了);目前,我抓住泉涌的灵感,几乎是日夜不停地画,我希望能在其中表达很多很多东西:温柔,对童年的怀念,梦想,爱情,死亡,残酷,罪恶,暴力,仇恨的呐喊,嘶吼,以及泪水!所有这一切,这埋藏在我们内心深处的一切,人类褪去怯懦虚伪的厚重外衣后暴露出来的一切本质要素!一幅集中表现尚懂得如何成长的人类之特性的画卷——此即本书意义之所在。啊,我希望以此来实现某些真正重要的并具有实际意义的东西。我已向几个人展示过目前的成果——不,小心,我正变得狂妄自大,正变得狂妄自大。也许正是缺乏谦逊才导致了我的不幸——但另一方面,如果不骄傲,我还能用什么来掩饰呢?上帝知道我是如何挣扎在令人惶恐的极度笨拙甚至是才华殆尽的痛苦中。有时我没日没夜地乱涂乱画,热泪盈眶,笔下却只有幼稚拙劣的线条!也许,那位在文章中说我眼高手低等等的先生是对的。然而,突然间,我又能做到畅快淋漓地以理想的形式准确地进行自我表达了。不过这些只是结果,经历过地狱般的煎熬才获得的、将直面世人的结果。而那些拙劣的涂鸦与失败之处，没有人会看到。这样看来，那位先生错了。没有人知道我对自己残忍的苛求，以及每天无数次遭受的猛烈抨击。

不过，目前，这项艰难的工作进展相当顺利，也就是说，我每周差不多能完成两幅（或三幅）。如果继续这样顺利进行，我将于圣诞节完工，但我几乎不敢相信这一点。与此同时，我还得为巴西亚诺亲王夫人的女儿蕾莉亚·卡塔尼画像。这事我也跟你说过了。现在我有点为此烦心。目前，我感到没有能力同时处理好几件事。不过，说到底，我还是得画，这也许对我有帮助，而且人家是预约好了的。

可怜的宝贝，我对自己谈论得太多太多了。我非常担心这封信会让你感到极度无聊。可是，除了你，我又能向谁诉说呢？还能跟罗比说，和你们俩个亲爱的天使说，就像我们过去在一起时一样。但对你推心置腹，我感到那么满足，还有安全！

看了你的信，我认为你将在布鲁塞尔住下来。我悲伤得无以复加，因为我曾多么希望你会定居巴黎啊。得知你离我那么近、可以去看你，本应是莫大的安慰啊！不过，我还是愿你能喜欢布鲁塞尔，希望你在那儿过得好。天知道我们什么时候才会再见面。

快点，快点写信给我吧，我的小妹妹，给我写长长的信！我最近也很少收到你的信。

巴

别忘了你承诺过不再给别人看我的信。

罗比从意大利回来了吗？

116. （1934年11月18日）周日

宝贝，自从收到你的信①，五天又过去了。我曾想立即给你回信

---

① 这封信没有找到。

的！我的时间都花在了目前正在进行的画像以及《呼啸山庄》上。一个星期以来，人们试图将我从离群索居中拯救出来，他们来看我，邀请我，约我。于是，拒绝了三十六次以后，第三十七次就必须接受了。这些就是恢复工作后面对的头一拨骚扰。很难有清静的时候，我竭力控制自己，尽量避免无礼。于是，有一天，同一个晚上有两拨不同的人请我吃饭，最后我去了餐馆。所有这一切让我到今天才给你写信，也让我也许要一个星期以后才能收到你的信！

哦，宝贝，看到你信中提及梅吉·罗夫的设计，我简直惊讶得难以形容！在翻看买了好几个星期的《时尚》杂志时，我偶然发现了这条裙子，并惊呼"就是它，这是为宝贝而设计的！"后来，把这期杂志寄给你时，我完全忘了提醒你注意它。你能明白吧，现在，看到你在众多款式中挑出这一条，我感到多么震惊！你将多么美丽啊，宝贝，你将多么美丽啊，而我却见不到你！

不，我得承认，我的书没签合同。不过目前情况下，这并不十分重要。首先，合同不再有任何价值，没人把它们当回事。其次，如果这家出版社不干了，我轻易就能找到另一家。最后，无论出版与否，重要的是这将最终了却我的一桩夙愿——事实上，我做这件事是为了自己，更是为了另一个我无需告诉你名字的人。总之，宝贝，我已经完成了第一部分，童年。我仍期望能在圣诞前完成。我终于找到了正确的表达方式（这一想法由来已久），它已经十分令人安心了。

昨天，格勒诺布尔（司汤达的故乡）美术馆馆长来访。这是个矮矮胖胖，十分亲切的人，有着过人的机智与敏锐，典型的司汤达式的人。他万分遗憾不能收藏一幅我的大型画作，因为对于一个外省美术馆来说（尽管他让其成为了法国唯一一家现代美术馆），它们太"可怕"了。我给他看了为《呼啸山庄》画的插图，他深感震撼。最后，你能想象吗，他竟然想把你的小画像收藏到他的美术馆里。他极其迷恋这幅画，甚至给我开出了诱人的价格。我告诉他，除非死去，否则我是不会离弃这幅画的。说完这些，我们就如同两个情敌一般告别了——当然,我们对彼此充满了敬意,但仍然像是两个情敌。

宝贝,我亲爱的小姑娘,你没有权利去害怕未来。对你而言,生活将永远美好,命运永远不敢背弃你!啊,你必须懂得坚持做自己,必须懂得避开某些困难,远离可怕幼稚的世界,但你那纯真美好、四处洋溢的笑声将伴随着你成长。那些吸引你、令你无法抵御的种种事由其实正是由你在本能驱使下选择的道路决定的。但我希望,全心全意地希望这一本能是正确的。不知为何,我坚信我的思念,我的柔情以及永远都会想着你的心灵与魂魄将在远方保护你免受任何伤害。

再见,我的小妹妹,尽可能多地给我写信吧。下周一开始我很有可能还会写信给你的。

替我拥吻罗比。

117.(1934年11月23日)周四
安托瓦内特致信巴尔蒂斯

我曾盼望昨天或今天能收到你的信,因为你原本打算这周一开始还要写信来的。但你总是那么忙,我可怜的宝贝,因此得由我来更多地写信给你。但最近我有点萎靡不振的,我甚至鼓不起勇气给你写信。幸好我还有机会去骑马,现在这是唯一能让我快乐的事了……

我很自豪那名美术馆馆长愿意不惜一切代价得到我的小画像。我把这事告诉了罗比;我们不明白为何当你拒绝把画卖给他时他会生气。人们永远都有权利拒绝出售一幅画,更别说是一幅肖像画了。为何你不告诉他你可以为他的美术馆创作一幅不那么"可怕"的画?我很清楚不能这样应约作画,但你还是不要只创作如此巨大、"如此可怕"的画吧。这样著名的美术馆里还是应该有你的一幅作品!

我开始读《亨利·勃吕拉传》①了。它让我着迷。昨天,我还借了(在帕约图书馆,很方便)朱利安·格林的《残骸》。我对他很感兴趣,因为你曾跟我提起过。我很喜欢他的风格,他的剖析,他的描述,但又觉得这部作品缺乏起伏,是否有点过于造作、过于平淡了?

周五

昨晚没写完就睡着了。我要赶紧把这封短信寄出去,你应该等急了吧;但我还想请你帮个忙:去年我在"时尚花园"订购了一些安哥拉羊毛,准备织件套头毛衣,但后来毛线不够了。我准备再买些时,同一型号的已经没有那种颜色了。我被告知说染匠永远无法做到将两批安哥拉羊毛染出同一颜色来。但要是你能去一两家毛线店看看的话……这是个挺烦人的请求,不用说你也知道这根本不是什么急事。

米勒牌安哥拉羊毛,浅灰褐色,型号 754,4.5 法郎每卷(10 克)。

我需要三卷。拥吻你。

宝贝

周日或周一我还会写信给你,但你也要给我写啊!

118. (1934 年 11 月 25 日)周六晚
巴尔蒂斯致信安托瓦内特

我最亲爱的小姑娘,中午收到你的信,下午 2 点我就急匆匆地赶去"时尚花园"了。我多么乐于为你效劳啊,满脑子都是我们在伯尔尼购物的愉快回忆,但我一无所获地回来了。周六下午不开门,我周一再去。

---

① 《亨利·勃吕拉传》,司汤达的自传代表作(死后出版)。

今晚我要快点写,免得又拖太长时间。这个星期真是累坏了!

告诉我,宝贝,为何从比利时回来后,你的来信总是好像流露出一种淡淡的忧郁,一种隐隐的伤感?是我的错觉吗——我不这么认为。我那欢快活泼的小妹妹到哪儿去了?你说自己有点儿"萎靡不振",你有烦心事吗?我多想为你做点什么;有必要的话,我多么愿意帮助你啊。你要我寄些书来吗?你有什么具体的愿望吗?别忘了,还有我,你的大哥哥,你的朋友,对他来说,你就是一切。

继续读那本精彩绝伦、睿智超群的《亨利·勃吕拉》,把朱利安·格林蹩脚的书扔进火堆(或者还是还给图书馆吧)。宝贝,我非常欣赏你一针见血的敏锐:看了开头你就发现了它的造作,还有平淡!八九年前,朱利安·格林曾写过十分出色的作品,如《阿德里安娜·美叙拉》《大地上的旅行者》和《西内尔山》。至少我曾经很喜欢这些作品。由于后来没有重读过,所以只能保留这种印象。他最近的小说令我惊骇。那些人物不再血气方刚,而是充满了矫揉造作的无病呻吟,令我发笑。这一切不过是耍弄技巧罢了。啊,如今的法国文学就是一片广袤的荒漠,我在其中没有发现任何亮点。最好还是读读汉姆生之类的。至于我,在少得可怜的闲暇时间里,我就读读狄更斯的一部精彩小说——我记得也是他近期作品之一——《远大前程》,或者诗歌,或者卢梭,拜伦,雪莱,以及波德莱尔的《敞开心扉》[①]。

最近我不得不老是出去。我费了很大劲试图集中精神工作。这需要清晰有序的思路,但不幸的是我的脑中一片混乱。于是我重新回归人群,仍是一脸阴郁。有时我甚至挺乐在其中的,我乐于推翻他们的一切偶像,诋毁他们,侮辱或谩骂每一个人,嘲笑他们赞赏的对象,竭力维护被他们愚蠢攻击的一切事物。我尤其憎恶那些女人,那些极度愚蠢可笑、随意发表看法的女士们——她们对什么都有看法。和这些人在一起时,内心的反感让不善言辞的我变得巧舌如簧。她

[①] 即《私人日记》的第二部分——译注。

们被我巧妙的思维牵着鼻子走,晕头转向。然后我便丢下她们,任她们去闲聊,嘟哝。而我,置身于这群荒唐可笑、耽于享乐的人中间,通常都是躲在角落里一言不发。不管怎样,我享受着自己的独立与自由。我对他们没有任何祈求。如果看不惯我,他们就不会以见到我为荣了。我没有去找他们,是他们叫我来的。你能想象吗,宝贝,怪事发生了:一段时间以来,我接到了大量预约画肖像的订单。真是太奇怪了!我感到极其厌恶,我没有讨好任何人,可是!也许这才算得上真正的成功……

其中,有位资助音乐家的波利尼亚克亲王夫人。我在她面前说过托斯卡尼尼(是她的朋友)和后起之秀马尔克维奇(他是沙龙里最有前途的杰出音乐家,却被我说成是毫无个性的小同性恋者,而且我还用了一个相当粗俗的黑话来形容他的缺乏个性)的坏话,但这位年迈的波利尼亚克亲王夫人却仍旧要我替她画像。

有一天,著名的阿布迪女士被带到我这儿来了。我看到一位光彩照人的美丽女士(也许就像你十二三年后的样子,因为她跟你有点像)走进我的陋室。她对我的画作惊叹不已,然后要我替她作一幅等身大小的肖像画。

除此之外,有人还建议我接下一个项目,但现在我还不能说。不过,总之这一切几乎有点令人生畏。事实上,我想逃离。

而在内心深处,许许多多的画面与作品充斥进我的脑海里,大声呐喊着要面世!如何控制,如何梳理这一切?我是一个饱受外界干扰的可怜的倒霉蛋,被一群魔鬼纠缠不休!也许你会说,我应该感到高兴,至少应该满足了。可是,不。事实上,我感到极其焦虑、烦躁,仿佛被设了什么圈套。不过,这很难表达和解释清楚。另外,每当我需要充沛精力时,反倒会感到疲弱无力、身体不支。我的感觉一点都不好,我想我的神经已经相当脆弱了。我开始失眠。只要一躺在床上,尽管筋疲力尽,莫名的焦虑还是会压得我喘不过气来,无法合眼,满脑子可怕的情景让我醒着直到天亮。

宝贝,我的小宝贝,写信给我,好好写信给我,快点写信给我。我本打算今晚做巧克力的,结果烧牛奶时忘了看火,最后在锅里烧干了。

巴♥

119. (1934 年 12 月 3 日)周日
巴尔蒂斯致信罗贝尔·德·瓦泰维尔

我亲爱的小鱼儿,小鱼儿!我选择了在晚上的某个时刻,我唯一的空闲时间写信给你,因为现在的工作忙得不可开交。但我想现在就告诉你,你的书让我欣喜不已,欣喜,还有激动!这一切让我想起很多,勾起了我许多回忆。我仿佛又看到在那些一切顺利的日子里,你趴在写字台上,瘦削的背脊好像人们再熟悉不过的袋鼠一般;我仿佛又听到我们为了某事而讨论。我曾满怀激情地从精神上参与你的创作,曾全心全意地希望——但也不无担忧,我得承认——你能坚持到底,因为我知道找到一种表达方式对你而言是多么有益而重要啊。

现在,你终于实现了梦想,顺利通过了这场考验!我非常非常喜欢它,你的书!正如你所料,那天晚上,拿到这本书我一口气就读完了。各方面都极为出色,情节环环相扣,起承转合,天衣无缝。它伴随着某种十分活跃、极为精准的节奏,先是加快,形成一种紧凑的情节点,然后再放慢下来。一切都清晰有序,鞭辟入里,并且给予读者充分的想象空间!尤其打动我并令我欣喜若狂的是,你的书中流露出一种年轻而新鲜(我指的就是这些词的本意)的敏锐,无处不在,这才是最重要的,这才是尤为令我触动和感慨的地方。令我赞叹的另一点是你纯熟的技巧,它甚至令人吃惊。你的风格经过反复推敲琢磨却丝毫不令人厌倦,令我十分欣赏。唯一斗胆向你提出的小小批评就是,某些段落中你还是有点耽于技巧,我的意思是,可以说它掩盖了要表达的内容。不过,我是多么高兴看到你用此种方式来表达这样或那样的内容,或是将这样的形式赋予这样的思想!

现在,你的卓越才能得到充分证明之后,我认为你将继续创作下去,你应当文思泉涌,满脑子都是未来的作品!你应当制定计划——尽管现在你"有权利"休息一下。

你很久没给我写信了,希望很快能收到你的来信。你得告诉我你的书引起了怎样的反响,得跟我聊聊你自己,等等。

拥吻你。

巴

120. (1934年12月3日)深夜
巴尔蒂斯致信安托瓦内特

亲爱的:

我得赶快再给你写封信。今晚吃了顿无聊的晚餐,然后看了场英国电影,讲的是驯兽师与互相残杀的狮子和老虎的故事。它让我处于一种无法形容的过度亢奋状态。接着去参加了一场晚会。当我到那儿时,现场气氛似乎十分沉闷。可是,受到方才所看的狮虎的影响——它们激发了我凶残的本性——我开始发出可怖的吼叫,令所有在场者大惊失色,手足无措,脸色发白。然后我就跑了。我回到家,给罗比写了封信,为了他那本令我非常高兴和喜爱的书。现在,我还感到有必要给你写封信,哪怕只是为了告诉你,上周一我去订了你要的羊毛线,这几天你才会收到,因为他们告诉我说,从厂家出货直至送达大概需要一周时间。(要不是有一封给你的信,我不会下决心把信寄到蒙比儒斯特拉斯大街去。)

现在,我发疯般地沉浸在创作和各种各样的任务中。想想看,我新接了两幅肖像画的订单,这样同时就有三幅要画,而完成一幅至少要花去我一个月的时间。我可怜的脑袋！另外还有《呼啸山庄》！昨天我收到了你可爱的来信，但我非常非常希望很快能收到一封更长的。现在是凌晨3点，就写到这儿了。我还得去画《呼啸山庄》，因为我还想好好利用被激发出来的凶残本性。

再见，亲爱的宝贝。

巴♥

121.（1934年12月7日）圣-尼古拉节
安托瓦内特致信巴尔蒂斯

最亲爱的巴尔特里，昨晚我没有给你写信，而是被罗比拖去看了场有关非洲的电影。我也想看看狮子，但这些狮子并非如你在电影中所看到的那般凶残，而是悠然地在丛林中散步，甚至看到摄像机就逃跑了……从信中得知你又发出了骇人的吼叫，我的脸也白了。那些可怜的人肯定被你吓坏了！

罗比去看了《隐身人》，回来时对你满肚子怨气，说什么这片子非常愚蠢、荒唐等等。早就该料到如此，罗比根本不喜欢这类美国科幻片。

给你寄去一篇对罗比的书赞誉有加的评论文章，我想你会感兴趣的。我为罗比感到高兴。我曾那么担心他，不知道他的路该怎么走，而且那时他的精神状态很差。而现在，他春风得意，甚至交游甚广。你能想象吗，他每天晚上都出去。他已经开始写新书了，仍是同类的小说，但这次是以这里的人、游泳俱乐部的小鱼儿们等为原型。他甚至为封面找好了图片，一座非常优美的年轻游泳者的雕像，但我逗他说这样弄得极像同性恋。

而你，我最最亲爱的小兄弟，我担心你过于操劳、体力不支。现在你同时开始画三幅肖像，这真是疯了……

你能想象吗,在巴勒街马术学校以北一栋正在建造的房子里,爸爸替我租了一个带有四间卧室的公寓,时间是从5月1日开始,不知你是否清楚在哪儿。那儿应该很美,群山尽收眼底。从许多方面来看,它会比这里好,但我还是会怀念"卡非格",怀念我的房间,我所有的回忆……

我曾答应你还要说说《凯西的梳妆》。谈论这个话题让我感到十分痛苦。它让我饱受折磨。为了我,求求你别生气——这幅我喜爱的、急切想看到的作品,要是你能将它摆在隐蔽一点儿的地方,那我就能说,你并未让它在你的工作室里暴露于众目睽睽之下了。这是考虑到世俗的原因,你必须学会理解。

我等着你写一封长信来。拥吻你。

宝贝

122. (1934年12月19日)周三晚
巴尔蒂斯致信安托瓦内特

宝贝,最亲爱的小宝贝,如果你知道我有多么劳累、烦躁、恼怒,你就会立刻原谅我不可思议地这么久没有音讯——不过,在此期间,我也不比你好受;因为,对我而言,还有什么比给你写信、写长长的信从而感到你仿佛就在身边更美好的事吗?但最近我吃不消了,谁都不愿理解我。我已极度疲劳,无法工作,无法思考,没有感觉,活不下去了。没有人能理解,我必须见人,必须听别人给我推荐工作,必须继续干活。我的脑袋转不动了。我做了那么多徒劳无益的事,因为也许我得不到任何好处。说穿了,我糊里糊涂地上当受骗了。

因此,我怎么能在如此糟糕的状态下给你写信呢。我只想骂人。我丧失了这深刻的、发自内心的快乐,给你写信的快乐。生气?生你的气吗,宝贝?上帝啊,为何我要对自己唯一的快乐源泉生气呢?

总之,我之所以拼命挣扎在这肮脏的泥淖中,完全是为了能获得一点荣耀献给你,你难道不知道吗?

我累极了,今晚无法一一回应你来信中提到的许多事。但关于我的那幅画,希望你放心。我很少很少给别人看我的画,而那一幅更是从来没有过。不过这样做并不是因为考虑到你所说的世俗原因。下次我再详细跟你讨论这个问题。

好了,小妹妹,我现在必须停笔了,因为我累死了。不过周五或周六上午11点左右我会打电话给你。

再见,亲爱的宝贝。

巴♥

是的,斯坦普夫里一家在伯尔尼过圣诞节。

124. (1934年12月21日,快信)①周五

亲爱的宝贝,这通电话打得多么不可思议啊,不断受到干扰,可怕的铃声时时响起——这是非常确切的总结,我发誓!

不过,我希望能休息几天,并与两位最亲密的朋友像过去一样平静温馨地共度圣诞节。我感到自己正遭受无尽的猜疑!另外,我天真地希望这会是一个惊喜!!我现在变得不受欢迎,似乎再也没有一个地方可以让我疲惫的头脑与心灵得到休憩。我会再次失望吗?我焦急地等待着你的来信,明天之前我都将如同身处地狱一般。

巴

---

① 原稿里就没有123号信——译注。

125. (1934年12月21日,快信)周五
安托瓦内特致信巴尔蒂斯

亲爱的巴尔特里,周日我会等着你!你来这儿过节给我带来了莫大的惊喜!我原先真的压根儿不明白你为何音讯全无。然后你中午出人意料地打来电话,让我的脑子乱成一团。我简直无法相信两天后就要见到你了!

我在金家里给你写信,我刚和他喝完咖啡回来。他要我告诉你他将很高兴能见到你……不巧的是,我昨天刚把圣诞礼物寄出去,好让你周一能收到。叫门房帮你保管着。

遗憾的是现在没有雪了。要是能和你一起滑雪我会很高兴的。

宝贝

126. (1934年12月22日,快信)周六
巴尔蒂斯致信安托瓦内特

哦,宝贝,我真是大大松了一口气。我非常高兴能再见到你和罗比!

我明天即周日早上7点35分出发,5点左右到达伯尔尼。你愿意来火车站接我吗?你有时间吗?你也许可以去打听下准确的时间,因为法国和瑞士的时差让人完全糊涂了。另外,能否请你帮我在萨瓦订个房间?

明天见!

巴

第八章 *1935·1—4*

127. (1935年)1月2日,周三

宝贝,那几天是多么快乐啊,尽管刚开始暴风雨差点袭来。再次在一起是多么美好啊!!那天,我看着你装扮圣诞树,时光仿佛倒退了十七年。现在,我觉得就像做了个过于美妙的梦……

宝贝,那烟斗——上帝啊——多么精美啊,就像一首诗。我整天吸着席帕烟,沉浸在美好的回忆中!不过,可怜的小姑娘,你一定是倾其所有才给我买下了这个贵重礼物。让我全心全意地吻你,小卷心菜(为何这种蔬菜成为了一种昵称呢?)。回来时我拿到了一份请柬,邀我去吃一顿所谓"十足巴黎式"的午餐;还有好几份晚餐邀请。我去赴了午宴,试图借酒消愁,结果到下午5点时就已烂醉如泥,于是一直睡到第二天早上。我没能迎接新年的到来。

昨天,新年第一天,我就想给你写信。可是信纸用完了,商店又关门,买不到。所以尽管坐立不安,我还是不得不等到今天。不过今天就没那么郑重了。昨天整个白天,还有夜里,我都在思考,思考。

是的,宝贝,这次离开你时没有以往那般伤感。也许是我的错觉。但在你令人不安的游移态度下,我却似乎前所未有地强烈感受到我们之间永恒不变的纽带。我不知道是什么样的纽带,我无法命

名,因为在我看来,任何名称都将歪曲它神秘的面目,奇特的本质。不过,即便得知在我写下这些话的同时你正背弃我,我也不会感到丝毫惊异。这就是为何我还想再次重复圣诞节早上对你说过的话。我已经放弃了幸福,它已与我无关。我请求你理解并感受这一点。不过,想到你可能会陷入不幸,我便完全无法接受。面对生活,你还没有做好准备,我可怜的小姑娘。是否做决定,完全取决于你软弱的性格和极其薄弱的意志。你不懂得什么是生活,你想象不出它有多阴险、恶毒、可怕——即便戴着微笑友好的面具;你不知道必须经过怎样的斗争与计谋才能摆脱它的桎梏与摧残。啊,是的,它也欺压女人,尤其是女人,尤其是弱者,它是极其怯懦的。而你却打算手无寸铁、赤手空拳地去与它交战!我越想越担忧,因为我仿佛看到你正蒙住双眼向悬崖奔去——毫无新意的描述,但却极为准确而恰当。我绝对有义务(这是罗比对我说的)拼尽全力提醒你。谁都别来跟我提"心怀鬼胎",因为我安详的内心犹如摩洛哥清晨的天空那般纯净。

因此,我觉得,如果我能实现自己的计划——请相信,如果是为了你而做某件事,就一定能成功——那才是最有效、最实际的解决办法。我希望你在某些现实面前变得坚强起来。你必须学习一下如何判别各种人和事,必须明确一切态度,最重要的是必须让自己变得睿智而充满魅力,最后还必须找到属于自己的生活方式,而这种方式和生活必须有益于你。我认为这才是拯救之道。我将是你的兄弟,你忠实的朋友,我将照看你,非常严密地照看,我先告诉你。这样,我相信你将进步斐然。不过,只要你还愿意,随时都可以嫁给那个态度无可挑剔、极其正派的男人。我想你不会再是他怀里可怜的小木偶了——或许仍然是,但我没有任何资格来妄加评论了。

我认为无需提醒你这一点:如果你提起这一切,那就好比在我背后捅一刀了。

我想你对我是有信心的,对吗,宝贝?我也希望你能感受到字里行间颤抖着的爱,这份爱让我写下了这些文字。这并非通常意义上的爱,而是广义上的爱,最纯净、最美好的爱。

宝贝,我的小妹妹,我伸出双臂想要保护你免受任何苦痛。

巴 ♥

你猜出公寓那个让人心烦的谜语了吗?

128. (1935年1月3日)
安托瓦内特致信巴尔蒂斯

亲爱的巴尔特里,我焦急地等待着你的来信。你顺利到达了吗?我希望你别过于厌恶巴黎,尤其是别太沮丧了。快点告诉我有没有收到圣诞礼物。没有的话我就要去邮局报失了。幸好我寄的是挂号。

拥吻你。

宝贝

129. (1935年)1月6日,周日
巴尔蒂斯致信安托瓦内特

宝贝,我多么希望今天能收到你的来信啊,我甚至已经把握十足了——可是今天早上,什么都没有!这足以令我惶恐不安了。也许只是无意间被稍稍耽搁了,但你要知道,我对什么都没有信心了,这不是我的错。

你的小卡片让我满心喜悦……

我会等到明天。

巴

130. (1935年1月7日)周一中午
安托瓦内特致信巴尔蒂斯

宝贝,多么令人失望啊!本来,我满心欢喜地想象你将在自己节日的当天早上收到我的一封长信。结果,愚蠢的邮局与我们开了个玩笑。我很抱歉。如果你收到了就赶快回信给我,求求你。信件丢失总让我忧心不安。我会给你写信的,我已经开始动笔了,我会告诉你昨天发生的一切和我的所有苦恼。没有你,我茫然若失,我只能大喊"救命"。简而言之,爸爸跟我说——态度还是和蔼的——我绝对不能再拒绝金了;罗比也突然表示同意。金不仅要我嫁给他,还要我爱他。我不能仅仅为了让父母高兴、为了挽回自己的名誉就嫁给他。最后我向他保证自己会老实正派的(!),但我不知道自己能否做到,我不太清楚如何才能做到。你可能会觉得在明信片上写这些挺奇怪的①,但我禁不住想要把发生的事情立即告诉你。我希望最亲爱的哥哥能了解我的所有想法,我把希望全部寄托在你身上。

拥吻你

宝贝

131. (1935年1月9日,快信)周二晚
巴尔蒂斯致信安托瓦内特

宝贝,亲爱的宝贝,可怜的小妹妹,你不知道,你的悲叹让我多么震颤,它深深地打动了我的心。我立即给罗比写了信。我不知他怎么了。难道这个世界上再没有可以信赖的人了吗?

是的,小宝贝,我会帮助你,我会来拯救你;但只有在你的帮助下

---

① 这张明信片(伯尔尼雪景)仍是装在信封里寄出的。

我才能做到这一点。我只能寄希望于你,否则我的态度就会变得错误、可疑,"心怀鬼胎"。因此,我请求你——只此一回——要坚强、勇敢。可以这样要求你吗?而且你尽可坦坦荡荡、光明磊落地去做,因为这不是为了我而是为了你自己好才必须有所行动的。

我认为,是你一直以来的犹豫不决令罗比改变了态度。我相信,如果看到你的坚定与决心,他会立即支持你的。你是独立的,宝贝,别人不能逼你做任何事。我们生活在20世纪。它的唯一好处就在于,从21岁起一个人就可以自由地支配自己,如果他有这个能力的话。

因此,不要再受命运和他人意志的摆布。目前,我的计划得到了贵人相助。有两个人在关照我,一个是阿布迪女士,另外还有一个威望颇高的人全力支持我,他的太太为多家服装店工作。等朗凡①的女儿玛丽·贝尔特·德·波利尼亚克回来(目前不在巴黎)后我也要跟她聊聊。现在可以说成功在望,但我希望能多点机会,以做出最佳选择。因此,再一次地,一切都取决于你,取决于你的表现。

和罗比再认认真真、心平气和地谈一谈。我认为他不可能不站在你一边。显然,结婚对你而言还为时过早。你首先需要的是学习几年。我不知道你对金承诺的"老实正派"是什么意思。一个"正常"的,已经达到一定成熟度的年轻女子应该能做到简要而平静地告诉他自己更希望再等等。说这些话时态度要友好而自信。他应该会理解的。然而,你只是个可怜的小姑娘,到头来只会受到斥责,因为你的话总像是心血来潮,而不是深思熟虑的结果。这样,尽管心有不甘,你还是被控制住了。你所有的反应、你所有恢复镇定的表现都带着孩子气。宝贝,宝贝,难道你看不出这样导致的后果吗?看到你如此发展下去,我会发出惊恐的喊叫。如果你愿意,如果你认为我的出现将有所帮助,我可以去伯尔尼待一天,和罗比谈谈。

---

① 朗凡(Lanvin),法国著名高级时装品牌,于1889年由让娜·朗凡女士创立——译注。

无论如何,我的小妹妹,勇敢点! 有我在呢,我不会背弃你的。需要我时就给我打电话。除罗比外,千万别把我的计划告诉任何人。

再见,宝贝,别干傻事,要对我有信心。

温柔地拥吻你

巴 ♥

你的快信还没到。真可怕。

132. (1935年1月11日)周五晚
安托瓦内特致信巴尔蒂斯

最亲爱的巴尔特里,这么快就写信来安慰我,还用快件寄出,你真好。你知道吗,自从周一上午在电话里听到你的声音,自从你告诉我很有希望在巴黎帮我找个工作后,我的心情又好起来了。但我得承认,我不知道如何得到爸爸的同意,他们永远不会让我去巴黎的。那我怎么解决钱的问题呢? 爸爸那边让我感到十分头疼。那天,他对我说,他是多么担心我,说尽管于比愚蠢地结了婚,但他的事业却或多或少地稳定下来了;说总有一天当罗比坚持不下去时,他也将不得不解决这个问题;说越来越难伺候的妈妈肯定会让我茫然失措的。可怜的爸爸,我多么想让他高兴地看到我结婚、得到全面的呵护啊。实际上,我之所以犹豫不决,是因为我知道,在伯尔尼我没法不结婚。我向来对他人的议论不屑一顾,现在我受到了严酷惩罚。我并没有变,但实际上——其实,正因为如此,父母甚至罗比才希望我能嫁给金,哪怕这段婚姻只能维持几年。

罗比在萨那默泽,我周末将去与他会合。我会把你的信给他。我非常开心。天气很好,我喜欢这凛冽刺骨的寒冷。伯尔尼终于下雪了,与你明信片上的景象一样。

拥吻你,我的小宝贝。快点写信给我!

宝贝

133. (1935年1月19日)周四晚

亲爱的巴尔特里,我焦急地等着你的来信。周一晚上我从萨那默泽回来了。从那天起,每看到邮差我都希望是你的信来了;但你一定很忙,可怜的宝贝。可恶的人们老是向你提出各种要求,以至于你甚至都没时间给你伯尔尼忧郁沮丧的小妹妹写信。我在萨那默泽度过了一个平静、非常有夫妻气氛的周末。虽然住在世界上最不堪且几乎空荡荡的旅馆里,但我可以滑雪,所以很快乐。你不知道我多喜欢滑雪,真是太美妙了。我已经在盼望二月的到来,到时我会出去玩半个月。我原打算和一个女朋友一起租个木屋;因为很便宜,可以待上一两个月,但遗憾的是这事没成。现在,如果能去滑半个月雪,我就应该很幸福了。我早就做起了美梦,我曾想也许你也会去木屋。我仿佛看到我们在令人眼花缭乱地俯冲,一起做各种惊险动作。现在一切成了泡影。没有木屋,你今年也不能滑雪;明年一定要弥补回来。我多想和你一起滑雪啊。你会发现,我在山上像变了个人,突然活跃起来,精力充沛。2月11日左右出门半个月,这就是我唯一明确的下一步计划。其他的,我完全寄希望于你,我把一切交给你了。

周五晚

我要向你坦白,我瞥了一眼你给罗比的信。他正在参加一个晚会;我偶然进了他的房间,在写字台上看到了这封信(不过把信这样摊开放实在不是明智之举)。怀着一点儿内疚,我把它飞快地扫了一遍。不过因为知道信中提到了我,并且你在我面前没有任何秘密,我才这么做的。你真好,立即就写信来劝他。为了我,你是多么不遗余力啊！我把信带到萨那默泽给他。我想他不满我和金一起来度周末，他已经开始对我板起脸了（有时他真是一副臭脾气）。但金非要他晚上与我们待一会儿，免得老是俩人独处，尴尬面对。另外，我不明白为何因为罗比在这儿，我就该放弃到山里待两天的机会。如果大家都说我们是未婚夫妻，那我至少希望能因此而得到一样好处。我想罗比为我仍每天与金见面而感到很生气。但正如我跟你说的，我没有任何理由突然就不见他；而且尽管时有争吵，我还是不愿与这个三年来对我有情有义的男人闹僵。我绝对不能这么做，我想罗比不能理解。他说我在生活中永远都闲不下来，但我还从未有机会证明我可以——只要我真心愿意。既然你会帮助我，我对未来就毫无畏惧了。

周六

我原指望中午能收到你的信，我依然盼着晚上能收到。一个星期没有你的音讯，时间过得多么漫长啊！你后来收到那封离奇失踪的快信了吗？还有我最近的一封信，上周六你应该能收到的。我开始忐忑不安起来，我不知道为何我们的信总是会丢失。

一有空就写信给我。拥吻你

宝贝

134. （1935 年 1 月 23 日）周二晚
巴尔蒂斯致信安托瓦内特

亲爱的宝贝，十天前收到你的信时我正病得厉害，过了两天才能读信，因此拖到现在才回信。我得了严重的痢疾，又一次差点断气。不是开玩笑。我的心脏曾停止跳动；48 小时内，他们给我注射了好些樟脑。最后，自周五起，我就起床了，手头有一大堆工作，我得把浪费的时间追回来。但当时还相当虚弱，脾脏（字迹不清）疼得厉害。

这真的一点不好玩。从伯尔尼回来时我还挺好的。

昨天上午收到你的信我是多么高兴啊,而前一封信的奇怪言论却让我完全摸不着头脑(爸爸,对别人的嘲讽不屑一顾等)。从我的角度来讲,我非常理解你为何还要继续与金见面。突然断绝来往不仅在我看来无济于事,而且从人性的角度来看也是不现实的。我希望你想清楚自己到底要什么——如果你做了决定,但愿它不是出于一时冲动,而是深思熟虑的结果。这才是最重要的。我只能一再强调:一切都取决于你的表现。那天,我收到了罗比的信,一封对你而言极其严厉的信,语气非常愤慨。他明确告诉我说他绝对没有改变立场,但出发前夜的那场讨论使他认为,不管怎样,结婚也许是最好的解决办法,尽管这场婚姻同样一直让他感到厌恶。他不断地谴责你,包括指责你没有尽力重新安排自己的生活,没有勇气公开谈论你的计划,没有魄力结束这段"不幸的故事"。他问我,这样你如何能顺利通过在他应该鼓励你前进下去的那条道路上等待着你的考验(原话基本如此)。最后,他见不得你出去吃饭,与金共度周末,明知不可为而为之。最后这一观点让我震惊,因为十天前收到你的信时我也是这么想的。不是因为出去吃饭和度周末,而是因为信中反映出来的问题,即对信中所描绘的生活毫无现实认识。你告诉我说,在电话里听到我的声音并得知很有希望时,你就不再绝望了,不过他们是永远不可能让你来巴黎的,还有可怜的爸爸,你多希望能满足他看到你出嫁的愿望!另外那些尖酸刻薄的人,他们会怎么说呢。那么,结论就是:结婚吧,宁愿不幸,也不能让别人笑话或是让爸爸伤心!

显然,宝贝,如果你是这么想的,如果你有如此愚蠢的念头,那罗比就是完全正确的,而我也将把你丢给命运不管了。说真的,宝贝,尽管病得厉害,但在读完这封信后,我还是愤怒了,陷入了彻底的绝望。幸好昨天收到的那封信让我放下心来。可是你明白吗,罗比现在的反应全要归咎于你的错误。继续与金见面,这是十分正常的,这点我已告诉过你。但在我离开后,你应该跟罗比解释自己的行为,免得他将你的外在表现作为判断的依据。只要你感到有把握,只要你做出切实认真的决断,也许一切就将简单得像说声"你好"(或者"再见")。尤其是再也不要写信来告诉我说你之所以犹豫不决,是因为如果不结婚你就"没法"在伯尔尼待下去——这样的傻念头会让我发出怒吼!

哦,宝贝,我厌倦了充当幼儿园的学监。我根本不适合干这事。因此,我请求你尽量懂事一点儿。我已经开始因为你而长出白头发了。我这边已尽其所能地做好了一切准备。三月份我会去伯尔尼待几天,试着安排好后面的事。滑雪,哎,我要很长时间不能玩了;马也不能骑,医生严禁我这么干。快点写信来,我需要知道你在想什么(游泳池?)。我必须掌握你的思想动态。

再见,亲爱的宝贝,让我操碎了心的可恶的小妹妹。拥吻你。

猫王,巴♥

135. (1935 年 1 月 26 日)周五晚
安托瓦内特致信巴尔蒂斯

亲爱的巴尔特里,我多么焦急地等着你的消息啊。昨天下午吃过点心后,我忧伤地望着窗外,看到邮递员来了,简直不敢相信。自你的上一封来信后,极其漫长的半个月已经过去了。现在我收到了你结结实实的一顿责骂!我震惊了,随后又像淘气的小女孩笑了起来。你因为我而生气真的挺好玩,特别惹人喜爱。但现在轮到我来责骂你了:请你,我的小宝贝,尽力照顾好自己的身体,或者更有规律地生活,尤其是别再抽烟抽得那么凶了。对你的心脏而言,这是疯狂的行为。

至于我,前天,金告诉我事情已经定下来了,他将于三月初出发①。想到和这个已进入我的生活整整三年的男人只有不到两个月

---

① 他接受了布加勒斯特的一个职位(见第 152 号信)。

的相处时间了,我的心还是乱了。我曾如此抱有幻想。现在,我将第二次目送爱人前往遥远的国家,也许是一去不回。无论如何,我都对此感到痛心。很长一段时间里,我都曾以为自己将幸福快乐地与他一起离开,成为他的妻子……不过如果几个星期不见就让我完全忘记了他,那真的最好还是不要考虑结婚了……另外,你说的对,我是个时时都需要她的大哥哥的麻烦小女孩——尽管最近进步斐然。真的,你不必担心我一个人时又会做蠢事;我已经过了这个阶段。

我已下定决心一有机会就来巴黎。正如我对你说过的,我希望你能帮我在服装店找个工作。只是我不知道别人会怎么对待像我这样什么都不会干的小可怜。

亲爱的,半个月前的那封信惹你生气了,我很难过。我只是想表达某些担心(也许很愚蠢),因为只有跟你我才能谈论这一切。你明白的,带着这样不光彩的名声和过去来到巴黎做你的小妹妹,我感到非常羞愧。至于罗比,也许我本该立即就和他谈谈的,但我总是羞于谈论自己的事;而且,在和父母的讨论过程中我什么都不能说,因为你不让我提到我们的计划。

快点写信给我,宝贝,我很担心,我必须知道你是否好。拥吻你,我想着你。

宝贝

136. (1935年2月2日,快信)周六
巴尔蒂斯致信安托瓦内特

亲爱的宝贝,如果再不赶紧给你写信,我又得等很长时间才能动笔了。谢谢,可爱的小妹妹,谢谢你温柔体贴的来信。这么说,我对你的责骂让你发笑了?显然,这绝不是我的初衷。今天,我不会骂你了。我疲惫不堪,头昏脑胀,只剩下控制自己不给你写情书的力气了。

我有没有告诉你我接了一个剧院的新活儿?这么说,发誓不再接这类活儿的我又一次食言了。这似乎挺荒唐的——要不是导演①是我最好的朋友之一,一个我十分欣赏的人,要不是我将拥有绝对的自由,要不是整个过程的运行将弥补巴诺斯基给我带来的失败。最后,经过长时间的思想斗争,我终于再次被说动了。我们将于四月底上演雪莱的《颂西公爵》。贝阿特里斯·颂西一角将由阿布迪女士扮演,出乎所有人的意料。这是戏剧界最重要的女性角色之一,她怎么能胜任呢?我真是一点儿不明白。她似乎确实有点才华——不过,资金是她筹来的。也许,在上帝的保佑下,我们将会有出色的表现。巴黎之站后——计划如此——该剧将于旺季在伦敦上演。

所以,目前我就在这事和肖像画之间两头忙,也就是说快要累垮了,而且没有休息!我开始感到筋疲力尽,为持续的亢奋所累,为工作所累,为生活所累——对我而言,它只是一场永无休止的战斗。结果就是,我变成了真正的神经衰弱者。我越来越经常地陷入突如其来、发自内心的忧伤中,我感到真的坠入了黑暗的深渊。太可怕了。

不过,这不是错觉——我的星星正平稳地升起,升起,它不在乎我的不幸,我的烦恼和我阴郁的内心。哦,宝贝,我的小妹妹,但愿今年春暖花开时你真的能来巴黎。我不幸的生活将沐浴在怎样温暖的阳光中啊!难道你不愿用你的存在、你欢乐的生活来帮助可怜的猫王进行殊死搏斗、夺回自己的王国吗?总之,我认为自己值得你这样做。

你不能把自己看成什么都不会的无用之人——这种念头太糟糕,太卑微,也太轻率了。相反,你必须做好思想准备,你必须愿意付出努力。读到你关于"过去"与"名声"的说法,我真是忍俊不禁!可怜的小姑娘!!好了,乖一点,勇敢些,别胡思乱想了。快点给我写信。啊,不,我的情况没有好转多少。这个星期我还在发烧,真是荒唐可笑。但由于我讨厌病人、讨厌生病,于是我继续这不只我一人参

---

① 指安托南·阿尔诺,"残酷戏剧"理论家(见第94号信中的注释)。

加的工作。最后烧真的退了,就像我一直躺在床上一样。今晚我去斯坦普夫里家吃饭。再见,亲爱的,我很高兴看到你仍在等着我。

巴

137. (1935年2月4日)周一晚
安托瓦内特致信巴尔蒂斯

巴尔蒂斯,亲爱的,周日还给我寄信来,你真是太好了。昨天早上我高兴坏了。不过,如果说你因为我干的蠢事而生出了白发,那我也为你操碎了心。你怎么又想到去接一部新戏的活儿了呢!去年,你已经因为巴诺斯基那件愚蠢的、让你一无所获的事而错过了去英国度假。结果现在你又开始冒险了。我不明白阿布迪女士怎么突然会演戏剧了呢?她开始让我感到不快了。看来她真的愿意不惜一切代价成为你的资助人。她怎么一下子就成了伟大的女演员呢?这不仅需要演技,还需要对戏剧在行。演员可不是这样随随便便就能当的。总之,你得进一步跟我解释这一切。我一点儿都不能理解,但我十分害怕你再次上当受骗。自一年多前举办画展以来,你再也没画过画,就因为这愚蠢的巴诺斯基。现在,你既不能完成插图,也无法开始新的创作。相反,你累死累活,就为了一件极有可能和上次一样没过几天就完蛋的事。

好一顿责骂啊,我可怜的宝贝。我希望自己的担心没有道理,希望你能做出出色的成绩来,希望你实现自己的梦想。但你要知道,为了你,最亲爱的哥哥,我是多么牵肠挂肚啊,正如你为了我一样。(旁注:你能把雪莱的《颂西公爵》寄给我吗?很久以来我一直想读读雪莱的作品。既然你要为他的戏剧做布景,那我就更感兴趣了。)

周二晚

亲爱的小宝贝,我多么希望你能在我身边啊。最近一段时间,我强烈地感到需要你在这里。你离我那么遥远,我甚至不知道今晚你在哪儿,在做什么。我希望在吸烟室的灯光下和你坐在一起,希望你问我是否在想着游泳池,希望我什么都不再想,因为在你身边,我感到了深深的幸福。上帝啊,我去巴黎以后日子将是多么美好啊!!如果你能帮助我摆脱目前的"危险处境",我的前方将会是崭新而美妙的生活。我将会非常乐意担负起重任,让可怜的猫王不再活得那么痛苦,不让他陷在导致他愤世嫉俗的深深悲哀中。猫王将变得非常非常强大,将掌控所有人。

我写信告诉罗比,金三月初就要走了,我盼着你能在服装店为我找份工作,并希望得到他的帮助——既然我终于懂事了。我不知道下星期去萨那默泽找他时他会以什么态度对我。但我想他会帮我说服爸爸的。如果我能住到姑姑①家去,那事情显然就简单了。我准备这么做,尽管住在那简陋的小屋里会让我感到痛苦。我想她会很愿意接待我的,只是她习惯夏天来瑞士;另一方面,因为我们要搬家,五月前我不可能到巴黎去。总之,我勇气十足,做好了付出巨大努力的准备。只是我得在父母那儿略施小计,因为我完全依赖他们。

快点写信给我,我非常担心,并且很需要你的来信。拥吻你。

宝贝

138. (1935年2月9日)周六深夜
巴尔蒂斯致信安托瓦内特

我的小姑娘,最亲爱的小妹妹,昨天早上你的来信给我带来了多大的惊喜啊,我原本都不敢指望!尽管严寒逼人,这封信却带来了灿

---

① 指吉泽尔·贝尔纳,婚前姓氏为瓦泰维尔(见第81号信中的注释)。用"简陋的小屋"来形容这位美丽女士的房子显然是不恰当的。

烂的阳光。一切在我眼中都显得那么美好愉悦，我感到自己快乐四溢，充满了力量（这种情况并不经常发生）。遗憾的是，昨天和今天都忙得不可开交。我原本希望你明早能收到我的信，结果却不得不等到现在（凌晨2点）才开始动笔。甜心，甜心宝贝！你奇怪的小说教让我忍俊不禁。在这件事上，你说得有一定道理。我在接活儿前也有过同样的顾虑。但你知道，有许多因素促使我做出决定。例如，正如我告诉过你的，绝对的自由——这几乎事关自尊，我要向上次如此乐于耻笑我的人证明，只要给我发挥的空间，我是可以在戏剧上做出成绩来的。而且，这次也不会像混账巴诺斯基那样占用我太多时间。我已构思出一套独特（当然，非常美）的布景，根据剧情需要利用各种元素来表现不同场合。至于神秘的阿布迪女士（你不是唯一反感她的人），别想太多了，宝贝，是她筹集的资金。另外，公平点说，戏剧是这位父母曾是俄罗斯著名演员的女士的梦想，因此她有这方面的基因，而且她已经上了三年的朗诵课。不过，目前有一个促使我参与这类工作的最关键因素，即我接触到了自己可能需要的人——这话从我口中说出很出人意料，不是吗！这样阿布迪女士就可能对我大有帮助，而且现在已经如此——哦，当然不是出于个人兴趣或友情，而仅仅是为了附庸风雅或社交需要。不过，这些人的动机对我又有什么意义呢，他们在我眼中就是一群木偶，但得帮助我实现目标。我也和他们一样虚伪，多么虚伪啊，老天！他们不能令我堕落，我有一颗过于高傲的心。但任何手段都是值得的，因为我是为你而战斗，宝贝。

（旁注）：一个男人的誓言："您不能怀疑我"1934年圣诞节。

不过，什么都别担心，这次我不会上当了，因为我要他们从现在开始按月支付酬劳。最后，有个让你安心的消息：我刚完成了巴西亚诺亲王夫人的女儿蕾莉亚·卡塔尼的画像。这是一幅真正意义上的画作，你知道吗，也许不是很大，但仍然相当重要，因为它构思新颖，并且画得十分成功。阿布迪女士的画像也绝对值得关注，不过尺寸很大，是我精心构思与创作的结果（她站着靠在窗边）。我对肖像画创作有着清晰而独到的见解。这种形式已经消失五十多年了——可是，还有什么能比表现人物形象更动人心弦的吗！这么说吧，我挽救了肖像画的声誉，洗清了长久以来那些丑陋、拙劣、无知、滑稽和粗鄙的人物形象给它带来的污名。我让这令人厌恶的创作形式恢复了其荣耀。总之，可以当之无愧地说，我绝对是当今唯一能够创作肖像画的人。猫王万岁！我很清楚，我很清楚自己也想做一些必须而且重要的工作——一年多来，我一直计划着要画三幅大型画——但你想要我怎样呢，我得挣钱糊口，这正是人生中痛苦的一面。至于那些插图，即便不能专注于此，我还是会一有空就做的。不过，完成了第一部分以后，现在我已开始着手激烈而可怕的那部分，它让人没法长时间逗留——或者要为此铤而走险。所以，有时候，我就去画幅画，而不是摔椅子。

你什么时候去萨那默泽？你在那儿也会给我写信的吧？？我不知道小鱼儿先生对你会是什么态度。很有可能他一开始会试图打击你。不过你一定要知道，这样只是为了考验你。我相信当他发现你态度坚决时，他会帮助你的。

哦，宝贝，我要跪谢上天，因为它似乎愿意让我来充当你命运的保护神。你的命运是我心中最珍贵的宝藏。我祈求上天赐予我力量、勇气和理智来引导你走上正确而幸福的道路！宝贝，我亲爱的小妹妹，我永远都在你身边。当你感到无助与沮丧时就想想我吧。

巴

看到罗比时替我拥吻他；快点写信给我。

139. (1935年)2月14日，周四，萨那默泽
安托瓦内特致信巴尔蒂斯

最亲爱的巴尔特里，前天，在明媚的阳光中，我来到了这里。而

现在,"山上下起了雨,正如我的心情一样"。事实上,我无比沮丧。我笑容满面,但心情却极为低落。周一晚上,我和金闹得很不愉快。他很生气,因为他马上就要走了,我却还要到山上来。我承认这样不好,可是他还不知道确切的出发时间。而我,一年来一直对滑雪兴趣颇浓;谁知道明年还有没有机会。最终,我决定第二天下午就出发。但午饭时气氛真是糟透了。因为要走了,我就对他说我不会考虑嫁给他,我对他的爱还不足以让我冒险开始一种爱情将沦为厌倦与肤浅享乐的生活。这种清楚明确的局面并不让我伤感,我本应对此向往已久。但金说我是个昏了头的女孩,说他对我绝望了,还说我会越来越堕落,说我甚至没有努力去认真考虑婚姻大事,等等。我没法一一告诉你,但结果就是,我成了一个解除婚约的年轻女子。幸好,现在还没有人知道。我这么做是为了你。只要在家里生活不那么令人难以忍受,我就不会抱怨。但妈妈越来越难伺候了,女佣们不愿留下来。我们必须搬家。这一切都让我倍感不安。

我匆匆地给你写了这封信,马上还要换衣服去吃晚饭。我非常需要收到你的信。在这个世界上,我只有你一个人了。深情地拥吻你。

宝贝

140. (1935 年 2 月 16 日,电报)

我在你身边拥吻你们俩随后来信——巴尔蒂斯

141. (1935 年 2 月 20 日,快信)周一晚

亲爱的宝贝,在你非常需要我的时候我却不在你身边,这令我肝肠寸断。不能立即给你写信让我感到难过,真的非常难过。经过尤为筋疲力尽、沮丧低落的一天后,周五夜里很晚回到家时,我拿到了你的信。你宣布的消息让我振奋起来。我的第一反应就是给你写信;但最后我不得不放弃,因为我发现自己千言万语无从说起。于是我开始工作,就这样过了一整夜。这么说,宝贝,你做出了这一勇敢举动!所以说我没有看错,我一直对此有信心,我为你骄傲,我钦佩你!我认为不能用"昏了头的女孩"等词来形容现在的你;恰恰相反,你现在正迈向明智而美好的自由。而且,猫王后怎么能嫁给老鼠呢?哦,我知道,与过去告别总是多少有些痛苦的,因为人们把自己的一部分留在了那里。但我关心的是,你现在必须继续表现出勇气与决心。别抱怨家里的生活,因为你很清楚自己不会一直留在那儿。这不是问题。我想罗比和我会共同安排好这一切的。实际上,我认为目前最好别让任何人看出这段关系的结束。完全没必要让别人干涉你的私生活。小鱼儿怎么说的?

哦,宝贝,亲爱的,别沮丧。信心,要对未来有信心,对你的生活有信心。今天我把一年前你在信里跟我说过的话重复一遍,而我说这话是基于对事物的深刻认识,以及丰富的阅历。想想看,三年来,我只有一次丧失了所有希望。而且虽然我看起来彻底绝望了,但内心还隐藏着某些不可摧毁的东西,一种坚定的信念。

我的小妹妹,可爱的小姑娘,你可以放心地把你稚气的小脑袋靠在你大哥哥的肩上。他有能力保护你,指引你。现在山里天气如何?我曾狂热地迷恋春雨,迷恋闷热的天气。也许正是这样的天气让你在那儿滑不成雪。而现在,晴空万里,更冷了些。

我焦急地等待着你的来信。快点写信给我,亲爱的宝贝,一有空就写。我也极其需要你的来信。温柔地拥吻你,我的小妹妹。同样,我在这个世界上也只有你一个,但对我而言已经足够了。我也拥吻小鱼儿,小鱼儿。

猫王,巴 ♥

142. (1935年)2月20日,伯尔尼
　　金致信安托瓦内特,由萨那默泽德·芒德罗夫人转交

　　你的心里或者你的感觉甚或你的思想发生了某些变化。我感觉到了,亲爱的,正如每次发生什么变化那样。今晚我是在做梦吗?你对我说:"自然,我宁愿滑雪也不愿享受陪伴你最后两个星期的乐趣。不仅是因为我更想滑雪,还因为即便给你带来痛苦我也毫不在意。自然我本可以在你去了比利时后再进山。我知道你不如我这么自由,可以随时出发。可是坦白告诉你,金,我压根没考虑这一点。我恰好想在你待在伯尔尼的最后两个星期里去滑雪。我甚至忘了叫你来共度周末,除了最后一个周末让你来接我。你在笑吗,金?为什么?既然我已把你忘记,难道我就不能完全忘记你吗?因为,三年了,我有自由做让自己的心灵和身体都感到愉悦的事……"亲爱的,这就是你对我说的话。实际上,差不多就是这些天你在电话里说的。

　　如果我已不抱完全拥有你的希望,那么写这些话也就毫无意义了。我要提醒你,宝贝,这次的滑雪是个危险的征兆。以你目前的情绪来看,只需片刻的心血来潮,你就会把自己托付给一个男人,或是同意嫁给他。当我祝你玩得愉快时,我是真诚的。祝你好好享受滑雪。至于其他,则要小心。请尽量理解我,并继续保持原来宝贝的样子,端庄、迷人、令人赞赏。我深爱着你,宝贝。

金

143. (1935年2月20日,由萨那默泽寄出的明信片)
　　安托瓦内特致巴尔蒂斯

　　亲爱的巴尔蒂斯,我焦急地等待着你的来信。我担心它又丢了,因为周六你就告诉我信已寄出。你真好,给我发了电报。我非常感

动。两天来,这里天气晴朗,我很高兴能待在这儿。我拼命地晒太阳。哎,不过周六或周日我就得下山了。

拥吻你。

宝贝

144. (1935年2月20日①,快信)
巴尔蒂斯致信安托瓦内特,芒德罗木屋,萨那默泽

宝贝,亲爱的宝贝,我抽出片刻工夫来给你写信,因为必须让你知道,我永远永远在你身边,必须让你感到,我在白天无时无刻不想着你。昨晚给你写信时,我很沮丧低落。哎,我经常陷入这样的情绪中。我竭力克制这种忧郁,因为我无法忍受一再推迟给你写信。不过我仍然担心你还是感觉到了。总之,我没怎么感受到平常写信给你时的那种轻松。

不过今天晴空万里,和煦的春风令人振奋。我一整天都沉浸在无法言喻的欢快和轻盈中。工作相当顺利,同时一刻不停地想着你。现在,我感到自己强大得可以肩负起整个世界,可以消灭地球上的一切不幸!

于是我希望你能感受到一点我的力量,亲爱的小妹妹,我要支持你,帮助你。当然,我强大得足以保护你免受任何打击,免于陷入任何可能的矛盾冲突。把手伸向我,我的小妹妹,靠着我,我将引领你穿越所有可能遇到的险山恶水,披荆斩棘,你会感到像是徜徉在玫瑰之路上。我们将来到我神奇的王国。那里,一切都那么美妙、自然、华贵而无比神秘,像童年一般美好,同时充满了智慧。

哦,宝贝,你必须学着追求应有的幸福,因为不管别人说什么,其

---

① 原文有误,根据上下文,这里应该是21号——译注。

中还是隐藏着一定道理的(空白处写道:安托瓦内特脸红了):千真万确!

快点回信给我!我深情地拥吻你。

巴♥

145. (1935 年 2 月 23 日)周四晚
安托瓦内特致信巴尔蒂斯

亲爱的巴尔特里,宝贝,但愿你知道我是多么不安甚至是焦急地等待你的来信啊。结果,今天你给了我一个惊喜,让我收到了第二封信!你的柔情让我沉浸在欢乐中,感到自己充满了力量与生气!我只盼望着来巴黎的那一天了。我曾是多么愚蠢的小丫头啊,以为你只是一个我喜欢与之一起玩(并非贬义!!)的小哥哥;而实际上,只有你的帮助才能为我创造一个无比美好的生活。不过,想起过去的三年,我感到万分惆怅。这三年里我只是在给自己制造不幸。我根本不值得你钦佩,因为我早就应该做出最近这样的举动了,也就是说去年五月。我懦弱得可怕,差点受到严酷的惩罚。不过,现在我会极尽所能地去追求应有的幸福,我感到自己不再是一个迷失的女孩。我下周六回去,跟金度过最后一个周日。他将去布鲁塞尔,然后 3 月 15 日回伯尔尼交接工作,接着再出发去布加勒斯特。也许我只能见到他几天了,然后,一切就结束了。幸好,搬家会让我忙碌起来,帮助我度过这段难熬的日子……

当我想到未来时,我充满了信心与欢乐。另外,现在只需设法在五月或六月去巴黎,因为我已下定决心不再整个夏天都待在家里了。不过,这一切我都指望你了,你比我更清楚我该怎么做。

我全心全意地拥吻你,小宝贝,我等着你的信。

宝贝

146. (1935 年 3 月 2 日,快信)芒德罗木屋,萨那默泽
　　巴尔蒂斯致信安托瓦内特

　　亲爱的宝贝,昨天,我的生日,没能收到你的信令我多么失望啊。为什么? 我一整天都闷闷不乐,而且惶恐不安。闷闷不乐是因为,从童年时代起,人们就对这一天怀有特别的期盼,总是等待着发生不知什么神奇而美妙的事;而惶恐不安则是因为你,我极度担心你出了什么严重的事。我刚刚往伯尔尼打了电话,他们告诉我你又去萨那默泽了。这让我稍稍放心了点,或者说至少知道你又去了那儿,我为你感到高兴。不过,说实话,是我欠你一封信。非常感谢你一周前的来信,非常令人愉快。不过你知道,我的天使,我正处于超负荷的繁忙工作中,因而没有每天都给你写信。

　　新的一年对我意味着什么呢? 仍然是永无休止地挣扎在这痛苦的生活中吗? 我请求你,小妹妹,我请求你快点写信来。收不到你的信我就没法呼吸下去了。

　　罗比怎么样了? 要是能收到他的信我会很高兴的。替我拥吻他。

　　再见,亲爱的宝贝

　　　　　　　　　　　　　　　　　　　　　　　　巴

147. 1935 年 3 月 4 日,周一
　　安托瓦内特致信巴尔蒂斯

　　最亲爱的巴尔蒂斯,我为你的生日送上迟来了一些的最美好的祝福。我没有忘了你,3 月 1 日一整天我都想着你。我去萨那默泽的山上待了三天,现已回到伯尔尼。金明天出发。他不再要求我遵守

承诺,但他要我最后答应他一件事,即半年不与你通信。我同意了。我希望向他证明我可以信守承诺,哪怕对我而言非常艰难。我希望独自一人老老实实、简简单单地过半年,磨炼自己的意志,提高自己的修养,再也不让任何男人因为我的错误而蒙受痛苦。我做出了承诺,它是不可收回的。因此,我请求你,为了我,不要来看我,这几个月也别再写信给我。别伤心,我对你深厚的情谊没有丝毫改变,我永远是你的小妹妹。

宝贝

我希望到乡下去过夏天。也许我会陪着在萨那默泽结识的那个迷人的年轻女子一起去她在波兰的"领地"。我喜欢夏天的乡村;我想,离开家人对我最有好处。不管怎样,我还爱着金。

我不是因为妥协才向他做出这个承诺的,你可以相信我。

148. (1935年3月5日)
巴尔蒂斯致信安托瓦内特

但愿上帝保佑你。任何时候,只要你需要我,别犹豫,跟我联系,在为时已晚之前。

巴

149. (1935年3月7日)周四中午
安托瓦内特致信巴尔蒂斯

最亲爱的巴尔特里,昨天夜里我突然醒来,为你感到万分担心。求求你,别做傻事!原谅我又伤了你的心,但我必须追求应有的幸福。耐心点!

你永远的小妹妹。

宝贝

150. (1935年)3月8日,周五
金从布鲁塞尔致信在伯尔尼的安托瓦内特

在这阳光灿烂、充满了春天希望的寒冷早晨,我向你奔去,正如我一直在你身边。我搂住你的小脑袋,任凭自己思绪万千。我时而沉默不语,听你讲着一个动听的故事。突然,你问道:"离开伯尔尼后你做什么了?"①那是灰蒙蒙的一天,与往常许多时候一样(……)。母亲在火车站接我。我很高兴能待在她身边。她跟我提起了你。我告诉她,我们依然相爱,我最大的心愿就是娶你,但我认为,最好让你在远离我的地方好好思考自己内心深处的愿望,想想你到底期待什么样的生活,以此来判断我们的婚姻是否会给你带来幸福。我们谈了很久。我满怀爱意地深情描述你,让妈妈喜欢上了你。她说了句奇怪的话:"她有没有内心深处的愿望,我不知道,但你得永远深深爱她,让她幸福"(……)。

哦,宝贝,你要独立清醒地思考。避免一切浮躁与任性,尽情发挥你身上高尚品德的力量。对我来说,如果你能最终找到那独一无二的真正幸福,而不是一系列琐碎的小乐趣,那我还是会感到高兴。(……)宝贝,但愿我的痛苦对你而言只是一次人生教训;请尽量去理解它,以得到幸福。别再违拗我,你再也没有理由这样做。好好爱我,只是——如果你愿意——像妹妹爱哥哥那样。

金

---

① 3月5日离开。

151. (1935年3月12日,快信)周二

宝贝,为形势所迫——以后我会跟你解释——我不得不基本公开地肯定了我们的正式婚约——这有可能会给你带来极大的问题。我又补充说几个月内不会举行婚礼。

你莫名其妙地没了音讯(特别是一周前你刚说过含情脉脉的话,所以就更莫名其妙了),我十分担心;因此,请你回封快信,告诉我你没有再次食言,你会遵守承诺、老老实实过半年。

事实上,无论接下来你会做什么,重要的是别人不再认为你有所不忠。我们的婚约是很好的掩护。经过几个月的慎重考虑以后再分手,不会让人猜测是由背叛所导致。

如果你不为自己这么做,那么如今也要为我而这么做,因为三年来你很少这样做过。你可以——我这么建议——用这来搪塞你的父亲。

亲你

金

我希望最晚周四上午能有你的回音。因此,最迟周三晚上7点,你就要到火车站去用快件寄出。

152. (1935年)3月13日,布鲁塞尔(快信)

可爱的小姑娘,我非常担心今天早上收到那封快信时你会有所不快。对不起。

我要简单解释两句。在布鲁塞尔,人们对我俩议论纷纷,在许多事情上含沙射影。如果只是涉及到我,那没什么要紧。但他们在暗示说也许我在犹豫——嗯,然后就……沉默……暗笑……诸如此类——于是我只能宣布我们已经正式订婚,而几个月后结不结婚是我们自己的事,等等。

也许你会问,为何要连寄两封快信?宝贝,请你理解我的心情:

就在同意你收回誓言之际,我却发现自己出于维护你名誉的本能而不得不宣布我们已正式订婚。然而,突然间,伤心的往事涌上心头。你还记得一周前吗?这是我的两封信,再想想我打给你的电话吧。一如从前:你沉默了。我极度不安。你在哪儿,在做什么?一个星期以来,如果你能如约写封信来,我也不致如此惶恐。

我已在布鲁塞尔安顿下来。之前,我同意去罗马尼亚、在国外就职是因为我以为你会喜欢住到那儿去。现在我不愿去了……我急切地想要见到你。我用快件把这封信寄给你。这是我周五或周六上午回伯尔尼之前的最后一封信(……)。

我属于你,宝贝。

金

153. (1935年3月20日)
金从伯尔尼致信安托瓦内特

我打算去你家,给你留下这封信,告诉你:我离开了公使馆;由于我们明天搬家,你可能无法打电话找到我了。我要回家了。

难道你再也没有什么要跟我说的了吗,宝贝?经过差不多三年的恋爱,你还是无法在你的爱情中找到勇气来告诉我真相。啊!但愿你能听听别人的建议,因为你无法做出任何决定!

你还想与一个男人、一个朋友、一个你曾经的情人继续见面、通信吗?他还没有放弃有朝一日夺走你的希望,如果他在这里,也许明天就会把你夺走或试图如此(尽管他曾许下诺言,尽管他的感情是纯洁的）；我们相爱时，他曾是你的情人……在好几个不同的时期。你还会继续对我说"也许，有朝一日我会属于他"，同时硬要说你们之间是纯洁的友谊？

如果你想继续如此，那么从此不要在提到"我们的爱，我们的生活"时想到我们俩。

我希望你想清楚，宝贝。如果你爱他，你可能会为自己所做过的一切而后悔，但是，你就去爱他吧。如果你爱的是我，请理解我，请理解我和其他所有正派男士都有的想法：一个恋爱中的女人如果还期望与自己所爱之人结合在一起，那么她只有做到纯洁忠诚才能真正去爱。

要对你如此要求，我感到很痛苦，宝贝，但我必须这么做。你清楚我为你所做的一切。即便不是出于爱情，也请你看在这一切的份上，最终把真相告诉我。

154. （1935年）3月31日，周日
金从布鲁塞尔致信在伯尔尼的安托瓦内特

原谅我没有回应你信中美好的描述。但你提到了我父母的老房子；你想让我如何回应呢——我的生命三年前才算得上开始啊！

以后再说吧，宝贝，慢慢来。你只需理解，我做了个美梦，我希望把这个梦完整地留存在心中，再也没有什么能破坏它。

我会学着沉默。正因为如此，我可以对你说，如果你愿意，我将在复活节时去卢森堡把"男孩"从你手中接回来。我将很高兴能在你去波兰之前见到你。这完全取决于你。①

---

① 之后，4月8日和10日清晨，被安托瓦内特的沉默折磨得绝望了的金又写了两封信。

155. (1935 年)4 月 10 日

宝贝,你是否有可能为了即将与我重逢而欢呼雀跃呢?就这么说定了,我来找你,独自一人来。事实上,赶到伯尔尼来对我而言太困难了。周六中午至周一晚上我有空。你可以坐 10 点或 11 点左右从伯尔尼出发的火车,然后晚上 7 点到卢森堡。如果你愿意,第二天我们可以去问候一下我的父母。他们会在多奈城堡,离卢森堡两小时的路程。在你离开的那几个月里,"男孩"会在布瓦福尔过得很快乐。

可以吗,宝贝?我似乎从噩梦中醒来了(……)。

如果你想买三等座的话,要看好"男孩",或者把它放在笼子里。买三等座更好些。

谢谢你,宝贝。我曾很狭隘,你可怜的金是一个过于敏感和神经质的惹人讨厌的孩子。他的心里有个魂牵梦绕的身影,那就是我的小宝贝。

金①

---

① 这是我们手头倒数第二封金的信。从最后一封告别信(1936 年 4 月 11 日写于布加勒斯特)中我们得知:"今天早上,我突然醒来,仿佛回到了一年前。我看到"男孩"在卢森堡明净的中午时分走来。我不知道自己当时什么感觉,很模糊,无法说清。我想表现得像个哥哥的样子,谨慎,但仍充满爱意。然后,我们去了艾希特纳赫,我以为出现了奇迹……结果是海市蜃楼!"

第九章 1935.5—8

156. (1935年)5月26日,周日
   安托瓦内特致信巴尔蒂斯

最亲爱的巴尔特里,昨天一整天我都在等你的消息。我的心如此强烈地期盼着你,以至于一个上午我都待在阳台上看你是否会突然出现。然而,什么都没有,除了去年的美好回忆。

我得到了一份心仪的礼物:朋友米娜·德·克莱斯特的母亲终于来信邀请我今年夏天去他们在波兰的家玩。这样,我就能对你的故乡有所了解了。你不知道我有多高兴。我先把地址给你:

德·克莱斯特转交
扎维尔茨市
斯洛博德卡-扎维尔茨卡,布拉斯洛斯基省
波兰

因为可能的话,我打算下下周的周二或周三出发。这样,我就要独自长途旅行了。我非常自豪!我朋友住的地方看起来非常漂亮,在多瑙堡南部的临海地区,因此非常靠近拉脱维亚边境。

走之前我还想再次听到你的声音。这几天你愿意打个电话给我吗?每天上午我都在家,我在真的十分漂亮的新"卡非格"上晒太阳。

罗比非常遗憾在巴黎没去找你。他无比厌倦,很快就离开了。

你的小妹妹全心全意地拥吻你,并给你寄去一个美丽夏天的小小纪念品。

宝贝♥

我一定要把地址给你,以便你需要时联系我。

157. (1935年)5月31日,周五
巴尔蒂斯致信安托瓦内特,哈勒斯特拉斯大街51号,伯尔尼

宝贝,宝贝,我本想给你写封信,或只是寄张明信片问个好。但后来觉得还是不要这么做了,担心我的出现惹你不快,正如我对自己的厌恶一般。因而昨晚回来时拿到你的信,我简直乐坏了。

哦,宝贝,为何要抛弃你可怜的哥哥;如果并非如此,为何又让我感到再次遭到了背叛?因为我就是这么认为的,因为不能再见到你,而我曾是那么需要你,需要你的柔情,你的友谊。为何不明确告诉我你突然改变态度,在我生日时突然出现这样翻天覆地转变的原因?我为此而感到措手不及——我正为你而四处奔忙,为了把你从我的情感与理智(彼时它们都还清醒)都认定的可怕错误中拯救出来。

由于从那以后我便丧失了冷静,有种强烈的想要摧毁自我、摧毁周围所有人的冲动,我便肆意妄为,不知自己将被推向哪里。我自觉或不自觉地令自己周围散发出一股戾气,仿佛这么久以来多少可以说被我成功控制住的邪恶力量一下子全部爆发出来……

我还有资格对自己心存希望吗?如果说有,那么我经常在梦中见到你,从而感到安心,仿佛一切都还未失去。而你,亲爱的小妹妹,这渺茫而微弱的希望正是向你而去,正如向着一线非常遥远的微光

一样。啊,刚才在电话里听到你的声音是多么美妙的感觉啊,就像幸福的回忆一般!

我在记事本上看到去年的笔记:一年前的昨天,我们在树林里骑马散步,你还记得吗?如今,我的王国还遥不可及,我茫然失措,迷失在了无尽的黑夜中!猫王变得疯狂而邪恶。宝贝,宝贝,你真的认为我们还会相见吗?难道你不打算走之前给我写封信吗?我想听你讲讲自己,讲讲你做了什么,你在想什么,你的波兰朋友是否为海因里希·冯·克莱斯特即"卷心菜与国王"①的后人?

我还不太知道今年夏天会干什么,我希望能静下来工作,把已经构思好的三幅大型画完成。但我很担心自己做不到。最近我经常旅行,似乎在逃避什么。因此我的思绪一片混乱。另外,十来天后我将回伦敦待两个星期左右。那儿有好些人对我的插图感兴趣。也许我会在那儿找到出版商。其中的八幅插图将刊登在下期《米诺托》上。我会把它寄到波兰给你。尽管尺寸非常小,但这些插图翻印得非常好。我也画了几幅肖像。我还有其他的肖像要画,但一直没法着手——它们过于牵扯精力,让我无法专注于自己的工作。为《颂西公爵》设计的布景与服装获得了巨大的成功。所有巴黎女人都想穿上我设计的裙子。为此,我感到厌恶、沮丧。我坚决拒绝为歌剧院上演的塞尔日·利法尔的芭蕾舞剧工作。尽管伊娅·阿布迪的肖像画尚未完成,我却几乎与她闹翻了。这里所有的人都讨厌我,而我则以牙还牙。

也许当你再见到我时也会讨厌我?

请你偶而也想想可怜的猫王。他疲惫的心多么渴望片刻的休憩啊。

巴

---

① "卷心菜与国王"语出刘易斯·卡罗尔《爱丽丝镜中奇遇记》中的《海象与木匠》。

158. (1935年6月1日)周六
安托瓦内特致信巴尔蒂斯

亲爱的巴尔蒂斯,我的小宝贝,我本不愿在自己定下的六个月期限之前给你写信。但我生日时没有收到你的祝福,而且罗比告诉我谁都不知道你上哪儿去了,于是我担心不已,忍不住想要在漫长而充满挑战的波兰之行前听听你的声音。今天,我写信给你,还要再骂你一顿,狠狠地骂你。你这个蠢东西,你不知道我爱你、我会永远爱你吗?不知道不给你写信令我万分痛苦吗?不知道我做出如此决定是为了考验自己、为了到秋天就可以宣称我做出不结婚和去巴黎的决定与你毫无关系吗?你就这么不了解自己的小妹妹?你真的认为你将永远都不会再见到我了?这怎么可能呢!难道你不知道,我今年春天之所以没有结婚完全都是因为你吗?我原以为你会明白,即便不写信,我的心也永远在你身边。

不过,我尤其要就你今天的信好好骂你一顿。你真是疯了,竟然过着如此放纵的生活,并与所有人闹翻——这个时候,你刚凭借《颂西公爵》的布景设计一举成名;如此一来,如果接受别人肖像画和布景设计的预约,你就可以大大减轻经济压力,从而更专心地为自己而创作。如果你过得如此放纵,怎么能指望你的小妹妹来和你一起生活呢?

我教训得够多了。我希望亲爱的猫王能努力控制自己野猫般的恶劣本性,能耐心等待猫王后的召唤——哦,亲爱的,我有那么多事要告诉你,但我也必须有耐心。我周三早上出发,在柏林只待三个小时;周四晚上在多瑙堡度过,第二天就能到波兰了。我将在一万公顷的土地上与那些牛、猪、鸡一起度过三个月。我非常开心,不过回来时就会像一个真正的小村姑。我的朋友米娜是伟大的克莱斯特的后代(不过我并不喜欢他的《彭特西勒亚》)。

温柔地拥吻你,我的爱

宝贝

159. (1935年6月3日①,快信)周一
　　巴尔蒂斯致信安托瓦内特

欢呼！宝贝！

　　(这封信真的不是为了影响你,我无意如此)今天我好多了。我刚刚避免了一场可能令我倒下至少三四个月的灾祸——幸好,我并非每天都如上周五那般。虽然没什么意思,可是,哎,我经常如此……

　　不过,你提到了"放纵不羁"？我,过着放纵不羁的生活？好吧,现在我越来越有大老爷做派,甚至于已经丧失了自我……

　　快点去我们祖先的国家吧,我等着！

巴♥

　　替我拥吻罗比。我希望很快能有他的消息或是见到他。

160. (1935年6月11日)圣灵降临节
　　安托瓦内特致信巴尔蒂斯

　　亲爱的,我第一个就给你写信了。我已顺利到达你的故国,她如此遥远,与我的国家也如此不同。这栋房子应该是很华丽的,但有点破落了。外观仍然十分漂亮,内里却在战争期间遭到了士兵的破坏,没有留下一点起居设施。我睡在一袋干草上,一切都简陋得不可思议,要是冬天的话一定很可怕；但公园很美。克莱斯特一家非常和善,但我觉得有点儿过于德国味儿了。总之,我会跟你细说的,这只是我的第一印象。如果夏天天气好,那么还是这种户外生活对我最

---

① 第二天,这封写给安托瓦内特的信被重新寄往柏林的教授迈尔霍费尔夫人家(乌兰德斯特拉斯大街162号)。

有益。遗憾的是,我担心不能好好看看波兰;我打算 8 月初去里加①,然后去柏林。我会给你写信的。你争取弄点钱,并且 8 月 15 日左右待在巴黎。我有一个精彩的计划。

再见,小宝贝,别忘了你的小妹妹。

宝贝

别忘了把《米诺托》寄给我。

161. (1935 年 6 月 12 日)周二
安托瓦内特从扎维尔茨致信在伯尔尼的家人
德语信

亲爱的家人们,也许你们在焦急地等待着我的消息。不过由于这里的邮局一天只发一次信,而且最好是亲自把信直接送上火车,所以我还一直没有机会告诉你们我对东欧的最初印象。今天,头一回出太阳,我在公园里晒太阳。公园很气派,此外整个地区的景色都极为宜人。站在不同的山丘上,可以俯瞰这片区域内众多小湖泊,真是恍若仙境。几乎所有山丘上都遍布杉树和阔叶树。你们可以想象得出我有多喜爱这种乡村生活了。我会一身黝黑地回来,并且肯定很胖,因为我不仅每天要喝满满三罐奶,而且这里的人总吃鸡蛋、黄油和奶酪。遗憾的是,周日晚上米娜开始出麻疹(谢天谢地,我已经出过了),是受她妹妹传染。现在,她不得不在如此晴朗的天气里躺在床上,哪怕病情已经开始好转、两天后就应该能下地了。她的父母很和蔼,特别是父亲,尽管有些"德国味儿"。家里还有个 14 岁的男孩,两个分别为 11 岁和 9 岁的女孩。另外两个孩子

---

① 拉脱维亚首都——译注。

在里加。真是个大家庭。他们的舅舅，一名叫冯·哈恩的先生，已经有了四个孩子，老五下个月就要出生。所以这里可不缺年轻人。舅舅的小孩子们都剃了光头，就像小村夫一般光着脚跑来跑去。此外，这里的一切都很原始，没有卫生设施。我奢侈地被允许使用整栋房子里唯一的浴缸。每天早上，他们给我一壶热水，以至少满足我的清洁需要。其他人怎么洗漱对我而言是个谜。我的卧室在花园里用白胶泥和石灰砌成的简陋房子内。自从米娜生病后，我就一个人住。隔壁是舅舅的一位客人，一个愚蠢而啰嗦得要命的德国人。这里没有床垫，取而代之的是散发清香并且非常柔软的一袋袋干草。只要在上面弄出一片凹陷的地方，就可以躺下了。那栋外观依然十分漂亮的大房子曾是某位米尔斯基伯爵在波兰的乡村别墅。它带有一个橙园，从前应该十分气派。不过，如今一切都破败了。整个这一片在战争期间遭到了彻底的破坏，只有房子的墙奇迹般地没有被烧毁。克莱斯特一家只在其中布置了极其简单的家具，因为正在建一栋新房子。因此这栋旧房子就显得相当寒酸而荒凉。夏天没什么关系，但冬天一定非常难熬。而且房子很脏，因为虽然有许多佣人，但他们什么都不做，而且自己也邋遢得要命。对此我已习以为常。另外，尽管多瑙堡中央酒店里有股怪味儿，但我却没在那儿发现臭虫。在这儿可不能来"欧洲的老一套"。这里可以看到许多留着长胡子、领口收紧的俄罗斯人，都说着一口白俄罗斯方言，而不是波兰语。从昨天起，我开始努力学着说几句波兰语，但这门语言实在太难了，让人没法记住那些词，因为它们与我们的词汇毫无共同之处，而且发音还更难。我找到了一本贝立兹的书。现在我十分用功，因为孩子们那非常喜欢讲课的波兰女家庭教师将负责挽救我糟糕的现状。

好了，我得去吃午饭了。但愿罗比能写信告诉我是否会去梅克伦堡。我想这儿应该不能骑马。我看过那些马，都是用来耕地的，而且谁都没有马鞍。

祝好！

宝贝

162. (1935年)6月24日,周一
安托瓦内特从扎维尔茨致信在伯尔尼的哥哥罗贝尔
德语信

亲爱的罗比,感谢你的来信,它让我非常高兴、开心。我被弗里堡发生的事惊呆了。这真是越来越疯狂了。小Z这样美丽的一个女孩偏偏嫁给了一个意大利泥瓦工,这让我彻底震惊了。他肯定是一副凶神恶煞的模样!

两个星期以来,我们在这儿度过了极为美好的时光。我希望你们也是如此,希望你们能在阳台上用餐。我很高兴你能去梅克伦堡。那里一定很有意思,比这儿还好,因为你可以骑马。我多么怀念骑马的日子啊,因为奇怪的是,尽管地理条件完全允许,这里却没人骑马。另外,军官们形成了一个可恶的圈子,因为在波兰和在德国一样,掌权的人都是些极其缺乏教养、只说波兰语的令人厌恶的小资产阶级——完全没有办法交往。因此克莱斯特一家被逼无奈,只好来到这不宜居住、没有正常交往的地方。这就导致了冯·克莱斯特先生的郁郁寡欢,我非常理解他。那位母亲精力充沛。不久前她还在养鸡,但有一天鸡全死了,于是便改养安哥拉白兔。真是些可怕的小动物,得成天跟在它们后面跑,得给它们剪毛、喂食等等。而且,它们的繁殖速度快得惊人,以至于现在有120只左右了,到秋天将要达到500只。他们卖兔毛,这让冯·克莱斯特夫人有了点额外收入,因为我感到这些可怜人的收入相当微薄。两天前,我有了一位不同寻常的客人——一只还不会飞的小隼。不过它野性十足,当我给它喂食

时,它会扑上来抓我。不过我打算一直喂到它会飞为止。它是我们从一个护林员那儿得来的;我本来应该和米娜及其弟弟一起去他家的。挺有意思的,我们借了辆小四轮马车,然后穿过田野和树林,走了7公里,来到一个美丽的、十分适宜游泳的湖边。看到那些佣人极其听话的样子真挺有趣的,我们就让他们站在那儿一等几个小时,什么事都没有,最后又把他们打发回家。而且,护林员也毕恭毕敬地招待我们,并十分自豪地把这只鸟送给了我们。应该说,一百年前人类刚刚从农奴制中解放出来,身上还残留着惊人的愚昧与麻木。星期天休息时,除了睡觉,他们就不知道该干什么了,就像俄国书籍中描写的农夫一般。正如我写道的,这里大部分是俄罗斯人,特别是有许多"长胡须"的"老拥趸",他们不抽烟,不喝酒,因而博得了好名声。

我非常喜欢这里的乡村生活,特别是美丽的夜晚,光线那么充足,甚至在10点半还能看报纸;而凌晨3点半太阳又出来了,夜莺还在不停地歌唱。晚上,我做得最多的就是散步。这是真正的酷暑之夜,空气中弥漫着茉莉花的清香,只需用"美好"来形容!我每天都去游泳。如果说我黝黑的皮肤令人嫉妒,我的头脑却枯竭得令人担忧,比在萨那默泽还糟糕,因为实际上我根本就不看书,几乎无法再去想象外面的世界。不过我倒是有个似乎可行的好主意:我们俩在匈牙利或捷克斯洛伐克买一小块地,然后出租,只保留我们夏天来度假时可以住的房子。我认为这种投资是绝对可靠的,而且别人也向我保证过。如果你也像我一样喜欢乡村生活,那么这种方式就太棒了。不过,土地必须比这里的肥沃。在这儿,得有一大片地才能填饱肚子。这里过于偏北,是严重的粘土地质,因此得等三年园子里才能有产出。你瞧,我计划挺多,但我想它们还不是那么愚蠢吧。快点写信给我,因为没有其他人来信,而我还是希望经常得到来自西方的消息。别拙劣地以邮递员为借口,快点写信来。

问候爸爸妈妈,告诉我妈妈怎么样了。

热烈地吻你

宝贝

米娜也向你问好。

163. (1935 年)6 月 29 日,周六
巴尔蒂斯致信安托瓦内特·德·瓦泰维尔猫王后殿下,
烦请克莱斯特夫人转交扎维尔茨市,斯洛博德卡斯洛博德卡-
扎维尔茨卡,布拉斯洛斯基省,波兰。

我最亲爱的猫王后:

随信寄上《米诺托》——缩小至原来四分之一大的画面不再那么富有表现力了,不过还是挺有看头的。

明天,周一下午,我出发去伦敦,并在那儿待半个月左右,然后回来。今年夏天我不会再离开了,因为我必须工作。不管怎样,我 8 月 15 日都会在巴黎,甚至也许到时还会有不少钱,如果一切正常的话。但你为何提出这样的要求呢?我几乎不敢相信……

我的小妹妹,想到你在那边的生活,你在条件简陋的乡村睡在干草上的样子,我便忍俊不禁。不过,这样应该挺有意思的。那儿有马吗?

下面是我在伦敦的地址,方便你写信来:

赫尔曼·斯赫雷弗转交
蒙彼利埃广场 7 号
伦敦,西南三区

猫王,巴

164. （1935 年 7 月 16 日）
巴尔蒂斯从伦敦致信安托瓦内特①

猫王陛下将于明天回到巴黎。

165. 1935 年 7 月 31 日，扎维尔茨
安托瓦内特致信巴尔蒂斯

亲爱的巴尔蒂斯，这一天终于到来了——我决定向你坦白，让你参与我的计划。我想问，你是否愿意，是否认为可以在 8 月 20 日出发去柏林待半个月。住在柏林迈尔霍费尔夫人家（她家给罗比留了个房间；她认识你的父亲，与你的舅舅斯皮罗②尤为熟悉）的两天里，我萌生了这个念头。如果我们能第一次去别的地方单独相处几天那该多幸福啊！这就是为何我写信叫你 8 月 15 日左右待在巴黎，并设法弄到点钱。你去打听一下情况，快点给我回复！

我在这里度过了一个愉快的夏天，除了天气比较糟糕。不过，对我而言，今天是快乐的一天，阳光又洒满了我喜爱的这座公园；我正在此给你写信。这里真是太美好了，尽管脏乱、贫穷以及生活设施的匮乏有时令人难以忍受。总之，很快我就会告诉你这一切了。我肯定至少要说上一天一夜！我多么希望从现在起你就能陪在我身边，我迫不及待地想要见到你；这么多年的噩梦结束后，我特别想和你单独待在一起。

再次感谢你的《米诺托》和伦敦的明信片。我喜欢你的画儿，我很高兴亲爱的艾米莉·勃朗特是那么美丽！

---

① 这是一张印有艾米莉·勃朗特画像（由其哥哥布兰韦尔所画）的明信片。
② 画家尤金·斯皮罗（1874 年，布雷斯劳—1972 年，纽约），活跃乐天的肖像画家，巴拉迪娜的兄弟。

我们很快就要见面了,亲爱的小哥哥。

宝贝

166. (1935年8月6日,电报)
巴尔蒂斯致在波兰扎维尔茨的安托瓦内特

九月前无法离开巴黎速回复随后来信——巴尔蒂斯

167. (1935年8月6日)巴黎,周一晚

宝贝,亲爱的宝贝!我完全被幸福和快乐冲昏了头,啊,多么美好的一天啊,我可爱的小妹妹——猫王后就要回到她的王国了!但我不能把时间浪费在欢呼上,这样没用。我们时间很紧,因为你还在我祖先生活过的荒蛮之地上。

我得向你解释一下。你应该收到我的电报了,发出这样令人沮丧的消息我感到很难过;但我9月1日前无法离开巴黎,因为我必须完成两幅肖像,不能由着性子甩手不干,其中一幅很久以前就预付过钱了。因此得安排一下其他事。别认为这意味着命运在和我们作对。啊,是的,我们的确等待了很久,命运,它肆无忌惮地夺走了我们太多东西。现在该轮到我们享受一下了!那么就好好动动脑筋,提点建议、想些点子出来。我可以去边境的某个地方与你会合(我可以走开两三天);你可以设法来巴黎(现在这里十分美,尽管有些冷清——或许正因为如此),我可以去见你。总之快点动脑筋想想,然后快点给我写信,尽可能地快。我完全没有了头绪。我得赶紧去邮局把这封信以航空方式寄出。另附上《时尚》杂志送给你和你的朋友。

再见。天使们,万岁!

猫王

168.（1935年8月15日,电报）

里加市哈恩男爵府邸安托瓦内特·德·瓦泰维尔收
嗨亲爱的你好随后来信爱你的巴尔蒂斯

169. 1935年8月16日
巴拉迪娜自阿邦当斯(上萨瓦省)的埃尔米塔什酒店致信
在萨纳里的埃里克·克洛索夫斯基

亲爱的克洛斯切,我和皮埃尔去上萨瓦郊游了一趟。这里天气十分晴朗,我们晒得很黑。你知道吗,欧仁和伊①终于要来巴黎定居了。对此我感到很高兴。巴尔蒂斯留在了巴黎,还在画一幅肖像。他十月份要搬家。房东老太太是画家里塞纳的女儿。巴尔蒂斯说德拉克洛瓦的身影在庇护着他②。他还去了伦敦,为巴西亚诺亲王夫人主持的一场法国-意大利画展提供了两幅画(肖像),并在那儿认识了许多人。他写信告诉你了吗?这孩子真是可怕,脑子里没有其他任何念头——也许这就是他的力量所在。他见了好几家美国美术馆的馆长。如今他已经和德拉克洛瓦一样狂妄自大了。希望你们和《哈珀·巴扎尔》的会谈能有所结果。《哈珀·巴扎尔》想和他合作——《颂西公爵》的服装设计令他一举成名;《时尚》杂志第一个称

---

① 欧仁和伊:指尤金·斯皮罗(见第165号信中的注释)及其妻子伊莎贝尔(婚前姓氏斯普伦格)。

② 巴尔蒂斯离开了菲尔斯滕贝格大街上的工作室(靠近德拉克洛瓦的画室)搬去了属于德拉克洛瓦一位表侄女的侯昂庭院。

他为开创新潮流的"意大利①"设计师。

希尔德·斯蒂勒还没回来吗?你怎么样?我们十分想念你。

170. (1935年②)8月16日,巴黎
巴尔蒂斯致信安托瓦内特

我最亲爱的猫王后:

本希望能让你在到达里加时收到这封信,但我迟了,所以我给你发了封电报以表欢迎和问候。亲爱的宝贝,自从得知将见到你,我就彻底晕头转向了,现在我完全疯狂了!我多想立即就到你身边。上帝啊,我们有那么多话要说,那么多事要讲!遗憾的是,各项事宜的安排我还没有理出头绪来,因为我无法清醒地思考(虽然也许一切很简单)。

总之,以下便是神志不清的我绞尽脑汁思考的结果。首先,我也想与你单独相处一会儿!正如你预计到的,在柏林是不可能了;而我个人对柏林也怀有一种莫名的恐惧——这是座可怕的、缺乏思想的城市,每次去都给我留下了不愉快的回忆。另外,尽管享有优惠,旅途费用还是相当昂贵。由于目前手头只有两千法郎,因此我更愿意与你一起花,而不是把它花在铁路上。出于以上考虑,我建议,离开里加后(如果我没搞错的话,你计划26或27号出发),你就去柏林,一直待到31号。然后搭乘开往巴勒的火车。我将在弗雷堡(在该路

---

① 《时尚》杂志1934年8月号第11页:"……E·德·博蒙特伯爵夫人在舞会上穿了一身美丽非凡的大天使装,头戴大光环。别忘了,正是在阿布迪女士的鼓动下,巴尔蒂斯为《颂西公爵》设计了最时新的意式贝雷帽和当季的意式连衣裙。"

② 该信先由快件寄往拉脱维亚里加市的哈恩男爵家,后转寄到利耶帕亚(德语名为里堡),由赖因霍尔德转交——见下一封信。

线上)与你会面。我们从那儿出发,到黑森林玩个七八天,在那儿散步。差不多十年前我去过一次,留下了美好的回忆。我刚见过西堡,他对那地方非常熟悉,给我提供了各种各样的信息。我去库克替你问了订票的事,但他们说得很模糊:一般来说,火车票三个月内有效,但还得视车票种类(?)而定。因此你最好在里加或柏林咨询一下。但如果我们9月1日左右在弗雷堡会合,这就没什么关系了。我会帮你付从弗雷堡回柏林的路费。

所以,宝贝,快点写信给我,告诉我你认为这些想法如何,你是否喜欢我的黑森林计划。我觉得它非常棒,而且比在柏林更有情调。我最迟周三或周四必须收到你的信,因为朋友儒弗一家[①]邀请我26号左右去锡尔斯。为了讨教"方法",我必须去见他们,得跟他们聊聊与你我有关的事。他们是给我很多帮助的挚友。我会在那儿待三四天,然后赶去与你会面。千万别忘了把你离开里加后的联系地址告诉我,我们必须保持联系通畅。

再见,宝贝,我的命根子,我将找回自己的灵魂了。

我们都是天使!热烈地拥抱你

你的国王,巴♥

171. 1935年8月21日
安托瓦内特致信巴尔蒂斯

昨晚,我终于收到你的信了。我迫不及待,不知道你会提出什么样的建议。亲爱的,到达里加时收到你的电报真把我乐坏了。自

---

① 皮埃尔·让·儒弗(1887—1976),法国诗人、小说家;1925年与其在1921年结识的日内瓦精神分析学家布兰奇·勒韦雄(1879—1974)结婚。正是在里尔克旅居巴黎期间(1925年1月—8月),他与巴拉迪娜及其两名儿子结下了友谊。

周四从扎维尔茨出发,我就被遇到的各色人等、各种事情弄得晕头转向,不停地进行行李的打包、拆包。以后我会告诉你。周五,我到了里加,认识了哈恩舅舅和他的妻子——一位列文女亲王,还有克莱斯特家的两个孩子。周六,我们大家一起去列文父母家过周末。我的朋友米娜想了个好主意:周日,她在那儿与哈恩夫人的弟弟约翰尼·列文订婚。这样,舅妈就成了她的大姑子。别人都搞不清这些新的亲戚关系了。他们的订婚让我感到欣慰。他是个迷人的小伙子。我很高兴自己最好的朋友能拥有如此美满的婚姻,即便这并非什么豪门婚约,因为国家将所有领地充了公,只剩下些不足挂齿的"残羹冷炙"。但列文家的领地仍是拉脱维亚最美的。列文老夫妇极为优雅,如此雍容华贵、亲切和善。我在那里度过了美好的三天。当然,他们对我发出了婚礼邀请。我们打算以后去看望米娜。昨天,我们离开了这个可爱的地方,前往里堡,住她父母的老房子里。在那儿我拿到了你的信。5点,我们又出发去乡下看望其他朋友。周六晚回到里加,周二我将去柏林,然后9月1日早上从那儿出发,晚上到达弗雷堡——如果你认为可行的话。写信到迈尔霍费尔夫人家(柏林西区乌兰德斯特拉斯大街162号),告诉我你的想法。想到与你在黑森林里散步我感到十分幸福、快乐无比。那一定像梦一般美妙!只是我有点担心罗比,他会怎么说呢?……不过,这没什么关系,我迫不及待地想要见到你。米娜看了你的照片,她认为我们十分般配,并祝福我们。这对我有重要意义,因为她是个讨人喜欢的姑娘,我与之结下了深厚的友谊。我们相互发誓,虽然相隔遥远也要尽可能多地见面。

快点写信来,告诉我你认为什么时候与我会面最合适。我担心功败垂成。我总是放心不下妈妈,爸爸写信来说她的状况很不好。

马上就要见面了,我的宝贝。

宝贝

172.（1935年8月20日）周日
巴尔蒂斯致信安托瓦内特，由柏林的迈尔霍费尔夫人转交
拉珀斯维尔

宝贝,我的玫瑰,要是你问我到这儿来干吗,我只能回答说我自己也不知道。昨天,经过痛苦煎熬的等待,在几乎快要坚持不住时,我收到了你的信。然而,我还是跳上了火车,生怕在巴黎多待一天就会让我丧失理智。我坐的车厢里有位眼泪汪汪的阿尔萨斯老奶奶,带着个不停哭闹的烦人小娃娃。我被挤在好几个年轻但身上气味难闻的小贩中间(当我希望在旅途中隐姓埋名时,便会选择三等座)。然而,我的内心是如此躁动不安,以至于整夜都在走道里来回踱步。由于儒弗一家明天就等着我了,今天上午我便浑浑噩噩、头昏脑胀、两眼酸疼地在苏黎世下了车。不过,倾盆大雨中的苏黎世丑陋不堪。我吃惊地看到,上午11点,面对着熙熙攘攘打着雨伞的人群,一支乐队在站台走道上演奏着蹩脚的曲子。这一切让我平静了下来。我坐上火车来到这样一个地方:虽然瓢泼大雨下个不停,街上还是有人在演奏着老掉牙的曲子,嘈杂不堪。不过,明天下午我就在菲克斯山谷了。

我的地址:恩加丁,锡尔斯-玛利亚城外菲克斯谷-沃加利亚峰,萨利斯庄园,让·皮埃尔·儒弗先生转交。

现在要注意,宝贝！别忘了下周日就是9月1日了。在安排见面的过程中我们可不能再有耽搁了,得把信件来往的时间也算上去,否则我们就见不上了。

1) 我从锡尔斯坐头班车出发,最早也要18点17分到弗雷堡。

2) 为了能在晚饭时间赶到弗雷堡,你必须早上7点39分（！）从柏林出发。

如果我的信息准确,你将在晚上8点到达。你有这份勇气吗？

无论如何,如果我们想在9月1日见面,那就只有这个办法——因为按车票规定,我在瑞士至少要待到9月1日（享受折扣的缘故）。

如果你想晚上出发、早上到弗雷堡,那我也同一天出发,在弗雷堡过夜,然后9月2日上午10点那班车到达时去接你。但我得马上承认,照第二种方案,我将度过一个无比焦急的夜晚,很有可能第二天就疯了。

总之,我斗胆希望你能破例一次在6点左右起床(这会令你想起上学以及我去接你的日子)!我将比你早到2小时。我会去策林格霍夫安排好房间(如果你误了火车,我会从那儿发封电报,告诉你地址,并写上"等你速来";这封电报会让我一下子跌入绝望的)。如果一切顺利,我们就在8点半用晚餐!

我再总结一下(希望你别被我的前言不搭后语搞糊涂了):

方案1:(打心眼里希望你能采纳):9月1日周日晚8点左右见面。

方案2:9月2日周一上午见面。

应该无需嘱咐你核对我给的火车时刻了。

无论如何,你必须尽快答复我。周三之前你可能收不到这封信了,你看,没有时间可耽搁的了。最好就是你用快信告诉我到达弗里堡①的确切日期和时间,或者发电报。

还有一件事:我很吃惊你竟然担心罗比的态度。为什么呢?罗比很清楚你我之间不存在什么"私情"。你可以放心,我们现在必须见面,他会理解的。

因为我必须与你单独见面,看看你变成什么样了,与你认真谈一谈。现在,必须想想如何重新安排你的生活了。请相信,我十分清楚自己所担负的重大职责。因为对我而言,并不仅仅在于把你拉进我的生活轨道。倘若以此为目的,那我就是最无耻的混蛋。但我感激上帝把你的命运托付给我,因为我强大的心灵足以引领你。我们得设法让你赶快来巴黎。我最大的心愿就是你能像一个真正的年轻女子那样过正常的生活。

---

① 原文有误,应该就是指弗雷堡——译注。

我们回头再讨论这些。现在,我等待着你,亲爱的小妹妹,我一心一意地等待着你!

见到罗比时替我好好拥抱他,告诉他我非常想见到亲爱的小鱼儿。

巴♥

173. 1935年8月28日,柏林
安托瓦内特致信巴尔蒂斯

亲爱的巴尔特里,我同意周日晚在弗里堡见面。如果在火车站没遇上你,我就去策林格霍夫。不出所料,罗比很不高兴我在弗里堡与你单独见面。我建议他陪我来;如果他不愿意,不管怎样我会写信回家告诉他们我的计划,这样罗比就不用替我遮遮掩掩了。如此一来,我至少可以和你相处两天,我们就可以尽情聊天了。如果天气好,那么黑森林里将如梦幻般美妙……

再见,亲爱的,周日见。

宝贝

第十章 1935.9—11

174.（1935年9月5日）周三
安托瓦内特致信巴尔蒂斯·克洛索夫斯基先生
让·皮埃尔·儒弗先生府邸,萨利斯庄园,(恩加丁)锡尔斯-玛利亚

王后殿下十分生气！亲爱的,我非常震惊,你竟然考虑把自己的肖像送给另外一个女人①。她有何权利拥有我的国王的画像,或者你是为她而不是为我画的？请对我解释这一切。这件事真的伤了我的心。王后重返王国,她喊道:"把摄政期间肆意作乱的人统统砍头！"②王后殿下甚至希望国王也听命于自己,否则她将再次离开这个无政府主义横行的可恶国度。

宝贝,我得跟你说清楚,以便你帮助我。在英国,我希望:找到层次较高的人,我会为他们工作(例如,一直以来,我们驻伦敦的部长夫人聘用了一个女秘书为她处理任职期间的信件),并在他们那儿接触到有意思的人。除此之外,我还可以去运动,或许还会去上艺术史和

---

① 事实上,巴尔蒂斯把带有自画像的《猫王》送给了儒弗家的一位英国女性朋友玛奇·莫利纽克斯。
② 影射《爱丽丝梦游仙境》中盛怒的红桃王后。

文学课,这样就能像生活在巴黎一般充满智慧了。我尤其希望能进入上流社会,我很渴望了解这个圈子,而且建立的人际关系总是能帮上忙的。

罗比破坏了我们讨论这些的机会。我原本非常开心终于能第一次和你单独相处了,亲密地,久久地。我有那么多事要问你。结果,现在除了与你见面的喜悦以外,一切都被这个心血来潮加入我们的傻小子破坏了。不过,我还隐隐抱着一丝希望——如果莫尼克能来接我的话,也许我们能在巴勒重逢。不过最早也要9号了,而且希望很渺茫……要不就十月份在巴黎。但我还不知道。我对巴黎心存一丝畏惧,我觉得你不会有时间陪我,我们根本没机会独处……

你在锡尔斯干吗呢,亲爱的?我觉得一切都那么伤感。我刚刚吃了一个生涩的苹果,又不能吃巧克力。这里的生活一点不快活。我很沮丧。快点写信来安慰安慰我吧,告诉我你爱我,不会为了你的玛奇而忘了我。你瞧,我都开始嫉妒了。10岁那年,特里让我嫉妒得发狂;从那以后,我再也没有过这种感受。

再见,亲爱的,希望很快能见到你。

你的小妹妹

宝贝

175. (1935年9月6日,圣莫里茨)周五
巴尔蒂斯致信安托瓦内特
哈勒斯特拉斯大街51号,伯尔尼

猫王陛下致猫王后殿下

亲爱的小宝贝:

这次见面真是短暂。数月来,它一直是我生活的寄托;几周前,

我便开始怀着与日俱增的难忍的焦躁期盼着。然而,宝贝,亲爱的小妹妹,你一来到身边,我的灵魂便沉浸在无比的宁静中,仿佛很久以前,我的心便回归安宁了。

那么,宝贝,如今再也没有什么能把我们分开了,对吗?哦,离开这个国家前,我多想再见你一面啊。这有可能吗?我刚收到你的信,宝贝。我不知道莫尼克的先生是否会去接你。不过,等着瞧吧,不行的话我会另想办法。我很遗憾,也很生气——我们竟然没能尽兴相处、促膝长谈。我也有很多话要跟你说,要问你。罗比的态度令我十分不快。我承认,对此我没有心理准备。现在,难道我必须防着这个从前被我视为最好朋友、当作兄弟一般去爱的人了吗?我尤其不敢相信那些理由竟然是从他口中说出的。不过,我不愿再多谈论此事了。

而你,我的宝贝,你竟然嫉妒了!这真是过头了。请问,为了谁,为了何事?难道你一下就忘了——三年间,我为了与你重逢而伤透了心;我只顾着为你而拼搏、奋斗?哦,宝贝,我是多么爱你;能够自由地向你表白让我感到多么幸福、轻松而平静!!而且,宝贝,这是怎样的一份爱啊,你都无法想象它有多么深沉、宽广!哦,宝贝,上帝万岁,感谢老天,因为我们正在走向解放。坚强点,勇敢点,靠在我的肩膀上,相信你的猫王!

我们立即就去安排伦敦的事。我已和玛奇·莫利纽克斯及儒弗太太说过了,他们会尽力帮忙的。(作为猫王后,嫉妒玛奇、你的玛奇,你不害臊吗!玛奇是真正的朋友。她品格高尚,会为我因而也是为你做一切。)不过,事情并不会完全如你想象的那般容易。人们都在大幅缩减家庭开支,尤其是上流社会。另外,我会亲自——或者通过贝蒂——去问一下梅·哈钦森。她热衷交际,非常喜爱年轻女孩,家里经常有她们的身影(我并不是说她是同性恋)。还有贝蒂的亲戚考陶尔德家,极为富有(他们家有三兄弟,其中一个是著名的美术收藏者)。还有巴西亚诺亲王夫人的亲戚,但我想不起名字来了。无论如何,我们总会有所收获。不管怎样,放心吧,我是可靠的。

这里的天气捉摸变化不定,不过大多数时候都是晴朗的。遗憾的是,我再也无法忍受度假的日子了。经过十天的无所事事,我开始心慌、焦虑、不安。而你,我的宝贝,现在你肯定认不出伯尔尼了,因为一切都变了。啊,那亲爱的公寓,它竟然不在了,我的心碎了!但是既然美好而充满各种未知财富的崭新生活即将开始,你现在就无须沮丧了。快点写信给我,我不知道会在这儿待到何时。永远别忘了,我爱你,我爱你,亲爱的,我钟爱的小王后。

你的

猫王,巴

别拖延回信,好吗?我多想很快再见到你。

176. (1935年)9月15日,周日

最亲爱的小王后,我可爱的小妹妹:

你的猫王已回到巴黎。但我想,现在一切都不同了,因为我感到你的心正贴着我的心在跳动,宝贝,我可爱的小妹妹,我似乎开始恢复了。我的心不再感到忧伤与绝望,它在为了伟大的胜利而前行!

然而,离开你时我痛苦万分,我悲伤地徘徊在巴勒火车站,有点儿想哭。啊,是的,前方还横亘着如此多的深渊,如此多会让我们迷路的黑暗而危险的森林,还需打败如此多的恶魔,才能收复王国。这需要无比的英勇!我,猫王,身经百战,浑身布满新旧伤痕,经验丰富,充满智慧,有时我会迷路,跌入陷阱,无望摆脱——然而,我总能逃离,朝着那里勇往直前。而你,我亲爱的小妹妹,你的天真与纯洁庇护了你,拯救了你。这是上天的恩赐,没有什么能损害、玷污它们。

我觉得此时的巴黎真让人难以忍受。不过许多人已经回来了,大家情绪都很低落。他们的世界越来越疯狂。对这个世界,我再也

不抱任何指望;我一向厌恶那些从一开始就腐蚀着这片土地的荣耀和体面。幸好我们不是那样的。猫儿万岁！让我们继续蹲在墙头,轻蔑不屑地看着他们疯狂丑恶的行径。

亲爱的,快点,快点写信来,让我知道你怎么样。这封信只是猫王对王后致以的小小问候。另:我爱你

贝蒂一星期后回来。等她回来后我们就可以安排伦敦的事了。

177. (1935年9月15日)周日
安托瓦内特致信巴尔蒂斯

亲爱的,我的宝贝,我的杳无音信一定让你焦急万分了吧。可是周五早上,我的狂热劲儿突然消失了。这两天我感到没精打采的。我舒舒服服地躺在新卡非格上,重拾整个夏天都丢在一边的普鲁斯特。我没有勇气把一封信送去火车站。

你呢,小宝贝,你怎么样？这次感冒真是太滑稽了,不过也许环境的改变能让你好起来？幸运的是,我的感冒好了。不过这类情况在我身上从来都不会持续很久。亲爱的,我希望明天能有你的消息。现在,我们得经常通信,以缩短我们之间的距离。不过,我已经感受到了甜蜜而平静的幸福。我终于看到一条笔直的道路展现在眼前,通往无比美好的生活。说真的,我原本有点害怕把自己完全交给你的那一刻,我害怕被太多的痛苦回忆淹没;尽管十分渴望你,但我担心自己再也无法做爱。可是,你用无限的爱拯救了我。我终于从漫长的噩梦中走了出来,骄傲地成为猫王的女人。我将努力使他忘却苦痛;我将侍奉他,终身听命于他！

能去巴黎待几天,我感到多么开心啊。十月底的卢森堡公园和树林一定非常美。我多喜欢秋天啊！要是罗比不在那儿,我就告诉爸爸莫尼克邀请我顺便去玩两天。我相信他应该不会反对。现在我

该瞧不起的是罗比了。由于巴勒之行的缘故,他不再疑神疑鬼。那次,我告诉他,我是和莫尼克一起睡的;由于我们一直和她待在一起,我能讲出许多诸如希尔特家的事来,从而消除了他的疑虑。那个晚上多么美妙啊!他们为我们奏响了莫扎特的乐曲;在你身边聆听着如此悠扬的音乐,我感到无比的快乐。和你在一起,我将学到并见识到那么多美好的东西,以至于我确信我们的共同生活将给我带来幸福,确信通过努力使你的生活不再如此艰难,我将树立起一个女人所能拥有的最崇高目标。

再见,亲爱的哥哥,我深爱你。

猫王后,宝贝

178. (1935年9月17日)周二

最亲爱的小宝贝,我一直焦急万分地等待着你的来信。终于,终于我能把它捂在胸口了。我的心里充满了甜蜜,因为我想到,周日,也许就在同一时刻,你和我一样,趴在桌上写信说你爱我。是的,亲爱的,噩梦结束了,痛苦与犹豫结束了!自从知道你不再因为我而悲伤,我便体会到了一种平静和无比的快乐。我将尽我所能协助你在成功的道路上披荆斩棘。从报纸和广播上得知这个世界正变得日益疯狂,我感到忧心忡忡。然而,尽管如此,我还是宽慰自己说,在尚未畅快淋漓地表达自我之前,你不会有事的。但令我感到悲伤的是,这个疯狂、愚蠢、如此卑劣的世界阻碍我们最终结合在一起,生活在彼此身边。不过,希望给你占的卜能准,希望1936年能给你带来成功与荣耀。根据他们的占卜,我应该24岁左右结婚,希望如此!告诉我,难道你的占卜里没提到我吗?

如今我生活在对你的思念中,宝贝,正如今年整个夏天,我不断想象着你在我身边,以至于我以为自己可以触摸到你;我还反复地和朋友米娜谈论你，而现在我再也体会不到这般深深的喜悦了……

不过这种情况不会持续很久，不是吗，亲爱的？我很快就要去巴黎了，我终于能够亲眼看看你的作品了。我还将结识你的朋友，学会了解你的生活。实际上，我了解的只是假期中的你。我迫不及待地想要见到你，我成天坐立不安！我爱你，我爱你！

你的小妹妹

猫王后，宝贝

179. （1935年9月19日）周四
巴尔蒂斯致信安托瓦内特

宝贝，我亲爱的小姑娘，已经过去一周了。今天，这里天气不好，又是风又是雨。秋天就是这样，不过在巴黎的话倒挺不错的。人们勤勉起来，一切都在促使你去工作。笼罩在阴沉灰暗里的城市显出一种难以言喻的亲密温柔却又冷酷的氛围来。亲爱的宝贝，当我们一起散步，当我带着你在街上闲逛、让你看所有这些景致时，那该多美好啊。多少次，我想象着你就在我身边！啊，这一切必须尽快实现，马上。

亲爱的甜心，我收到了你两封信。是的，我的内心也感到无比宁静。这是多么幸福啊，我能够无拘无束地去爱，能够一如既往地去爱；因为，亲爱的小妹妹，对我而言，你就代表着那灿烂的童年！但愿我的心能归于安宁，平静下来。我的灵魂面临着外面无休止的暴风骤雨，它争斗着，永远争斗着，直到最后！不过，至少让我能在亲爱的小妹妹怀里休息一番，喘口气，难道我丝毫不配拥有这非凡的幸福吗？

我们关系中最美好、最伟大之处就在于这甜美的亲密无间。似乎一直都是如此，而且是真正永恒的。所有人类之爱在它面前都黯然失色。宝贝,亲爱的小王后,别为等待而过于忧虑。确实,我们似乎一直处于等待中;但等待、分离只会把我们更紧密地联系在一起。不过,尽管如此,我自己也厌倦了等待。然而,也许还有一个月,你就要去伦敦了。这将是迈出的第一步。你问我在干什么——到目前为止,我还有点找不到头绪。等卡桑德尔一家①回来后我将给他们画像。我跟你说过这事。另外,我还在为今年冬天要画的两幅画做准备。我忙着新画室的装修,这些事挺无趣的。三个星期后,我要搬家了。因此,我有种被悬空的感觉——直到重新安顿下来。我想你会很喜欢侯昂庭院的,这是巴黎最有意思的地方之一。

在目前的混乱状况下,我无法随心所欲地经常给你写信了。两天前我就打算回信给你了。你的来信是那么令人愉悦、感动,给我带来了幸福。最后,你还完美地回答了一星期前、就在你即将出发之际我向你提出的那个问题!

亲爱的宝贝,你还是要经常写信来,频繁地。心事重重的小可怜,你就在我身边,我可爱的小妹妹。跟你一样,我已经迫不及待了。

巴

180. (1935 年 9 月 24 日,巴勒火车站)周一晚,7 点

可爱的宝贝,我刚收到你的信②,亲爱的,非常感谢。一小时后,也许你将聆听勃兰登堡协奏曲中的其余几只曲子了。我真高兴你能懂得欣赏。很久以来我一直想把它们推荐给你!

至于我,昨天我收到了布兰奇和玛奇的求援电报:随着返回巴黎

---

① 卡桑德尔一家:巴尔蒂斯将为其朋友阿道夫·穆龙的妻子及两个孩子画像。穆龙,即卡桑德尔(1901 年生于阿尔科夫,1968 年卒于巴黎),著名美术设计师及戏剧布景师。

② 这封信未找到。

的日子一天天临近,儒弗再次开始饱受神经衰弱的折磨。可怜的人。看来他需要我,因为我是"能将力量赐予那些软弱者或丧失力量者的神灵"。由于他们把车票都寄来了,我只好又坐上了火车,今年已经不知道是第几次了!难道你不觉得猫王的生活一点儿都不安稳吗?

我的甜心,当你收到这封信时,我又踏上了瑞士的土地。他们明天上午11点去库尔接我,下午就到菲克斯山谷了。我们在那儿待两天,然后坐汽车经日内瓦返回。亲爱的宝贝,此次旅行恐怕与你见面的机会很渺茫。怎么见呢,我毫无头绪。我认为儒弗一家想从意大利走;我将试着让他们改变路线,从伯尔尼走。哦,宝贝,要是我们能再见面该多好啊!不管怎样,我都会在周三上午11点左右从锡尔斯打电话给你。这次旅行并不让我特别兴奋,短短几天时间太累了。我们将在周六或周日回到巴黎。不过,总得学着为朋友做出点牺牲,而且要是能见到你的话,哦,上帝啊!可是,我不敢抱任何希望……

可怜的小宝贝,你目前如此沉闷的生活让我感到难过,十分难过。希望你不会为此而过于痛苦。不过,你并不孤单,不是吗,你不会感到孤单,因为你的国王就陪在你身边!有时你还去散步吗?你忧郁伤心吗?啊,对了,还在节食吗??我希望你到巴黎来时能完全展现出美丽的风姿,让所有人在你经过时都目瞪口呆,窃窃私语地相互议论着:啊,这就是猫王后,猫王后啊!

昨天,我和斯坦普夫里夫妇度过了一个愉快的夜晚。你怎么知道要提醒我这次约会的?我觉得埃迪在改进为人处事方面做出了很大努力;不管怎样,昨天他们只小小地拌了几次嘴。莫尼克肯定会去看你的。她周三出发。我呢,我会见到你吗?宝贝,亲爱的,我得停笔去收拾行李了,但我还是想先拥吻你。

你的国王献上他无尽的爱意和千万个吻。

国王♥

你知道的,那儿有电话:菲克斯山谷43.71.(最好是上午9点—10点左右或晚上10点左右打)。不过我周三上午会打电话给你的,因为我想上午和你单独说说话的机会最多。

181. (1935年9月—10月)周日
安托瓦内特致信巴尔蒂斯

亲爱的,我爱你,我爱你,我急切地需要告诉你这一点!我还得告诉你最近的一些奇遇。昨晚,我第一次参加了牛津运动①的集会。之前我曾打电话给莫尼克,但没找到她,于是便决定去卡西诺,希望能在那儿遇见哈恩夫人②。那里到处是密密麻麻的人群,这在伯尔尼简直是不可思议。我正巧坐在男爵夫人身后,隔了几个座位。我非常惊讶但并无多少共鸣地——我得说——听着那些"发生改变"的人的讲述。毋庸多言,这些原先深感不幸、杞人忧天、心怀叵测、心胸狭窄的人一下子明白了这一切是多么微不足道,开始变得仁慈宽厚、平易近人。总之,猫王后坐在墙头,吃惊不已!集会结束后,我急忙去找男爵夫人;她把我带去了贝尔维尤。她非常迷人,我很高兴再次见到她。后来,莫里永的德·恰尔那先生过来邀请我们去酒吧,因为他想把哈恩夫人介绍给德·海塞亲王夫人。真遗憾你没能亲眼目睹这幅奇特的景象:亲王夫人坐在一张小酒吧桌边,面对着无比崇敬的人们(我第一次做出了尊崇的样子),十分严肃地与牛津运动的早期领导人之一讨论着宗教问题;与此同时,离我们不远的那些小老百姓以及商店的伙计们正在找着周六晚上的小乐子。尖锐刺耳、响声震天的爵士乐回荡在酒吧里。这真是最滑稽的对比……

周二上午

亲爱的,这真是太奇妙了。几天前,我就预感到会与金重逢。我

---

① 19世纪中期由英国牛津大学部分教授发起的宗教复兴运动,又称书册派运动——译注。
② 婚前姓列文,是米娜·德·克莱斯特的舅妈。

暗自思忖着,如果突然遇见他,而他又邀我一起用餐,我该怎么办。结果,昨天上午有人打电话找我,就是金。他路过伯尔尼,抱着碰碰运气的想法打了电话,看看我是否已经回到家里。出于友谊,更重要的是你允许我与他见面,我便同意和他一起吃午饭——尽管应该说,我并不情愿。起初,他还彬彬有礼。我请求他原谅我在与他的关系上表现出的怯懦软弱,原谅我从未认真考虑过结婚的事。他说,恰恰相反,犯错的是他,应该请求原谅的是他,等等。可是,他又忍不住提了若干问题。而我没有像先前打算的那样撒谎,而是完全说了真话,告诉他我爱你。听了这些话,他开始攻击我,说他从未想过我是如此卑劣,说他相信我很快就会再次陷入不幸。总之,我很生气。不过,幸好,这一切发生在最后十分钟,在我们去火车站的路上。看着他离开,我松了口气,但也悲哀地发现,对我而言,他一直都是那么陌生,从来都一点儿不能理解我。另外,去弗里斯科吃饭时,我几乎没认出他来,他在我眼里变得那么陌生①。亲爱的,你会怪我没有隐瞒真相吗?我是否本应避免为你树立这样一个死敌?可是,怎么撒谎呢,怎么否认这样美好的一件事,否认我们之间那让我深深陶醉的爱情呢!

下午我见到了迪娜·哈恩。看到我沮丧愤怒的样子,她趁机好好教育了我一番,她很希望我能接受他们的观点……不过,即使我认为牛津运动挺有意义,一点儿不可笑,但上帝的概念离我还是太遥远了;而且,更重要的是,猫王后还要侍奉她的国王,没有时间去关注世人的灵魂。我们是魔鬼,无法变成天使!

快点写信来,告诉我你对这些事怎么看,还有,你在做什么。我们很快就要见面了!我爱你,我爱你,我久久地拥吻你。

宝贝

---

① 在最后一封信里,金提到了这次会面:"九月份在伯尔尼最后一次见到你时,我激动万分,而你则几乎没有。我当时并不怪你。不过,在火车站月台上给你看照片时,我本能地开始自我防卫,没能控制住自己的情绪。我并不怪你;相反我很伤心,你竟然曾……我不清楚是在哪儿,应该是在巴勒!"

182. （1935年）10月4日，周五

可恶的宝贝，你为何没写信来，我甚至不知道你是否已回到巴黎，你是不是病了，或者只是忙得团团转？你会去伦敦吗？快点写信给我，片言只语即可，好让我放心。

我已经和那些人打成一片。他们的疯狂令我惊骇。或许，需要通过一场政治活动来使他们确认自己的存在；或者，他们有必要加入某一教派。真是太不可思议了！我和罗比对这些牛津运动团体很感兴趣。你可能会指责我们过于容易受到外界影响；但是，正如我说过的，起初，我是抱着怀疑的态度，只是试图去体会一种宗教情感，一种应当十分美好但我一无所知的情感。我们这个时代真的已经疯狂。这些人谈论的是"思想革命"，"二次改革"。同时，他们又极其天真，感到自己快乐而无比纯洁，因为他们有勇气寄出了几封写起来令人不快的谢罪信。

另外，我牙疼。你不在这儿，我就可以安安心心地把手放到嘴里了！我想应该是有脓肿。我得躺在一个热得要命的房间，我打了三针阿洛那，因此微微有点头晕，现在必须去睡觉了。不过我还是迫不及待地要告诉你，昨夜我梦见了你，梦见自己在你怀里。这真是美好得无法想象。我非常渴望你的嘴唇。知道吗，如果一切顺利，还有三个星期，我就能被你搂在怀中了！我打算周五出发，这是愉快的一天，周五晚上即25号到巴黎。我能去伦敦吗？我很希望可以成行。

再见，亲爱的，我深爱着你。

猫王后，宝贝

183. （1935年10月5日，从巴黎发出的快信）
巴尔蒂斯致信安托瓦内特

可爱的宝贝，这是周日的小小问候，亲爱的。今天我没时间写信

给你了,但如果让你太久没有我的消息,我会感到伤心和不安的!

回来后我一直忙得四脚朝天,因为在搬离菲尔斯滕贝格大街前,我得完成已经开始的卡桑德尔太太及其孩子们的画像。

我明天再写封长信给你。

我深爱着你。周日愉快

猫王

184. (1935年10月7日)周日

亲爱的小甜心,我想今天上午在我收到你信的同时,你也应该收到我的信了。可怜的小宝贝,你抱怨我音讯全无。哎,回来后我一直忙得团团转。侯昂庭院的装修毫无进展,我不知道15号,也就是十天后,怎么能搬进去。我将不得不住到里希家或儒弗家去。另外,由于已经开始着手一幅画像,我成天就忙着从画室奔波到侯昂庭院,再从那儿去设计师家。那是个愚蠢的老家伙,拖拉得让人绝望。如果这乱七八糟的地方能在11月1日左右变得差不多可以住人,那我就满足了。这一切都令人泄气,我情绪很坏(对猫王而言真是糟糕)。亲爱的宝贝,你那封长长的来信讲了那么多事,让我开怀大笑,然后不住地吻它。哦,宝贝,你的故事多有趣啊!我不了解牛津运动及其理念,但我想它代表了我们这个时代的一个特点,反映出宗教情感的怀旧。没有宗教情感,人类便无法生存,也许任何社会都将不复存在,因为人类无法容忍虚无。只是,如今卑微的人类还能够创造甚至找回曾被他们从这个世界里驱逐出去的上帝吗?他们是否曾鼓起勇气去理解基督教?我不知道牛津运动采取了哪些形式,我听闻的一切似乎都有些荒唐。不过我不予评论,因为我不了解。但是它之所以荒唐,或者说显得荒唐,是因为上帝并不在其中。

好了,我们别谈论上帝了。这不是我们贫乏的语言力所能及的。

我们会在一切真正崇高、美好、纯洁和真正深刻的仁慈中发现上帝。但愿他能原谅我，我不善于谈论他。不过，他经常给我机会去感受其伟大的存在，有时是在你身边，宝贝，有时是在大自然中……

在菲克斯谷度过的这两天多么美好啊！那儿有个可以俯瞰锡尔斯湖的小山谷，它就像人间天堂一般美好，因为那里的每个人都很快乐。现在这个季节，大自然也在那里变得疯狂起来，色彩斑斓，点缀着紫红、血红、灰绿、黄绿等颜色，总之真的就像一名疯疯癫癫的老妇。秋风飒飒，在灰暗的云朵下，所有这些颜色都分外绚烂夺目。我赤脚奔跑在欧石南丛中，仿佛踩在柔软的地毯上。

不过旅途并不愉快。可怜的儒弗，通常他是个和蔼可亲的人，但当神经衰弱发作时，就变得完全让人难以忍受了。总之，他的妻子和玛奇都说我救了大家的命。我们不得不在日内瓦待了两天，在那儿修车。我在少年时期曾住过的城市里散步，惊奇地发现自己竟然还对它心存厌恶。看到河岸及萨莱夫山，我仍像上中学时一样感到不快。不过，我还是去那所中学故地重游了一番。在圣-安托万游憩广场上，我遥想着自己15岁时的身影。

周一上午

亲爱的，昨晚我不得已中断给你写信。我还想谈谈你跟金的会面。你在叙述时表现出了一丝犹豫。你说，之所以见他主要是因为可以说我曾允许你再与他见面。我提起此事，是因为我感到你还心存些微的"恐惧"。你必须明白，可怜的小宝贝，我永远不会阻止你去见想见之人。我尤其希望已使你成为一个自由的人，可以遵从自己的情感与内心而行事。你瞧，就我而言，我从来都不能理解，为何一旦所谓的爱情消失了，我们就得与那个曾与你十分亲密的人一刀两断。我认为，如今已经很少有人能有机会体会到爱情了。但如果一段亲密关系不能保留任何形式的延续，那么只能是因为人们以它为耻。既然爱情充满了偶然，也许仅仅是一种欲望，那么我们就不能由此而寻找到其他较为宝贵的东西吗？总之是收获而不是丧失，是一段崭新的人际关系。当然，这是极其危险的一种态度，必须以坚强的意志为前提，否则原本美好的东西就会变成肮脏可怕的混乱。不过，我所说的这一切并不适用于你，因为我在想，你和金是否并未分道扬镳。我只是想跟你解释我对某些事情的看法。有必要告诉他真相吗？令我惊奇的是，他竟然没有自己猜到。可怜的人！我曾经历了太多痛苦，因此无法不理解他；不过，把真相告诉那些不愿面对的人，肯定总是会更好一些。

无论如何，我们，自开天辟地来一直沉浸在同一爱情中的猫王和猫王后，有时我们可以亲切地对世人报以善心，向他们伸出仁慈的援助之手。然而，对于浑浑噩噩、愚蠢可笑地胆敢阻隔我们的人，那就只有厄运，可怕的厄运。我听到他们脆弱的骨头在轻轻作响！！

再见，再见，我的宝贝，我可爱的猫王后，写信给我吧。可恶的一星期在等待着我。你的吻让我深深陶醉。

你的

猫王

185. （1935年10月19日，快信）周六

亲爱的，宝贝，我把你一人丢下，这么长时间，丢下你一人，我可怜的小姑娘！！这是因为我亲自动手参与了新画室的装修。我几乎整天待在那里，帮着刷漆，我迫不及待地想要看到这一切完工。啊，天哪，这是多么令人厌恶啊。菲尔斯滕贝格大街只是回忆了（我想人们会竖块牌子的），我生命中的又一页就这样翻过去了。不过侯昂庭院会很漂亮，而且，你很快就要来看我了。我急切地想要知道伦敦那些新工作机会有什么说法。如果加利齐纳亲王夫人能让你去她家，那就太好了，但还没有回音。之前那么多次失败让我万分

沮丧,现在得让一切顺利进行。我多么渴望你能在我身边啊,哪怕只有几天。啊,让我体会一点美好与诗意吧!因为我觉得如今生活十分艰辛,这个世界越来越不适宜居住了。亲爱的,快点给我写信,寄到我的新地址来。我希望在那儿收到的第一封信是来自于你——但你得写啊。

巴黎六区,侯昂庭院,3号

巴尔蒂斯先生收(因为这里的人只知道我这个名字)

目前,我住在玛奇的房子里。她人在伦敦,但下周初就回来。那我可能就要住到里希家去了。实际上,你可怜的猫王正四处流浪,直至11月1日。希望到那时一切都弄好了。

我急着去邮局,好让你明天收到这封蹩脚的信。

再见,可爱的宝贝,亲爱的,我久久地拥吻你,我钟爱的小王后。

猫王,巴尔蒂斯

186. (1935年10月26日,快信)周六

宝贝,亲爱的小妹妹:

我坐进一家咖啡馆,飞快地给你写信,好让你明天收到。明天就是圣一安托瓦内特节了,亲爱的,我本以为你会来到我身边。相当奇妙的是,明天也是我母亲的生日。

可怜的小东西,你忧伤的来信让我万分难过,我不知该做些什么来帮助你在伯尔尼再坚持一段时间。幸好,寄到侯昂庭院的第二封信欢快了一点。可怜的小姑娘,我也曾担心你也许会埋怨我使你度过如此难熬的一段时间。我感到自己对这一切负有不可推卸的责任,你能理解吗……

加利齐纳亲王夫人还没有最终答复我,她又问了些问题,我想最迟周一就会有消息了。我觉得一切都漫长得可怕,我比你更急着想要得到满意结果。不过,另一方面,我真心希望你能得到一个良好的、对你有益的环境。哎呀,生活真是复杂,当我们有需要时那些人总是很难被说动。

一旦事情有了眉目,如果这位加利齐纳夫人那里有好消息传来,我会设法让你跟她联系上,这样你就能自己写信给她,开始往来。我曾考虑亲自去伦敦与这位听说过我名字的女士商谈,这样事情就容易得多。然而,可惜的是,目前我无法离开巴黎。

因此,让我们继续等待吧,至少我们俩一同处在焦急不安中。另外,尽管你不情愿,但我还是挺高兴看到罗比打算陪你到巴黎来。这样事情就会简单得多,至少你肯定能来了,而且无论是你还是我,我们都不喜欢暧昧不清、故弄玄虚之类的事。此外,关于女管家的事,请相信我自己就能干好这份活儿(!!)。

目前最令我痛苦的是,我总没有时间安安心心地给你写信。我已经这么久没好好给你写封长信了。亲爱的宝贝,我总是忙忙碌碌、急急匆匆,干什么都是一路小跑,而我其实是个慢性子,我讨厌这样。

侯昂庭院的布置有所进展,但我仍待在工地上,整个白天还有工人在。这事没完没了的,花费会贵得吓人,而我已一贫如洗了。然而,既然生活在一个尔虞我诈的时代,我们没有理由不趋炎附势。不过,希望到下周末我能有点空闲。

我把儒弗的新书①寄给你。求求你,快点写信来,我的天使。希望下周初我们能得到点说法。再见,可爱的小妹妹,再见,亲爱的小王后,我久久地拥抱你,吻你,我的小宝贝。

你永远的

猫王,巴

---

① 指《资本舞台》(包括《血淋淋的故事》和《深刻年代》),见第193号信。

187. (1935年10月27日)圣-安托瓦内特节
安托瓦内特致信巴尔蒂斯

我刚收到你的信,亲爱的。我立即开始回信,告诉你这几天我乐开了花,满心欢喜,因为我已经宣布下下周的周五就要去巴黎了。还有半个月,我就要到你身边了。想到这我就欢呼雀跃。你能问问斯坦普夫里夫妇吗,看看能否让我从下下周的周六起在他们家住半个月左右。如果由于种种原因他们有困难的话,那就让莫尼克接待我。你肯定能在玛奇或你母亲那儿给我找个睡觉的地方。不过我这边最好能有莫尼克的邀请信。罗比丝毫没有反对我离开,而之前让我有所顾忌的正是他。不过,如果阻止我去巴黎待这半个月就实在太可恶、太荒谬了——那可是我梦寐以求的地方,并且这么久以来我一直为之备受阻挠——尤其是如果我不得不在伯尔尼待到新年后的话。匈牙利堂妹①住在这儿时,我跟她商量了一番,然后趁机把我的计划告诉了爸爸。他应该会同意我去加利齐纳夫人那儿,但我想他更希望我过完新年再走。这也合情合理。如果我在巴黎待到11月底的话,那么讨厌的三个星期后就是圣诞节了。之后,于比会来,还有斯坦普夫里夫妇。在此期间,我会有充分的时间安排好伦敦的各项事宜,或者,如果加利齐纳夫人不要我的话,再想别的办法……

下雪了,亲爱的。刚才我看到飘起了雪花。这里已是冬天了,多么伤感啊!亲爱的,想想看,很快我就要奔向你的怀抱了,我终于终于要来巴黎了,我简直不敢相信,我担心此行终将只是南柯一梦!

以下是我的建议,告诉我你觉得是否可行。

叫莫尼克写信给我,我会告诉她下下周的周六到。但是我会周五乘1点半的火车出发,你去火车站接我。周六上午我打电话给斯坦普夫里夫妇,说我最后决定坐夜火车来,并已提前发了封电报给你,你到车站来接我了。你觉得这样可行吗,或者他们不会认为我在

---

① 安托瓦内特的祖母婚前为麦德克扎琪女男爵。

说谎？但我觉得挺像那么回事的。告诉我你是怎么看的。啊，还有罗比！因为罗比又改主意了，他见到了利普斯，后者正要去埃及，他打算一同前往。他跟我说，得趁着还有点钱和闲暇时间抓住机会，很快他就将不得不去找工作了，例如编辑什么的，那样就没法旅行了。而且利普斯交游甚广，能通过他认识些有趣的人。这样罗比就会忙着准备出游，也许就顾不上我了，除非他再次改主意。他的事，谁都说不好。这样也许不太好，但实际上我更希望他不要来。想到自己对巴黎的第一印象及感受都逃不过他的眼睛，我就不自在。另外，我得告诉你，他跟我说，与你在弗里堡的争吵让他感到非常非常难过。他是这么对我说的："破坏友谊的总是女人。"这句话让我明白了你们之间的症结所在。最具有讽刺意味的是，虽然对我们在弗里堡见面的想法冷嘲热讽，昨天他自己却跑到弗里堡去和女人度周末了。至少我们去的时候正是一年中最美丽的季节，而他却只是为了瑞吉斯特马克一家。不过我也没少奚落他。这真好笑，不是吗？

快点写信来，亲爱的，告诉我，一想到我马上就要陪在你身边了，你也无比欢欣。而我，我活着只是为了那一刻的到来——我将久久地与你甜蜜拥抱，把几个星期以来漫长的分离与焦灼不安抛诸脑后。

我拥吻你，拥吻你。你的小王后。

宝贝

接下来的日子里，我也是个穷光蛋。我让人做了件非常漂亮的大衣，沃维也还在为我缝制一条连衣裙，巴黎之行将令我身无分文。罢了，大老爷们从来都是负债累累的！

188. (1935年10月30日，快信)周三
巴尔蒂斯致信安托瓦内特

可爱的宝贝，亲爱的小妹妹：

收到你的信时我差点从梯子上跌下来——我正站在上面刷墙。这么说，长久以来的一个美梦就要实现了。我会带你游览巴黎（对它我可没什么好感）。你就要来这儿了，到我身边来了！

这一切让我眩晕，我仿佛几年来一直都处于极度亢奋中。人生的道路真是奇妙啊，太奇妙了！我激动得说不出话来，幸福得快要窒息了。快乐总是会给我带来一些不适的。宝贝，下周末，就在这里！

然而，最初的一阵欣喜若狂过去后，我开始认真考虑此事。我猛地意识到你必须将行程推迟几天。你马上就会明白为什么了。首先，侯昂庭院几乎还不能住人，除了我。然而，尤其是自从回来后，搬家让我的生活完全乱了套，以至于忽略了许多重要的事情，我现在就必须去处理。九月份以来，我就没顾得上自己的事，一切都中断了。如果现在就来，你会面对一幅乱七八糟的场景。你将看到我怒气冲冲、烦躁不安地来回奔忙，而我甚至可能都无法一直陪着你。另外，安置新居让我囊中羞涩；如果你在的话，这种状况会令我难以容忍的。因此，请你帮帮忙，再等几天，15号左右再来。知道让我望眼欲穿的你没几天就要来了，宝贝，我竟一反常态地乐于将与你见面的幸福时刻推迟（仿佛把快乐的时光延长了一般）。你会收到莫尼克的邀请信的，她就等着办这事呢，另外住处不是问题。

现在说说另一件事吧。昨天，我从朋友苏夫钦斯基①那儿得知了加利齐纳亲王夫人的回复。一直都是他在联系这些事情（我也是通过他认识伊娅即阿布迪女士的）。这个回复——我立马转告你——挺让人失望的。我没有料到。因为和大家一样，加利齐纳家最近在经济上遇到了些问题，亲王夫人不能立马就为你提供膳食，而是提议你先在她家寄膳宿，让她看看你能做什么，然后——她说——再另作安排。她提出的膳宿费用倒的确很低，600法郎即每月125瑞士法郎，当然包括所有生活设施。我真不知该怎么办，尽管我完全信

---

① 苏夫钦斯基：流亡巴黎的俄罗斯音乐理论家，生于1892年。

赖的苏夫钦斯基叫我建议你接受这个提议。看起来这位女士真的是和蔼可亲,而且环境也很理想。事实也的确如此,现在问题就在于你是否能够支付这笔费用。你应该跟你父亲谈谈。我不太清楚该怎么办。显然,你会在那儿过得挺有意思的。

另外,今天下午我要与一个从伦敦回来的小伙子见面。他见了加利齐纳亲王夫人,并与之谈起了这件事。我看看到时能打听到什么。不过,如果你愿意,并且考虑你爸爸的意见,你可以直接给她写信。

不过,还是再等等吧,看看一会儿见过那个俄罗斯年轻人后我能不能告诉你些详情(如果有的话)。

亲爱的,我得赶快停笔了,现在已经不是等待的问题了,而是要准备行程了,对吗?快点写信来!!我要把你紧紧搂在怀里!

替我拥抱罗比,这个小鱼儿,告诉他,我对他的情谊从未改变。

猫王,巴♥

189.(1935年11月5日)周二

亲爱的宝贝,周日你应该等我的信了,可怜的宝贝。可是周六我没能给你写信。周日我想你了,非常心痛。所以今天赶紧给你写信,赶紧问候你一下!

我想再告诉你些伦敦方面的消息:据从加利齐纳家回来的朋友说,他们似乎真的非常和善亲切,而我也完全持赞成态度。亲王夫人已准备好满足你的一切需要,让你过上喜欢的生活,例如社交频繁的生活或其他,还有英文会话等等。亲王有辆汽车,这样你出行就会很方便。总之,我相信这会是充满各种乐趣的生活。告诉我,你的父亲对此怎么看。实际上,从巴黎回去后你不能立即就去伦敦真是太遗憾了。另外,我希望,如果可能的话,你已经从伯尔尼写信给加利齐纳亲王夫人了。什么,一个像你这么大的女孩儿竟然不会写信???!!!那么让罗比帮你吧。我觉得从现在起你就跟这位女士联系会比较好。

至于我,我原以为已经基本安顿好,结果安装电路又再次把一切搅乱了。我暴跳如雷,心情极差——又得几天没法工作了!

亲爱的,你马上就要来这里了……

我得赶快停笔了。再见,可爱的宝贝,再见,很快就要见面了!

巴

190. (1935年11月4日①)周六晚
安托瓦内特致信巴尔蒂斯

巴尔蒂斯,亲爱的,不断地被迫推迟行程真是太痛苦了。我迫不及待地想把你搂在心口。不过这是最后一次了,不是吗?还有一星期,我就快到巴黎了。

我刚喝下了一大杯热柠檬水。太可怕了,这让我想起了那个无聊的小酒吧,就在到达巴勒的第一个晚上,我焦躁不安地等着莫尼克下决心出发。是的,我又重感冒了,幸好去巴黎前我还有时间恢复。

周一上午

亲爱的,在伯尔尼的最后一个周日已经过去,多么幸运啊!此时最难熬的就是这一天了,还有五天我就要出发了!目前我正忙着做慈善。我是富尔米慈善会的募捐人。看到我像个懂事的小女孩般打电话给形形色色的夫人们,提醒她们别忘了自己的职责,你一定会忍俊不禁的。从9岁起我就成为富尔米的一员,每年都要为穷孩子们

---

① 这个日期似乎有错,根据后面几封信看,应该是9号——译注。

织长袍和披巾。因此不管怎样,我得在这儿待到星期六,以完成今年的任务。不过,亲爱的,我想对你提个要求:永远都别再对我凶,哪怕只是开玩笑!我对你的语气非常敏感。周六,听到你欢快、温柔、充满爱意的问候我感到多么幸福啊。可是,突然你又冷冰冰地来一句"否则我会羞辱你的",让我非常难过,一整天都闷闷不乐。晚上,躺在床上,想到有一天你可能真的会对我冷酷无情、有一天我们之间真的会发生争执,我泪如雨下。单单想到这类事情发生的可能性我就已经绝望到底了。

我周六晚上9点50分到。罗比竭力劝我不要坐夜火车,因为不睡觉的话,第一天会非常累,而我不管怎样都会兴奋得睡不着。周六晚上,我就要见到你所在的那座霓虹闪烁的城市了。周日上午,我们将马上一起幸福地散步。我会写信给斯坦普夫里夫妇,告诉他们我周日晚上到。你在电话里似乎也赞成这个办法。周日,我们还可以再商量一下怎么跟他们说。不管怎样,罗比不会立即就来陪我。如果晚些时候他来与我们会合的话,一定不能让他从斯坦普夫里夫妇那里看出什么破绽来。不过他还在等《新苏黎世报》的答复,希望能给他们寄些文章过去,为埃及之行赚点钱;另外还有山上的消息,也许冬天他可以去那儿疗养。不过最重要的是,我可以和你单独待几天了。

可能的话,赶紧再给我写封信。周六见,亲爱的!
我久久地拥吻你

宝贝

191. (1935年11月14日)周四
巴尔蒂斯致信安托瓦内特

啊,宝贝!后天,你就要出发了。尽管烦心事一大堆,巨大的喜悦还是在我心底蔓延开来。

这几天我没有时间写信给你了。我本想聊聊你来信中的某个话题,小傻瓜!!

争吵!可是我和你吵过吗,可怜的孩子?我可不会吵架,这种事太卑鄙、荒谬、恶劣了。我一向都认为争吵是很荒唐可笑的!

可爱的宝贝,周六晚上,就在周六晚上!而周日上午,我们即将漫步在卢森堡公园了!

巴

第十一章 *1935.12—1936.10*

192.（1935 年 12 月 7 日）周六
   巴尔蒂斯致信安托瓦内特

可爱的宝贝，亲爱的茜茜：

　　I ha di ja so gärn! 此行愉快吗？顺利返回了吗？在一起的这几天多么甜蜜啊。尽管我们遇到了重重障碍，我还是感到平静、快乐和安宁，因为我有这么一个可人的小妹妹——面对可怜的猫王，她天真的灵魂给予的支持与宽容甚于所有远远比我们明智的人。

　　快点告诉我回到伯尔尼后你生活得怎么样。希望在那儿的最后几个星期你不会觉得太无聊。利用这段时间为伦敦前程似锦的新生活做准备吧。周一或周二我把《远大前程》寄给你——

　　因为，周一，我的经济困境即将结束。今天上午皮埃尔·科勒①

---

　　①　皮埃尔·科勒(1909—1948)：在父亲朋友马克斯·雅各布的帮助下，起初为收藏家雅克·杜塞工作(通过他，科勒结识了阿拉贡和艾吕雅)；后来，20岁时与克里斯汀·迪奥开办了自己的第一家画廊。1931—1935 年间，他在康巴塞雷斯大街展出了马克斯·雅各布、达利、贾柯梅蒂及贝拉尔等人的作品。1936年，巴尔蒂斯为他画了像。另外，1938 年和卡门·科奎拉结婚所生的几个女儿后来成为《三姐妹》的原型 (1954—1966 年间，巴尔蒂斯共画了五幅)。

来约我画幅德朗①的肖像;刚才,皮埃尔画廊的皮埃尔来告诉我说,他将为我的大型画作(锡格里斯维尔-洛特峰)提供资助。最后,周四,那位可能要我替他妻子和女儿画像的先生也将过来。总之,事情重上了轨道。你再来时很有可能会看到我这里生意兴隆。不过,放心吧,我的小蜜桃,下次,我将向所有人宣告自己将出行几天。

亲爱的,我焦急不安地等待着你的消息。不,我保证,我不是一个冷酷无情的人。我想你知道这一点。然而,要想不辜负命运的期望,成就一番伟业,猫王就必须让自己变得铁石心肠。但是,再也没有什么能割断我们之间的关系,因为它是不属于这个世界的,而且,更主要的是,I HA DI JA SO GÄRN!!!!

我要紧紧地搂住你。

猫王,巴 ♥

快点回信!

193. (1935年)12月11日,伯尔尼
安托瓦内特致信在埃及的哥哥罗贝尔
德语信

我可爱的小哥哥:

这里已是隆冬时节,到处白雪皑皑。我只是无法想象你再也不能忍受炎炎酷热的情形。周五早上我从巴黎回来了;我焦急地等待着你来信告诉我地址,因为我有很多巴黎的见闻要讲给你听。首先,天气真是糟透了,又冷又多雨。只有那么两三天是例外,雨一停便立

---

① 安德烈·德朗(1880—1954),法国画家,其高尚的品格、卓越的成就和精湛的绘画技艺吸引了一大批青年崇拜者,其中包括巴尔蒂斯和阿尔佩托·贾柯梅蒂。

即恢复了巴黎的气候特点,就是那么晴朗。而且,正如我预料的那样,我立即——也许是永远——被这座迷人的城市征服了。不过,那里的人大部分挺让我失望的。我讨厌儒弗身边这帮人,而此前我是多么向往这个圈子啊。这种神经兮兮的氛围令我反感。我与苏夫钦斯基——一个非常亲切可爱的俄罗斯人——都认为,在这个圈子里,一个人如若不显得高深莫测,那就几乎没有地位了。儒弗聪慧睿智,而且毋庸置疑,他是才华横溢的。然而他有严重的神经衰弱,因而在这方面完全依赖于他的妻子,一位著名的精神分析学家。巴尔蒂斯把儒弗最新的一本书借给了我。他认为这是儒弗最好的作品。可是书中流露出的颓废与极度自私令我大倒胃口,以至于尽管它有精彩的景色描写及浓郁的诗意,却就是引不起我的好感。巴尔蒂斯很遗憾我不能理解(法语),但这就是我的感受,我无法领会。我把这本书给你看看。我很想知道你的看法。

巴拉迪娜十分热情,我几乎每隔两天就会去她家吃午饭,但更让我喜爱的还是里希夫妇。我与贝蒂相处甚欢。不过,尽管她活泼可爱又通情达理,但也不能完全理解巴尔蒂斯。如今,巴尔蒂斯一心扑在自己的艺术创作上,总是处于精神高度紧张的状态。他曾告诉我说自己已经与世隔绝。事实上,他给人的感觉就是总是超然物外,因此不能用大众化的标准去评判这样一个人。应该说我是很放心地回来的,因为看起来他发展得越来越平稳。至于物质方面,情况大有改善,他应该再也不用忍受真正的贫困了。只是他的健康状况不甚理想。与他在一起时,你会忧心忡忡地感到他的身体似乎正在极速衰竭。

以上便是我对巴黎的若干印象。当然,我还可以兴致勃勃地再跟你聊上几个小时,但我现在就得带着信去邮局了。快点写信来,我迫不及待地想知道你对开罗的印象。

吻你

宝贝

194. (1935 年 12 月 11 日)周二午夜
巴尔蒂斯致信在伯尔尼的安托瓦内特

最亲爱的宝贝,非常感谢你这么快就给我回信了①。我很高兴你躲过了,尽管这看起来没什么危险!可爱的宝贝,你走了马上就快一个星期了,可快到 4 点半的时候我还觉得你会来……昨晚,我和苏夫钦斯基去罗歇那儿②吃饭了。苏夫钦斯基被你迷得神魂颠倒,极其狂热地赞美你,我一点儿都不夸张!

他认为你卓尔不群、清澈明净、光彩夺目,说一切在你面前都黯然失色(我极其赞同他的观点)。他迫不及待地把自己对你的印象告诉了加利齐纳亲王夫人。得知你已离开并且一直要待到圣诞节后,他感到十分遗憾,因为他本打算某个晚上邀请我们去他那里——总之就是这样。我为出色可爱的小妹妹所取得的成就而自豪。

啊,伯尔尼已经是白雪皑皑了!我多想此时此刻能去那儿陪在你身边,我们将沿着阿勒河散步,从蒙比儒斯特拉斯眺望全城。可爱的伯尔尼在雪中通常微微泛出黄色,好似一幅模模糊糊的老木刻画,就像我书里的那些画一般。但愿此刻你在那儿不会过于烦闷。今天,这里也下起了雪,可一会就到处是泥泞。除此之外,再也没有什么新鲜事了。要说有的话,那就是周日晚上我去了巴西亚诺亲王夫人家吃饭,哦,小宝贝,我终于拿到了这该死的支票!!希望下次我们无需再做出任何退让。原本周六要来让我画像的卡桑德尔太太写信

---

① 这封信未找到。另外,安托瓦内特在 1936 年 1 月 19 日(第 204 号信)前写给巴尔蒂斯的信一封都找不到了。

② 罗歇·斯潘伊尔尼,又被称为"青蛙罗歇",得名于他在大奥古斯汀大街上那家极为别致的餐馆。和巴尔蒂斯一样,毕加索也经常光顾那里,另外还有其他许多人。克洛德·德莱在她为罗歇写的书中(波韦尔出版社,1978 年)写道(罗歇回忆巴尔蒂斯):"他来过这儿。他落魄潦倒,家里的门上都没有锁——啊,不,不是落魄潦倒,是放荡不羁。罗歇太太坚持说他是个大人物。总之,是个落魄的大人物……波兰人的风格。每天中午都来吃饭。那些女人要是不愿脱衣服,就会被他用伞打:'你在浪费我的时间……'"

来说她要去医院动个手术。这真令人沮丧。既然已经开始给她画像,我可不希望她会死。最近发生的就是这些事。周四,我要开始给德朗画像了,这让我欢欣鼓舞。

啊,对了,宝贝,关于那部稿子①,见鬼了,我怎么会忘了给你看,甚至上次写信时也忘了跟你说。现在,我挺怕把它邮寄出去的。另外,我还得去让这个阿尔德迈特给我解释解释——他写信给一个与此事无关的人说我要价1200法郎。不过我还没时间去。

还有,你能替我找些明信片吗(彩色或黑白)?尼德宏山、格梅纳尔弗恩(苏勒的最高峰,你知道的)以及尤斯蒂塔尔的风景,或者周围地区的,但不要雪景。我那幅大型画还需要些资料(2.5×3.5米的尺寸,上帝啊,真不知道完成后该拿它怎么办)。如果你能尽快寄给我,那就太好了。但我不知道你是否能在伯尔尼找到这些东西。

再见,宝贝,可爱的茜茜,亲爱的小妹妹,随信附上20瑞士法郎,好让你手头有几个钱,小东西。把小姑娘那可怜的几个子儿花掉了,我感到很抱歉、内疚。再也不能让这种事发生了。我多想为你奉上数不清的贵重礼物啊!再见,我深情地拥吻你。

猫王陛下,巴♥

我把狄更斯的书寄给你,还有皮埃尔(里希)的译本,以方便你阅读。你可以将两个版本对照,这将非常有助于你的提高。

195. (1935年12月18日)周三

亲爱的宝贝小茜茜:

---

① 巴尔蒂斯曾通过研究埃皮纳尔的作品、《蓬头彼德》(海因里希·霍夫曼)和《爱丽丝梦游仙境》写过一份有关法、德、英三国儿童图片的"比较研究"。后来,这部稿子应该是丢失了,可能是去英国途中被遗忘在了船上。

飞快地写封信向你问好。这么长时间都没给你写了。不幸的是,我再次被严重的痢疾打倒。谢谢,亲爱的,谢谢你的来信和那些选得非常好的明信片,太棒了!我得给明天过60岁生日的爸爸写封长信①,这几乎花去了我整个下午的时间。现在,已经快7点了,希望你明天能收到我的小小问候。

再见,亲爱的小妹妹,可爱的猫王后,明天或后天我再给你写封长信。

深爱你的

众猫之王,巴♥

196. (1935年12月18日)周三
安托瓦内特致信其兄让·罗贝尔·德·瓦泰维尔先生
德语信
巴黎酒店-巴格拉比大街-开罗-埃及

亲爱的罗比:

我每天都在等你的来信,但今天我得赶紧给你写信了,好让你在圣诞节前收到。住在你的房间里是多么惬意啊。我正等待着下次出发,也许就在三个星期后。我非常享受目前在这里的生活。我很忙,织好了自己的护身符,为一条圣诞节毯子刺绣,为圣诞节购物,另外还在专心读《安娜·卡列尼娜》。由于苏夫钦斯基告诉我加利齐纳家的人就像托尔斯泰笔下的那些人物,我便想将这部作品重读一遍。你能想象吗,以前书中让我感到十分沉闷的对列文家的描写如今却显得十分有趣,因为这一切都强烈地勾起了我对扎维尔茨的回忆。直到现在,我才意识到那里的环境是多么具有俄罗斯风情啊。另外,我还读了皮埃尔·里希刚翻译的那本狄更斯的《远大前程》。我先读英文版本,然后再对照皮埃尔的译

---

① 这封信未找到。

本,这样挺有意思的。在弗兰克家,我也乘机和他讨论了阿德里安娜·托马斯的新书《燃烧的世界》。这本书讲的是老卡特林侄女的故事。由于别人不得不对她说第一部分写得不错,她便整本书都是这一风格。结果就搞砸了,因为这本书陈腐、愚蠢、无聊。更别提阿道夫·凯尔奇的书了,我只是翻了一下。这种风格简直无法形容,真的。如今人们写作和出版的东西真是太可怕了。特别是想到人们不愿接受一本你写的那样的书,这真是令人愤愤不平!

好了,我一直在喋喋不休地谈论书;其实我还想跟你聊聊巴黎的见闻,例如皮埃尔·克洛索夫斯基。我挺喜欢这个人的,即便他不苟言笑。现在,他已经成了名严肃的哲学家,不过遗憾的是,目前正身陷一场政治运动[1]。共产主义的知识分子阶层真是太可怕了!所以他非常忙,而且还病了两天,因此我没能有机会与他单独相处。不管怎样,他已变得非常敏锐而严肃。居伊·德·布塔莱斯[2]十二月初才回到巴黎,因此我没来得及去看他。不过要是你愿意的话,我去伦敦时可以去见他,因为我也许要去巴黎待两天。我非常高兴去伦敦,那将是多姿多彩的生活(法语);复活节时我们一定要在巴黎或伦敦见面。这次我们没能在巴黎遇上是多么遗憾啊,不然我的巴黎之行肯定还会愉快得多。

献上最最美好的圣诞祝福,并久久地吻你。

宝贝

197. (1935年12月22日)周日
巴尔蒂斯致信在伯尔尼的安托瓦内特

亲爱的宝贝,淘气的小丫头:

---

[1] 指由乔治·巴塔耶和安德烈·布列东创立的昙花一现的"反攻击"组织。
[2] 居伊·德·布塔莱斯(1881—1941),瑞士作家,瓦泰维尔家的亲戚。

永远都别有什么负面的想法和可怕的嫉妒,淘气的小妹妹!!可怜的宝贝,这些都是烦闷的表现。可是想想看吧,还有两个星期左右,你就要再次来到这里了,你已经在通往上层生活的道路上了。哇哦!

收到你的信我很难过,尽管写到背面时它变得轻快起来,但我为其中流露出的忧郁和烦闷而感到非常难过。可是,你瞧,我也不快乐。我之所以没给你写信,根本与那些"晚会"无关。不过,一般晚上我也工作。我盘算、思考,甚至要抵御生活的无尽烦恼或在各种困难面前滋生的恶劣情绪来侵蚀我的头脑。我从来都不愿意在情绪不好的时候给你写信,这就好比对着玫瑰花吐烟圈一般。不能这么做。

不过,亲爱的茜茜,几天前,我开始重新感到自己在精神上变得强大而坚定起来,宛如水晶般纯净透明,宛若钻石般坚硬。我已经很久没有这样的状态了。于是我想起了可爱的小妹妹,心头涌上一股如同她美丽的双眸一般清新、平和、安宁而纯洁的幸福感。一年前,我来到伯尔尼,我想是的,要不就是平安夜那天?从那以后,亲爱的宝贝,事情便出现了巨大的进展,不是吗?我们要歌颂主,并祈求他继续保佑我们!

小宝贝,我会把稿子交给斯坦普夫里夫妇。你试着与那位先生取得联系。地址在邮包里。至于你的圣诞礼物,我希望能在你来巴黎后与你一起去选购,除非在你到之前我就找到了心仪的礼物。总之,做个懂事、乖巧的小姑娘——我急切地想和她一起在拱廊购物!

我只能写到这里了,最最亲爱的茜茜。周二晚饭后我给你打电话(即我这里8点左右)。千万个吻献给你。

国王,巴♥

198. (1935年12月23日)周一

亲爱的小宝贝:

我刚收到了槭桲饼！啊，亲爱的，我的泪水夺眶而出。只是，我们本应一起吃的。英勇的往昔一幕幕涌上心头——我指的是那个英勇的年代。总之，你知道我在说什么。

如今我们都各奔东西。特吕贝①在埃及，你在伯尔尼，而我在巴黎。不过，明晚给你打电话时我就要兴高采烈地说个不停。今年，这是我第一次感受到圣诞节的来临。这里没什么圣诞气氛，挺沉闷的。

昨晚我与斯坦普夫里夫妇见面了，今天上午他们走了。我想你将在周三或周四见到他们，他们要先去巴勒。替我向于比和他妻子问好。

傻里傻气的小东西，亲爱的猫王后，我就在你的身边。明天，我就能听到你的声音了。再见了，我要把你搂在怀里。

国王

圣诞节快乐！

我在双叟咖啡馆里用一只蹩脚的笔给你写信，所以字迹不清。

199. （1935年12月26日）周四

最亲爱的茜茜，前天晚上我收到了你可爱的来信，如此亲切、活泼而充满诗意。我满心欢喜、迫不及待地想要给你打电话，想在几个小时后听到你的声音。于是我从巴拉迪娜家往伯尔尼打电话——9点左右，我去她家吃晚饭的。第一件令人吃惊的事发生了：接线员让我等一个小时。四十五分钟后，电话响了，我急忙冲过去，结果却是

---

① "特吕贝"意为"忧郁、沮丧、悲伤"。这是巴尔蒂斯给罗比起的绰号。他一直为妹妹对自己最好朋友的爱情而感到愤怒、嫉妒。

维拉尔的英国学院(奇怪)。后来经过一番辗转,终于打到了伯尔尼。这时已经差不多 10 点了,伯尔尼都 11 点了。我被告知 24 351 没人接。我坚持要求又试了十分钟,最后只好放弃,失望透顶,无比沮丧,而且非常担心。

发生什么事了?你们的电话出故障了吗,你有事出去了吗?今天上午我本希望能收到你的信,结果什么都没有。我思量也许你在等我去信。我想节日期间还是不要打电话了。11 点后,我还去了德朗家,我们在那儿聚餐。可是微微的醉意让我悲从心起。无望啊!

昨天,整个巴黎都是那么无趣沉闷,真是可恶而难熬的一天。下午,我去看了莱因哈特的电影《仲夏夜之梦》。我觉得马克斯·莱因哈特演绎神仙国的手法相当贫乏、可笑。而仙女们,我亲爱的小仙女们,则让人想起在大自然中表演音语舞的德国少女们。只有 lepricones 模仿得还不错。还有个年青人把帕克演得惟妙惟肖,令人赞叹。不过,人们欣赏不了这种超现实的作品。真是可惜了。

亲爱的,再见,快点写信给我。希望周六能收到你的信。你见到斯坦普夫里夫妇了吗?再见,最亲爱的小王后,我的小妹妹,我紧紧地拥吻你,拥吻你充满奇迹的双眸。

国王,巴♥

200. (1935 年 12 月 28 日,快信)周六

亲爱的宝贝:

刚刚收到你的信。我等得是多么焦急啊!我想写上几行字,好让你明天也就是周日收到。写上几句,只是因为我刚刚放下了手头的工作。我在创作时越来越经常地进入一种几乎令人难以忍受的亢奋状态,尤其是刚开始画一幅画,并且进展得还不算太糟糕时,各种灵感便极其迅速地充斥进脑海中,让我陷入彻底的狂乱。此时,我只

有一个办法,那就是离开,奔跑在街上,让自己冷静下来。我才开始给德朗画像。为他画像真是令人愉快。

我在想你是否收到了我所有的信件。这封已经是本周第四封了。我想,一年中到了这个时候,一切都乱套了。斯坦普夫里夫妇把稿子给你了吗?你有罗比的消息吗,还有他的地址?亲爱的,离开伯尔尼的日子越来越近了,我已经等不及了!如果你已定下日子,就及时告诉我打算什么时候到这儿,因为1月15日左右我可能要开车出去转个三四天。我得根据你在巴黎的行程来安排这事。不过,无论如何,我可能会放弃这次出行。

再见,我亲爱的王后,再见,小妹妹。我已精疲力尽了。

焦急不安的国王♥

201. 1936年1月1日,凌晨1点

最亲爱的王后:

进入新年已经一个小时了。面对时间的流逝,我再也不感到悲怆。昨天下午,皮埃尔·里希提醒我说这已经是一年的最后一天了,我都忘了。这么多节日让人昏了头!不过,无论如何,这代表着一个事实。亲爱的,整个晚上,我都强烈地思念着你,我深爱的茜茜,你给我的灵魂带来快乐,给我的双眼带来光明,亲爱的小妹妹。我穿越黑夜,给你带来最诚挚、最热烈的深深的新年祝福。但愿它能给你带来快乐、幸福和美好。我相信,只有你才能让所有这些美好的愿望成为现实,因为你能够将一切化为自己灵魂的光辉。哦,亲爱的,亲爱的茜茜,想起你我的心感到多么温柔,你是那么迷人、美丽、欢快,仿佛代表了自然界一切美好而生机勃勃、光彩夺目并且充满了奇妙诗情画意的事物!

我一边写信,一边看着挂在书桌上方的你的画像,沉浸在平静、

甜蜜而浓烈的深深幸福中。这种幸福无需任何物化的表现形式,因为它超越了这个世界,可与创世的幸福感媲美。

新年快乐!

1月2日,周四

亲爱的:

这封信一直没有寄出去。昨天,我一整天都躺在床上,即便睡觉时,内心也充满了喜悦。可是,今天我收到了你的信,我的天使。现在,我为你没能在今天收到我的信而感到十分难过。啊,我多想陪在你的身边,我可爱的小妹妹,在午夜时分,聆听钟声,看着我们童年的这座城市!

可是,你不应突然就开始认为自己的伦敦之行将要泡汤了。这可完全不是你看待问题的风格!你尤其不应担心未来。相反,我感到,此次伦敦之行将对你产生重要的影响,你应该一如既往地以胜利者的姿态迎头而上。

亲爱的小王后,还有几天,你又将来到我身边了,我的小妹妹。你把到巴黎的那一天安排在周五或周六。我想,现在加利齐纳亲王夫人可能随时会想见你,因为说好了你一月初来的。我打算周二到周四出门,不过不知道是否能成行,或者我是否会有时间。不管怎样,等有了你的确切消息我再出发。亲爱的,我只能写到这儿了,否则明天你就收不到这封信了。

回头见,小宝贝。无数次地吻你。

猫王,巴♥

快点写信来

我又差点忘了把林德克内希特的地址告诉你:伯尔尼,施瓦茨托尔斯特拉斯大街28号。他在朗格书店工作。

202. (1936年1月7日)周二

可爱的宝贝,亲爱的茜茜:

非常感谢你的来信,还有你的奔忙!看了你所说的一切,我对这位先生反感至极。我原以为是个瑞士买家。那你就把稿子带回来吧,我们以后再看看该怎么处理。(把它放在箱子里,就像证件一样。)

你还没有加利齐纳那边的消息吗?我希望当你收到这封信时一切都能定下来。如果周五或周六来不及走,别着急,你可以迟一两天再出发。当然,你可以住在我这儿,亲爱的茜茜,我等着你。快点!

巴

203. (1936年1月22日)周三
巴尔蒂斯致信安托瓦内特
加利齐纳亲王夫人转交克洛克斯特大街131号-西达利奇-伦敦

最亲爱的小王后:

你离开一个星期了,留下一片可怕的空白。我怀着难以言喻的急切、同时又惴惴不安地等待着你的第一封来信,因为事实上,我并不比你更清楚你将踏上什么样的道路。于是,周日上午我迫不及待地打开你的信,但我并未由此而感到十分放心。不过,你告诉我说,至少加利齐纳一家人都很亲切。环境的改变总会带来困扰,也许现在你已经开始感到适应了。我相信,很快你就将结识许多人。我也许一个月后会去伦敦,他们建议我二月底去办个插画展览。而且,不管怎样,我原本就打算来伦敦过生日。在这段时间里,你必须时常学学英语了——无论如何,我相信,现在比你第一次去伦敦时要容易些了。实际上,我认为,从教学的角度来看,起点还是放低些更好。你也会见到大使馆一等秘书的太太詹妮·德·马尔热里,他们在海德公园花园有栋漂亮的房子。正是这位女士要我写点关于里尔克的东西①。明晚,我将和她见面。她正好路过巴黎。我会嘱咐她照顾你,否则我就不替她写文章。你还将见到贝蒂,她二月初回父母家。

可爱的小姑娘,我有点儿感到把你流放了,我多希望你此行是愉快、重要而有意义的!我非常想你,亲爱的,你在的日子就像梦一般美好,那是多么甜蜜啊,可爱的小妹妹!谁都没有觉察到什么,除了莫尼克。在儒弗家得知我出门了,她便认为我在耍花样。不过我跟斯坦普夫里夫妇说,你决不会路过巴黎却不去看他们,说我实际上去了比利时,甚至到了荷兰,然后与你在加来碰面。(我认为最好给莫尼克写封信)

至于我,亲爱的,我完全沉浸在工作中,几乎不见任何人,为集中精力创作付出了巨大的努力。糟糕的是,现在我有太多的想法,并且有太多的事同时压在身上。那幅山景画已完稿,我开始更多地考虑另一幅大型画,以及余下的插图。情况一团糟。不过,我知道自己今年将有惊人之作,最具影响之作。我想,今年是关键的一年。

再见,美丽的宝贝,最亲爱的茜茜,我可爱的王后。

深深爱你,献上千万个吻。

猫王,巴♥

204. (1936年1月19日)周二晚

安托瓦内特,由加利齐纳亲王夫人转交(伦敦)
致信巴尔蒂斯先生,侯昂庭院3号,巴黎六区

亲爱的,我希望今晚能收到你的信,因为我心情十分低落。远离你的生活总是越来越难。自从来到这里,我感到郁郁寡欢、茫然无助,

---

① 德·马尔热里夫人喜好收藏与这名诗人有关的东西。今天,巴黎圣一吉纳维芙图书馆内有关里尔克的藏品便来自于她丰富的收藏。

并且无比怀念伯尔尼——然而我离开时多么兴高采烈啊。不过,在伯尔尼的最后几个星期十分愉快;家里的安逸生活总是令我十分想念。我在这儿过得一点儿都不舒心。毋庸多言,亲王夫妇十分和蔼可亲;但我原本希望通过一种热闹的生活,通过你为我设想的伦敦丰富多彩的生活来排遣与你分离的愁绪。结果,我每天下午都坐在伯克利大街上的地下室里①,很是无趣。昨晚,要是没有这个来自波罗的海沿岸的和善的女孩,我就要独自待在家中了(加利齐纳夫妇晚上经常应邀去他们的俄罗斯朋友或亲戚家)。这个女孩十月份就来了;她告诉我许多这里的事情,我们还交流了彼此的感受,挺有意思的。例如,在这里,只有智慧才是重要的;它是评判每个人的唯一标准。然而,与此同时,他们又很容易受骗上当,似乎总是大惊小怪。苏夫钦斯基写信跟他们说我很聪明。我不知道为什么。也许,现在他们很失望吧。

10 点

亲爱的,邮差来时没有带来你的信。讨厌的宝贝啊,你为何不写信给我?我多么需要收到你的片言只语啊。我满心伤感,因为我越来越强烈地感到自己应该陪在你身边,没有你和罗比,我不可能快乐。我在远离你的地方浪费时间,可是怎么让家里人理解这一点呢?即便罗比也不愿理解!而且,你也在犹豫不决!

我会熬过必须在这儿度过的几个月,但你要尽力快点过来,这将改变一切。我们要愉快地一起散步,每天晚上都在一起度过。讨厌的宝贝,你怎么能认为有一天我会离开你呢?我的整个生命都属于你,这一点你很清楚。告诉我,得知我在伯尔尼胡来,你是否真的感到了灰心?在巴黎的最后一晚我曾想问你,但没有这个勇气。无论如何,我发誓再也不会发生这种事了。给你带来痛苦,我真是不可饶恕。

明天我将第一次去理工大学听讲座(关于印象派)。一共有十二

---

① 加利齐纳夫妇在伯克利大街上有家古董店(见第 209 号信)。

场讲座,每周三举办,其余十一场是关于英国绘画的。下个月,我会去库尔陶尔德学院上几堂课。那是个非常棒的学院,课程看起来很精彩。我懂事了,不是吗?

无数次地吻你,我深爱着你

宝贝

205. （1936年1月28日）周日
巴尔蒂斯致信在伦敦的安托瓦内特

茜茜,亲爱的茜茜,我的宝贝:

你的来信令我心痛不已,直到今天才能够给你回信。

你说你越来越感到自己应该陪在我身边。哦,宝贝,亲爱的小妹妹,你让我非常非常难过。难道你以为,看到你一直远离我而我却无能为力、帮不了你任何忙,我就不痛苦万分吗!哎,那时如果我富有的话,我保证不会有任何问题……我不想让自己沉溺在无谓的抱怨中。但是,我们俩人都必须接受面临的考验。对我们而言,分离是爱情的深刻历练,是与时间和空间的艰苦斗争;我们必须战胜它,别灰心。宝贝,别让我肩头的担子更沉重。的确,面对这一现实,有些事我不能理解,奇特的命运中有些机会已经错过,但我再强调一遍,我们必须接受这场考验,特别是永远不要对彼此丧失信心。

我也不希望你在伦敦忙于玩乐。你还没有适应环境的改变,可怜的小姑娘。不过每一种生活境况都有它有益的一面,你只须懂得去体会、去理解,从而掌握主动权,而不是被打倒。非常聪明,我可怜的小宝贝,苏夫钦斯基把你形容为非常聪明的人! 不过,幸运的是,你有着某种对女人而言远比聪明更重要的特质,即一种直觉。不过这个词也不准确! 应该是一种敏锐。但我还没有找到合适的词来概括这一特质。它是你独有的,而你尚未懂得好好利用;但阅人无数的德朗却立即就感受到了,尽管他只与你见过几分钟。

詹妮·德·马尔热里答应照顾你。不管怎样,那是个宾客云集的地方,你将结识许多人。如果你懂得抓住机会,就能得到詹妮的帮助。实际上,这是个热心肠的女子,由于里尔克的缘故,她十分喜欢我。她总是不知道在忙着筹备些什么,你可以提出去帮忙,可以对她敞开心扉,告诉她你的困扰,这是个可以坦诚相对的女子。在那儿你也要自称我的表妹。另外,他们搬家了,地址为:伊顿广场113号;电话,斯劳恩大街1735。你只需给她打个电话或写封信。

下周四,卡林斯卡就要回伦敦了。这是个真正喜爱我的人,她也交游甚广,去见见她吧。她极为活跃而疯狂,但很有趣,你会非常喜欢她的。我现在没有她的地址,回头再告诉你。

下周我就要开始那幅锡格里斯维尔-洛特峰的大型画了。这是一幅在我脑海中酝酿过千百回的成熟作品,它将成为献给猫王后、献给王国的颂歌。那是我在山上无比纯净的气息中度过的整个童年,是在俯瞰高地的格拉特露台上眺望美景,而那时,实际上我在想象着伯尔尼的情形。那是火热青春岁月里动人心魄的壮观画面,我在群山之上思念着你,亲爱的,到处都是你的身影。离开伯尔尼去苏勒待几天时,我登高寻找童年的景象,透过湛蓝的天空遥望远方的心爱之城。

就让我以这段抒情来结束吧,亲爱的,因为我得把这封信送到邮局去了,好让你明天上午收到。振作起来,最亲爱的茜茜!要鼓起勇气,充满信心!快点写信给我。无数次地吻你。

二十世纪最伟大的人物,猫王,巴♥

206. (1936年2月3日)周一晚

安托瓦内特从伦敦致信巴尔蒂斯

亲爱的巴尔特里,我的宝贝,你的上一封来信深深打动了我。请原谅我丧失了勇气。不过,上个星期我开始切实地努力去适应新生活,尽可能地去享受新生活。周二我早早就起了床,去市里观看国王葬礼;可是人山人海里看到的只有前一天晚上便守候在那儿的成千上万人的背影及雨伞。我跑到电影院观看葬礼。尽管以为再也不能活着从这密密麻麻的人堆里挤出去,并且相信自己是第一次也是最后一次干这种事,我还是感到观察这些人相当有趣、好玩。周三我在理工大学听了第一次课,是关于印象派的,如马奈、莫奈、德加等。你知道吗,这几乎就跟在威斯家一样,昏暗的大厅里,一个不停咳嗽的糟老头用一成不变的语调解说着那些画。我真是没运气碰上好的艺术史老师!下周三,我想他还将给我们讲梵高。接下来就是有关英国绘画的课程了,对此我尤为感兴趣。周三晚我和亲王夫妇去剧院看了场芭蕾舞演出。我并非芭蕾舞剧爱好者,但不管怎样,那天晚上相当愉快。周四我去看了中国艺术展,真是令人叹为观止;我逗留了两个小时,直到精疲力竭。自然,中国艺术与你们的迥然相异,必须多来几次才能好好地观赏所有这些珍品。有几幅14世纪的画给我留下了深刻的印象。另外还有精美无比的青铜器。不过,说实在的,我对这些盘子、花瓶什么的不太感兴趣。我打算再多来几次,希望以后我们一起来时我能成为你出色的向导。我多么高兴你能来这儿啊;有那么多东西等着我们一起去看,如达利奇美术馆。它类似于华莱士收藏馆,里面似乎藏有大量名作。我等着你一起去,离这儿就几步路。

周五,我去拜访了詹妮·德·马尔热里。去的时候她碰巧在家,刚为两百名穷苦孩子办完茶会,一会儿还得出门,是个非常活跃的人。我只与她见了一会儿。她跟我说起了你,说起了里尔克,还把正在抄写里尔克写给你的信的秘书叫了过来。她收下了我印有地址的名片,答应回头跟我联络,而且等你来时还要邀请我们一起过来。不过,我不认为你来之前我还能再见到她。她太忙了,根本想不起来邀请我。另外,周五晚,我和那个年轻的波罗的海女孩去了老维克戏院,观看了《理查德三世》。你瞧,这个星期我过得挺有意思。希望你能对我满意。不过我迫不及待地等着你的消息。你已经开始那幅锡格里斯维尔-洛特峰的大型画了吗？得知你处于良好的创作状态，我感到十分欣慰。我觉得这幅画将成为你最伟大的作品。

与你相反，罗比又开始令我操心了。他被指责"抄袭"，因为他在最近的一篇文章中（我跟你说起过）翻译了莫泊桑的一段小故事，但却没有注明。于是《新苏黎世报》便拒绝再用他的文章。幸好，罗比似乎并不太在意，但这真是愚蠢，与《新苏黎世报》的合作一直挺愉快的，现在全完蛋了！这孩子真是让我操碎了心。

我只能写到这儿了，亲爱的。快点回信给我。别忘了告诉贝蒂，我迫不及待想在这里见到她，一定要记得把我的雨伞给她。

无数次地吻你。

你的小王后

宝贝

207. （1936年2月4日）周二
巴尔蒂斯致信安托瓦内特（英语信）

亲爱的茜茜：

你为何不写信来，我非常担心。已经一个星期没有任何音讯了。求求你，快点给你的国王写封信。希望你一切都好，你不会生病了吧？你见到詹妮·德·马尔热里了吗？去拜访卡林斯卡太太吧，地址如下：卡林斯卡太太-泰维斯托克饭店-考文花园

上午或午饭时间给她打个电话，她在那儿吃午饭。亲爱的，我焦急地等着你的来信。

深爱你的

巴 ♥

原谅我用了这样的信纸，我在餐馆里。

208.（1936年2月16日）周日

茜茜，亲爱的宝贝：

我已经很久没给你写信了，宝贝，因为我忙着那幅巨大的画作，它耗费了我大量的体力，还不算其他方面。因此一天结束后，我累得筋疲力尽，倒头就睡。你怎么样，宝贝，我很高兴你见到了瓦亚。后来你们又见面了吗？贝蒂今天上午走了。她会把雨伞带给你的。遗憾的是，她并不住在伦敦，但每天都会去。她很高兴能与你见面。我已把你的地址和电话告诉她。我原本打算下下周的周二去参加我的画展①。然而遗憾的是，这几天支出太多，因此一切都很成问题。这次，我真是想哭了：因为我原本多么希望今年能和你一起过生日啊。不过我还没有绝望。我有望接下一个画像的活儿，这样也许一切都解决了。我开始发现自己的生活真的缺乏休息和娱乐，只有付出和牺牲。现在是时候稍作改变了。亲爱的小妹妹，可爱的茜茜，我是多么多么想念你啊。好了，我可不能任由自己变得脆弱起来，否则一切都完蛋了！幸好，我的身体状况大有改善。我必须保持下去。

我已经开始考虑万一无法去伦敦该怎么办。要是你来巴黎几天呢？当然，我会把旅费寄给你。不过，目前我还指望着能去呢。要是能在《呼啸山庄》插图的展出期间认识些人应该也会很有帮助的。

快点写信来，亲爱的，跟我说说你的事儿。

无数次地吻你

你的

猫王，巴 ♥

---

① 画展于1936年2月27日至3月10日在伦敦贝德福德广场12号的伦德·休姆夫雷出版公司举办；期间展出了玛丽·雷诺兹的现代装帧设计，以及巴尔蒂斯为《呼啸山庄》所作的插画。

209. (1936年)2月17日,周一
安托瓦内特致信在埃及的哥哥罗贝尔　德语信
加利齐纳亲王夫人转交,克洛克斯特大街131号-西达利奇-伦敦

亲爱的罗比:

我来这儿已经五个星期了,还没给你写过一封信。可是,我压根儿不知道你在哪儿闲逛着呢,我也不知道这封信有一天是否会到你手中。谢谢你新年时写给我的长信,它让我感到无比快乐。在此得知你和《新苏黎世报》之间的纠纷,我万分担忧。也许你真是干了些蠢事。算了,真倒霉!希望你别太把它当回事。1月15日,我按计划来到这里,情况显然比第一次来时好多了。起初,我挺失望的,因为加利齐纳家并非我想象的那样人来人往。他们极为清贫,生活相当拮据,直到去年春天,他们一直都住在城外的一栋大房子里。每个周末都要接待二三十个人,大多数时候都是些挺有意思的人。不过,由于没有佣人帮忙,可怜的亲王夫人累得病倒了,无奈之下只好放弃这种生活,因此如今只有寥寥几个客人上门,对我而言完全没有意义。不过,夫妇俩十分和善,我很喜欢他们,并且感到十分自在,甚至于晚上会去厨房做巧克力,还能请人来吃晚饭或打桥牌。他们真是好人。

有个新情况。阿尔贝·泽莱德在向我献殷勤,他请我吃饭或看电影,周日还来喝茶。真是太滑稽了!可是亲王夫妇非常喜欢他,总是鼓动我邀请他,尽管他那可怕的东区口音令他们反感——但愿他知道!我真不知道他从哪儿学来的。我也做了很多事来提高自我修养,去观看各种展览,并且已经去过一次老维克戏院。加利齐纳夫妇也带我去看了芭蕾舞剧。上周日,我还看了一场由业余爱好者表演的俄罗斯戏剧,引人入胜,演得非常精彩。俄罗斯人多么富有戏剧才华啊。

令我稍感不悦的是俄罗斯人时常表现出来的粗鲁与邋遢。加利齐纳夫妇在伯克利大街上有家古董店,里面四分之三的东西都必须

扔掉，才能展示出其余四分之一真正贵重的物品。我原以为克洛克斯特大街上的房子会布置得高雅些，然而，完全不是这么回事。房子里只是挂满了圣像。光我的房间里就有十幅。

你知道吗，我碰见了以前住在万德家的小个子俄罗斯女孩，就是写论文时叫你帮忙的那个，好像写的是伦布兰特和普桑？

巴尔蒂斯现在状态极佳，正在创作一幅 3.5 米×2.8 米左右、表现锡格里斯维尔-洛特峰壮丽山景的巨型画。很久以前他就跟我们说起过，十一月份在巴黎时我还看了他的草图。另外还有三幅要画。它们放在一起代表四季。秋天的画面上是许多人在公园里，冬天是塞纳河中获救的一名溺水者；但如何表现春天，他还完全没有头绪①。我曾为第一幅画当模特，费力地摆出双臂伸向空中的姿势。它应该会在复活节前完成，因为这段时间巴尔蒂斯的创作速度极快。你能想象吗，他只用了半个月就完成了德朗的画像。由于自己的作品越来越难卖，他不得不额外画些画像。不过由于预约不断，实际上他的收入相当不错。我现在就把他的地址给你，否则又要忘记了：

巴黎六区，侯昂庭院 3 号。

上周我们当然很想念你，因为当我们三人聚在一起时，每次都是那么美好②。他立刻征服了亲王夫妇，亲王夫人对他尤为赞赏。今天她对我说："啊，多么迷人的小伙子啊，多聪明啊。"

快点再给我写一封长长的信，我非常好奇你在红海边上扎起帐篷露营的感觉如何。现在你过的是我们所能想象的最美好的生活。

无数次地吻你

宝贝

---

① 这组表现四季的画只有《夏》被留了下来，即山景。似乎（参见维吉妮·莫尼埃，《巴尔蒂斯—系统资料目录》）还有一幅《冬》。皮埃尔·里希记得有一幅非常大的画，应该是被巴尔蒂斯毁掉了，并据此重新画了一幅草图《堤岸》）和一幅双人肖像（《兄妹》）。

② 巴尔蒂斯应该是去了趟伦敦，可能是在 2 月 8 日去度周末。

昨天一早,一个年轻的德国女子来这儿寄膳宿。我从未见过这样的怪人。与她相比,××(字迹不清)简直就是天才。我从未想过能遇上如此愚蠢的一个人。

210. (1936年2月21日)周五
巴尔蒂斯致信在伦敦的安托瓦内特

茜茜,亲爱的:

我想还是有办法解决的,只是我得29号才能出发(搭乘你坐过的那班火车)。亲爱的,我迫不及待地想要见到你。我多想陪在你身边,把你可爱的脸庞捧在手心里,什么都不想。当我和你在一起,亲爱的,内心便涌起奇特而甜蜜的宁静,时间与生命似乎融入了永恒的天空。

我刚放下手头的工作,精疲力尽。我的画进展神速,不过还得花费很长时间。它就像个巨兽,对画室而言太庞大了。它被摆在那里,慢慢地吞噬我的灵感、体力和金钱。它唤起我多少美好的回忆,痛苦但美好的回忆!我想起有一天,什么都一团糟,一切似乎都完蛋了,我觉得自己像死了一般。我经过图恩湖回伯尔尼。那时应该是八月底;夜幕开始降临,天色变暗,渐渐惨淡起来。然而,景色却如此优美、持久,显得温柔而又悲壮,从而令我的信念更为坚定,因为似乎一切都在向我表明:什么都不会改变,群山将永远屹立,而我的爱情正如这山一般。

我的小妹妹,你是否知道我有多爱你?

我要把你紧紧搂在怀里,亲爱的。再见!

巴 ♥

你提出的住在加利齐纳家的建议让我很感兴趣。应该是个不错的选择,不过这可行吗?

211. (1936年2月24日)周一上午
安托瓦内特从伦敦致信巴尔蒂斯

亲爱的,我等得如此急不可耐!不过你一定要设法周五就来,让我们尽兴地度过你生日的那一天。这该是多么美好啊!我们去看庚斯博罗的画展,就在公园街上一座非常漂亮的私邸中;还有达利奇美术馆,以及查理·卓别林的电影《摩登时代》。不过我担心周六、周日会没有位子。周六晚上,我还想和你去什么地方美美地晚餐一顿。不过要是你5点才能来,那就有点困难了。而且在火车上过生日可绝对不行!所以我非常希望你周五就来。

你当然可以住在我们这里。加利齐纳夫妇也同意。只是3月5号有个德国小姑娘要来,到时你只能睡在没有火炉的房间了。不过,我想,无论如何,你也不会待很久,巨兽在巴黎等着你呢。但重要的是你能来。远离你的生活让小妹妹感到无比悲伤,只有你来的那天她才能获得新生!

要是你真不能来,及时告诉我。我没有一个子儿可作旅费,1号之前我不会拿到钱。别忘了烟,亲爱的,在这儿挺重要的。另外,麻烦你把想让我看的那本英文书带来。亲爱的国王,你永远都不会知道我有多爱你,无论什么都永远改变不了我对你的爱。上帝保佑,即使到死,我也将继续爱你!

再见,我的天使,回头见

你的小妹妹

宝贝♥

212. (1936年)3月11日,周三
安托瓦内特致信其兄　德语信

亲爱的罗比:

收到你可爱的来信已经一周了;我原本希望能立即回复,好让你继续给我讲旅途中的奇闻异事。你的信给我带来了无比的快乐,没有你的消息我是多么难过啊。当我离开家时,你已经半个月没有音讯了。初来乍到的那段时间,我心情十分低落。由于不想写信向你诉苦,我根本不知道你的探险之旅究竟是深入到沙漠还是来到了海上。你的信让另一个人也欢欣雀跃,那就是来这儿过生日的巴尔蒂斯。他是29号5点到这儿的;晚上我们急忙换上外出的服装,去一家雅致的餐馆美美地吃了顿丰盛的生日晚餐。遗憾的是,他只能休几天假;另外,伦敦当然是座繁华的城市,哎,可是消费有点过高。他现在已经回巴黎了,我感到前所未有的失落与孤独。谢天谢地,我认识了一个浅褐色头发的小女孩——她跟巴尔蒂斯眉来眼去的(看来巴尔蒂斯喜欢比你个子更小的浅褐头发女孩)——以及她的朋友勒文施泰因亲王夫人。后者是巴尔蒂斯也认识的一个年轻女雕塑家(和其他许多人一样,总是非常迷人可爱、聪明绝顶),嫁给了亲王夫人一个蠢头蠢脑的表兄。不过亲王夫人跟我说,她想不通如此聪慧的一个女子,一名法学博士,怎么会嫁给这样的男人。结果我发现从前令你无比烦心的正是这个小傻瓜。我这个圈子评判人的唯一标准就是智慧。不过,谢天谢地,蒙骗他们是轻而易举的事。尽管和蔼可亲,但他们真算不上有头脑的人,很容易对别人做出完全错误的判断。

请快点写信来,好让我知道你是否收到了这封信,并让我有机会更详细地把最近的经历讲给你听。告诉我下一步你有什么计划,你真打算定居布达佩斯,你在构思新书吗?拜托你,请你快点写信来。

深情地吻你

宝贝

要是在伯尔尼的其他人知道我住在普鲁士王后路易丝的侄孙女家……!!!!

我和巴尔蒂斯一起去看了查理·卓别林的新电影,非常了不起的片子。在这部完全没有对白的电影里,夏洛一下子唱起了歌,突然夸张地模仿起莫里斯·谢瓦利埃一首歌的副歌部分。这真是极为有趣的点睛之笔!!

213. (1936年3月15日)周日上午
巴尔蒂斯致信在伦敦的安托瓦内特

亲爱的茜茜:

I ha di ja ... Sooo gärn!!! 不过,直到昨天,我才稍稍回过神来。我感到自己似乎还在伦敦,亲爱的。我仿佛时时刻刻都听到你清脆悦耳的笑声在耳畔阵阵响起!

我身处何方?我何时回来的?我无法相信自己已经回到这里三天了。回程的路上我心不在焉;这样不好,因为返程是出行唯一的归宿;如若放弃,我们便会迷失。不过,我还记得坐在我对面埋头打字的先生(事实上,"打字"一词中出现的是字母p),直到我开始用茶点他才停下来。好一阵暴风雨在芒什海峡上刮起;整整半个小时,我饶有兴味看着那些衣冠楚楚的游客们一点点乱了方寸,然后对着脸盆狂吐不止。后来,我更想去体验一下这番狂烈,便一直待在甲板上。多么壮观的景象啊。不过,哎,正是那时我不幸终于得了感冒。在巴黎上岸时,我觉得这座城市的面目是如此可憎。第二天,我们的烛台大受欢迎;而我的身体却极为不适,并且头脑一片混乱。周五我卧床不起,彻底病倒。昨天,我中午才起床,体温还相当高。我久久地凝视着自己那幅巨型画作,然后从画具箱中取出积满污垢的画笔,开始修改第一笔,然后是第二笔,第三笔。最后,我突然意识到自己在工作了。机器一下子运作了起来;几小时内,我就取得了极其重大的进展。真是让人大大松了口气!我曾如此害怕重新投入创作,前一夜我还认为自己需再等一个星期。暂时的中断令我获益匪浅,现在,我觉得自己状态很好。倒霉的是,今天早上,我发现感冒没有明显好转;我还有点发烧——尽管与另外一种真正的狂热相比,它微不足道。我的情况大抵如此。

你呢,甜心,亲爱的茜茜,我最美丽的玫瑰花,可爱的小王后,我的宝贝,我疯狂地爱着你,但当我想起你时,内心却充满了甜蜜的宁静,犹如想起了某个晴朗恬静的夏日清晨,想起了某个持久可靠、令人安心的事物,那个让我的灵魂得到休憩,是的,让它不再挣扎的事物。最后我沉浸在你的双眸中,然后完全迷醉在你的朱唇里,紧紧地拥抱你。

你的国王♥

把罗比的地址告诉我,我忘了记下来了。

214. (1936年3月16日)周一中午
安托瓦内特从伦敦致信巴尔蒂斯

亲爱的,亲王在楼梯上喊我时,我还躺在宽大、舒适并且现在充满了甜蜜回忆的床上呢。我赶紧起床,以为有人打电话来了,结果却是你的信刚刚送到了。看到我欢呼着扑向那封信,亲王乐不可支。因为周六晚上什么都没收到令我极度失望。亲王一直跟我打趣说"没关系,没关系,星期一你就会收到一封信的"。你在此大受欢迎。夫妇俩人都非常喜欢你,为与你相处的时间太短而感到遗憾。他们跟我说十分希望你春天能够再来。当然,亲王夫人对你尤为赞赏。她对我说:"啊,多么迷人的小伙子啊,多聪明啊!"当然,我们的爱情没有逃过他们的眼睛。我相信这让我在他们眼中显得更有魅力了。不过亲王热衷于拿你的事打趣我。

亲爱的,和你一起度过的十天如同梦一般美好!我是如此深爱你,亲爱的国王。想起你时,我也同样感到无比的幸福,一种恬静而持久的幸福,犹如家乡的群山。十一月在巴黎时,我们的爱情曾蒙上过阴影。我感到你不再那么爱我了。在巴黎期间,我伤心欲绝。不过这只是很快消散在蔚蓝天空中的一小片阴云。现在,我深深地意识到,你在艰苦的生活中需要我的陪伴,我是你永远可以信赖的人。

周三,当你乘坐的火车驶离车站时,我肝肠寸断。我飞快地跑去学校听了一堂极其无聊的关于克罗姆的课。我认为他是个蹩脚的画家,不过这堂课还是令对英国绘画一无所知的我有所收获。

周四,我去拿你的戒指,漂亮极了。我还买了那个小手镯,纪念这美好的几天。对于5个先令的价格来说,它相当不错了。周五,我和希拉①在维多利亚公园附近一个实在不怎么样的酒吧里吃了午饭。但后来没再与她碰面。她去了乡下某个地方过周末。下周三,我将和她及阿尔贝一起吃饭,很可能就在他的俱乐部里。我希望她能来这儿过夜。但我保证一定继续乖乖的,绝不带坏这个可怜的孩子。比安卡②本应周六来这儿的,但这个可怜人身体不舒服。于是,我在克洛克斯特大街过了一个非常安静的周末。昨天,我在花园里拔了两个小时的杂草,这让我感到通体舒畅。我还忙着织袜子,好让你能在复活节穿上!

快点写信给我,最亲爱的宝贝,我深爱着你,并无数次地吻你
你的小王后

宝贝

215.(1936年3月18日)

亲爱的,我刚刚干了件可怕的事。我走进伯克利大街的一家商

---

① 希拉·皮克林,巴尔蒂斯的"小"朋友(17岁),《猫公主》便是巴尔蒂斯为其画的肖像。她还出现在《山》里,画面中她躺在安托瓦内特脚下睡着了。第212号信中"浅褐色头发"的姑娘指的便是她。

② 比安卡,即勒文施泰因亲王夫人(见第212号信)。(她的儿子鲁伯特当时才一两岁,后成为滚石乐队的财务顾问。)

店,看到一顶非常漂亮的帽子,爱不释手。他们硬是让我花3英镑买下了它。现在,我身无分文了。你能给我寄100法郎来吗?太可怕了,我为向你开口而感到羞愧难当。我再也不会踏进伦敦的商店了。

爱你的

宝贝

216. (1936年3月20日)周五
巴尔蒂斯致信在伦敦的安托瓦内特

亲爱的茜茜:

寄去你所需的钱,并简短说两句。可怜的小东西,别再为买了顶帽子而内疚了,这下子可真全了!我只是为无法给你寄更多钱而难过羞愧。我真想把伦敦所有最漂亮的商店里的东西全买下来给你。还记得四年前在伯尔尼买的那顶无边软帽吗?

明天是春天的第一天,我周日再给你写封长信。

再见,茜茜,我的宝贝。我们这里已是春光无限。无数次地吻你。

217. (1936年3月24日)周二
安托瓦内特从伦敦致信巴尔蒂斯

亲爱的巴尔特里,草草写上两句,感谢你寄来的100法郎和那封有趣的信。你没有责怪我是个如此缺乏理智的小姑娘,亲爱的,你太宠我了。帽子很漂亮,我更喜爱它了,因为就像是你买的。比安卡对它赞不绝口。周五她过来吃午饭,让我立即就戴上它出门。我很喜欢比安卡,她想法设法地想找个迷恋我的可怜家伙来陪我解闷,带我去兜风——既然天气晴朗,我便每天都眼巴巴地盼着能坐在敞篷车里去郊外兜风。周六阿尔贝开车来找我,我们一整天都在萨里四处转。我很开心。英国的乡村真美。他真是个好人。我们还和希拉在他的俱乐部吃了饭。希拉觉得他挺滑稽的,不过比她的阿尔贝和气多了。

你呢,亲爱的,工作进展得如何?我一直觉得还在你身边;我强烈地感到你正在创作自己最伟大的一幅作品,我多想看着你画啊(没有巧克力!)。我迫不及待地想要欣赏它,想要再看看日思夜想的山峰。

再见,亲爱的,我要吻遍你的全身,我要咬你迷死人的嘴巴

你的小茜茜

宝贝

218. (1936年3月30日,耶尔①)周一
巴尔蒂斯致信在伦敦的安托瓦内特

圣-贝尔纳 耶尔(瓦尔)电话:291

亲爱的茜茜:

我突然来到了蓝色海岸——简直就是绑架!!这很荒唐,但的确如此。这事极为复杂可笑,今天我就不细说了,那就太长了。简而言之:我的朋友玛丽-洛尔·德·诺阿耶②再次卷入了一桩桃色新闻,我试图将她解救出来,便把她带到了耶尔,来到孩子和丈夫身边。而在巴黎,流言蜚语满天飞——大家都说是我把她从情人手中夺走了;

---

① 信封上盖着洛拉纹章封印。

② 玛丽-洛尔·比索夫塞姆(1902—1970),巴黎艺术界及社交圈名媛,萨德侯爵的后代及富有的继承者。1923年,她嫁给了同样富有的查理·德·诺阿耶子爵(1891—1981)。诺阿耶夫妇是坚定的现代主义者,对超现实主义有着浓厚的兴趣,同时还是电影爱好者。1929年,他们投资了考克托的《诗人之血》和布努埃尔的《黄金时代》。由于受到《黄金时代》丑闻的刺激,诺阿耶从此只专注于园艺。

由于我恶名在外,并且谁都见不到我,于是在他们眼里我几乎是神秘莫测的——到处是议论纷纷!! 这一切真是太荒唐,太可笑了。我暂时待在这儿。诺阿耶夫妇十分好客,可怜的玛丽-洛尔有点儿难伺候;但我很喜欢查理,他只对花花草草有兴趣。明后天德朗要来。他将为4月4日星期六上演的芭蕾舞剧去蒙特卡洛;如有必要,我会一起过去帮他忙。最后时刻,布景总会出问题。我将于周一回巴黎。

亲爱的,我想你想得要命。你什么时候来?我希望你能来过复活节。这样回去后,只需再等几天就能看到你了。你怎么样,最亲爱的茜茜?我非常希望现在你不会再感到过于烦闷了。请你也好好照顾可怜的小希拉。想起她时我经常感到揪心,可怜的孩子。亲爱的小王后,你得扮演好我的角色,你就代表着我身上光辉的一面(当然,我并不打算侵犯她)。

哎,我想在这儿可能等不到你的信了。我不知道在蒙特卡洛会住哪儿。但我希望回来时能收到你的信。

亲爱的茜茜,让我无数次地吻你,并向王子和公主问好。

回头见!

猫王,巴♥

219. (1936年4月6日)周一
安托瓦内特从伦敦致信巴尔蒂斯(侯昂庭院)

亲爱的,你的来信让我忍俊不禁。你的生活多么离奇啊,真是匪夷所思!我急切地想知道所有细节。

不过,我最大的愿望还是靠在你的怀里。然而我已经身无分文了,因此我不知道周五能不能来。也许你还有点钱吧?我跟爸爸要了50法郎,但还不够。对这种窘迫的生活我有点忍无可忍了,要是在这儿过复活节那真让人受不了。比安卡给我的生活带来了一点儿乐趣。她介绍我认识了小舒斯特的父亲——她是玛奇的朋友,你肯定认识。他是最近正迷恋我的一个可怜家伙,另外还有弗朗索瓦·德·瓦泰维尔,以及在比安卡家认识的那个年轻小伙子。不过这一切没什么意思。鲍勃·舒斯特是个有魅力的男人,我很喜欢他(恋父情结!)。但由于他一心想跟我上床,上周我只得拒绝再与他出去。这真令人难过,因为他会带我去吃精致美味的晚餐——这是在克洛克斯特大街度过一天后非常愉悦的调节。

说实话,我真不知道自己下一步该怎么办。对达利奇的这座房子我简直受够了,白天在这儿比在伯尔尼难熬多了。一定得另想办法了。

今天上午我刚收到了罗比的来信。他15号回伯尔尼,这样家里就没有我的地方了。我彻底感到茫然失措了!快点写信给我,你是唯一能为我做点什么的人。

你会说,现在我有朋友,有追求者,不能再抱怨了。但是这些人都很忙,有他们自己的生活,只有无所事事的时候才会来找我。我向往的是一份严肃的职责,一种有目标的生活。现在这样的生活真是令人沮丧!

原谅我写了这样一封垂头丧气的信

深爱你的小茜茜

宝贝♥

220. (1936年4月9日)周四
巴尔蒂斯致信在伦敦的安托瓦内特

亲爱的茜茜:

今天才给你回信,我感到十分惭愧。我周二才回来。由于我自己本来就相当灰心沮丧,因此你的来信更让我悲伤不已。不过玛奇的一个朋友可能会开车把你带来,你应该已从比安卡那儿得知了。天哪,但愿这事能成!我多么想看到你啊。在这个世界上,我感到如此孤独,并且实际上一个朋友都没有。我发奋图强,结果却总是竹篮打水一场空。这么多的努力难道就真的付诸东流了吗?啊,但愿上帝保佑你能来!真是倒霉,现在我也没什么钱了,因为这个月15号就必须付房租了——月底我会有点钱,因为我要给德·诺阿耶太太画像——要不然,本来一切都很简单……

总之,我希望你能坐汽车来,这样你就只需付船票的钱了。我焦急地等待着你的消息。如果我没弄错的话,那位女士周六将从伦敦出发。你当然可以住在我这里。

亲爱的,我匆匆忙忙地写了这几行字,好让你明天上午收到。我真心实意地盼着周六或周日能见到你。

再见,我的茜茜,无数次地拥吻你

巴 ♥

221. (1936年4月—5月)周二
安托瓦内特从伦敦致信巴尔蒂斯

可恶的宝贝,不管怎样,我得先好好骂你一顿。你对别人真是太无礼了;再这样下去,你会把人得罪光的。昨天,我去克内德勒家找皮埃尔·科勒,结果遇见了詹妮·德·马尔热里。她正站在画前和贝尔特·莫里索的女儿说着无关紧要的话。詹尼语气非常生硬地对我说你再也没跟她联系过,说人们在生活中总是期待着别人最起码的感激。我试着为你开脱,跟她解释说你去了南方,最近非常忙。不过你的态度似乎伤害了她——这也不是没道理。我为你感到羞愧。而且,你在玛丽-洛尔那里待了十天,回到巴黎后却连封"感谢信"都没写。我似乎看到你在因为我的说教而哈哈大笑,我也知道你会怎么回复,说什么天才是不屑于这些人情往来的琐事的。可是,你也是个人物,做事要符合自己的身份!当然,我们结婚后,我会帮你打点这些苦差事。然而,目前,对德·马尔热里夫人这样给过你很大帮助的人,你真的还是得友好些。长篇大论的说教到此为止。不过你的茜茜是如此爱你,因而听到别人指责你她非常难过。

我见到了皮埃尔·科勒。当克内德勒家的那些人直接问他"这位在等你的漂亮女士"是谁时,他得意洋洋。我和他一起吃了晚饭,他立马就开始对我大献殷勤。不过他太怕你了,我没什么好担心的。也许,今晚你会在卡桑德尔家见到他。我让他替我带4英镑和20法郎给里希夫妇,还有一个给你的小礼物。尽快帮我把钱送到里希家。我回头再给他们写张卡片。

亲爱的,跟你在一起的三个星期如梦一般美好。设法来给希瑞弗画像吧,我想这样应该挺好的。如果你不能来,我和比安卡就在月底回伯尔尼前去趟巴黎。我希望半个月后能通过皮埃尔与夏帕瑞丽见一面。也许她能让我秋天住到她家去。

无数个吻给你

完全属于你的

茜茜

222. (1936年5月6日)周二晚
安托瓦内特从伦敦致信其兄　德语信
伯尔尼,哈勒斯特拉斯大街51号,司法博士罗贝尔·冯·瓦滕威尔收

亲爱的罗比:

我刚刚上课回来,就看到了你的信。真是当头一棒!我得承认,当我第一次就一些具体的想法征求你的意见——虽然如今我已足够成熟,非常清楚自己想要什么样的生活——结果却听到你说什么"家族的没落",这让我感到十分难过。近一年来,我自由自在,我去旅行、散心。这样当然很惬意,但不可能永远持续下去。这几个月来,我受够了成天无所事事的日子,生活没有明确目标,总是等着朋友们有空的时候来看我。而当他们空闲下来时,除了等着天黑,又什么都不干。我最美好的年华就空耗在春去秋来中。

你的来信让我无比沮丧。但我不明白我的信哪里让你丧气了?那么你到底有什么建议呢?让我隐居伯尔尼?任何人不能这样要求我。等着某个人来娶我,然后我给他生孩子,做家务……其实你也不能想象我成为这种典型的德国女人。我宁愿过最动荡不安的生活(法语),也不愿像维拉·冯·瓦滕威尔那样逆来顺受。这几个月,我好好地考虑了这一切,并坚信自己只有一条出路:找个能带来满足感的工作。然后我问自己,什么样的工作呢?我什么都没学会,缺乏一技之长。而没有一技之长,便很难走上正确的道路,因为做事需要激情,否则将一无所获。显然,服装是我最有可能涉及的领域了;设计制作服装需要某种创新精神,我相信自己是具备的。不过还必须懂得剪裁,这正是我要学的。半个月后我也许要和夏帕瑞丽夫人见面,她在伦敦也有一家店。我会趁此机会征询她的意见。当然,我绝不会去当营业员甚或模特,这是不可能的,也是没有前途的。你说的对,我必须马上开始。不过夏天让人萎靡不振,巴黎的酷热令我畏惧。我想,能和你一起不管去哪儿都会挺快乐的。

快点告诉我你为何会不理解,特别是现在这种时候——我生平第一次规规矩矩的,对待生活的态度也开始严肃起来了。

快点写信给我

深情地拥吻你

宝贝

223. (1936年5月7日)周三
巴尔蒂斯致信在伦敦的安托瓦内特

亲爱的茜茜,我的心肝:

你离开一个星期了,在我周围留下了巨大的空白。而我直到今天才写信给你,等了一个星期才写——你是我在这个世界最珍视、最钟爱的人!

哎,你的指责不太有道理,而我当然也不会"巧妙"地回应你!我在写信方面的无能——你知道吗,多年来我只跟你一人保持着通信——也许是缘于我不同寻常的生活状态,是因为我不断地、不断地处于斗争中,工作之余还有无尽的烦恼缠身,从而导致我几乎从来没有片刻安宁,没有时间可以独自安静地写封信,或者说这难得的空闲被我用来睡觉或娱乐了。对于一个按部就班生活的人来说这是难以想象的。至于"感激",上帝啊,这是我没有体验过的一种情感,我太不擅长于此了。怎么,不管是谁都可以来要求我这个已被夺走一切的人去感激!而且我极少求人。不,亲爱的,你无需为我感到羞愧,因为对我品头论足是极其危险的。

更为可怕的是,我还没给巴西亚诺亲王夫人写信——她可算得上是我的挚友,太了解我了,不会责怪我的。不过,最令我不安的就是此事了;哎,可我还是没有写。至于玛丽-洛尔,我无需写信给她,也无需为可怕的耶尔之行感谢她。是她请求我陪她去的,是我从工作中抽出了宝贵的十天时间来欣赏她歇斯底里的表现。不过,周一我去她家吃晚饭。对我毅然决然地将她从丑闻中解救出来,她万分感激。现在,她已完全恢复了正常的生活,下周我将开始为她画像。关于她的消息便是这么多。

昨晚,我在卡桑德尔家见到了皮埃尔·科勒。他把东西都交给我了,谢谢你,宝贝。这瓶味道极好的科隆香水让我觉得这个大块头小伙子似乎把一丝你的气息带到了我身边。晚宴中途,瓦亚突然冒了出来。她立即朝德朗扑过去——后者跌坐在扶手椅中——不住地吻他。晚餐时,德朗开始斥骂她,并发誓永远不再见她,要让她伤心欲绝。这争吵的场面真是滑稽透了。

我的茜茜,亲爱的,亲爱的茜茜,我得放下笔去工作了。这个星期,"巨兽"状态很糟糕。现在它开始复苏,希望再次燃起,我希望,很快,它就将威风凛凛地登场了。

我多么爱你啊!但我又是如此疲惫。

无数次地吻你,宝贝

猫王,巴♥

224. (1936年5月17日,巴黎)周日

我的茜茜,最最亲爱的茜茜:

我原本打算周日给你一个小小问候,但由于我已搞不清日子了,所以这问候迟来了。我度过了痛苦的一周。除了那幅巨型画作进展越来越艰难,我还得为玛丽-洛尔的画像做准备——任务还将更加艰巨,因为我极有可能为一些有点儿地位的人画另外一幅肖像。因此,我想,最好还是——如果你真的可以的话——你和比安卡月底过来,特别是28号左右这里将上演莫扎特的《唐璜》,由布鲁诺·瓦尔特和萨尔茨堡的原班人马演出,精彩至极。

罗比的信让我十分难过,正如你写给他的信让他沮丧、"为你操碎了心"一样。可怜的罗比!难道就永远摆脱不了困境了吗?不过他的提醒没错,当我们决意开始工作时,就必须专心致志、全力以赴,绝不可把它当作儿戏。这是千真万确的,否则只会一团糟。然而,我感到你已经到了非做不可的时候了。为何还要用无谓的指责和顾虑来打击你呢?

总之,没有比这更正确、更美好的事了。皮埃尔·科勒那天还说没有比让你住到夏帕瑞丽家去更简单的事了。最重要的就是要有勇气,亲爱的茜茜,我相信你是有的。

这段时间,我自己也处于十分消沉的状态。除了工作上的烦恼,还有太多方方面面的事情要操心,必须得同时应付许多事。我也注意到了家族的没落,极为严重,并且日益恶化,这让我感到深深的悲哀,几乎不由自主的——这一切是多么令人沮丧、难以忍受啊。有时候,我真想逃得远远的——然而,我还是挺住了,尽管一切都在猛烈地摧残着我,而且我还在支持着别人。不管怎样,只要阳光灿烂、天空蔚蓝,我便感到身上有一股强大而不可遏制的力量。

　　最亲爱的宝贝,现在我得停笔了,因为玛丽-洛尔过会儿就要来为画像做模特了,我还想把信送到邮局去呢。

　　快点写信给我,亲爱的,告诉我你都有些什么计划。你打算六月回伯尔尼吗?

　　不管怎样,我们很快就要见面了。亲爱的茜茜,我心中的太阳,让我无数次地拥吻你。

巴(可怜的猫王)♥

225. (1936年5月24日,巴黎)

我的茜茜,亲爱的:

　　明天就是你的生日了。这次我又不在你身边。不过没什么关系,因为还有几天,我就能把你紧紧搂在怀里了。此刻,亲爱的茜茜,我把自己的心和灵魂献给你,为你送上最美好的祝福;我要召唤王国里所有的人来为你庆祝。这是你第一次远离家人过生日!

　　这是因为我们长大了,我的茜茜,我们变得独立了!不过,没有苏沃诺夫的玫瑰红葡萄酒,这的确挺凄凉的。我衷心希望你能和比安卡一起度过这一天,以免过于伤感。

　　哦,宝贝,我想起了两年前五月里那个美好的早晨,我怀着难以言喻但又甜蜜喜悦的忐忑心情踏上了伯尔尼的土地——那时,我已经两年没见过你了……

遗憾的是,今天,国王没有写信的灵感。庭院里传来一阵刺耳难听的小提琴声。国王精疲力尽,心事重重。我给自己制定了严格的计划,每天工作十小时。

《唐璜》将于30号(周六)上演。如果你能周五来,那就太好了。但如果在此之前来,就有点儿不方便了,因为我刚开始画两幅肖像画。还有一个恼人的麻烦,那就是我现在囊中羞涩;更为荒谬的是,完成这两幅肖像后我就能拿到不少钱,一共可以挣八百多法郎。因此,快点写信告诉我你是否能借到点旅费。不行的话,我再来想办法。不过请你快点就这件事给我答复。无论如何,我等着你周五来。亲爱的,你说发现拜伦和我颇为相似,这让我忍俊不禁。小心,没有比与伟人相提并论更危险的事了。而且这话还是从我嘴里说出来的,这不过是我众多聊以自嘲的自吹自擂之一罢了。决不能把这些自夸当真。我不太知道自己会变成什么样,但命运总是与我作对,以至于我经常怀疑自己是否永远都超越不了"可能会成功"的阶段。我时常对是否来得及有所成就感到灰心。的确,越来越多的人相信只有我才能担当新一代画家领军人物的重任,不过要在我同时代的这群无能之辈中做到这一点也太容易了。

无论如何,"巴尔蒂斯"是迄今为止猫王扮演得最艰辛、最痛苦的一个角色。幸好,最可爱、最迷人、最美丽的茜茜一直陪伴左右,她是如此忠心耿耿,犹如孩子一般赤诚(这已是第十二个年头了)。再见,亲爱的,让我无数次地拥吻你,千千万万次(你是如此聪慧!!!)

周五见

国王,巴♥

226.（1936年7月13日,巴黎）周一
巴尔蒂斯致信在伯尔尼的安托瓦内特

亲爱的,我最宝贝的茜茜:

今天上午没有收到你的信我多么失望啊。我急切地等待着你的消息,想知道你回家的感觉如何……

亲爱的茜茜,我多么想念你啊。你离开后,似乎一切都再次变得黯然、阴郁、压抑。你的出现似乎把我身边的妖魔鬼怪全都驱赶走了,而当我独自一人时,它们很快又现身了。

我把艾拉·伯林的文件①寄给你,还有一封刚送来的信。今天我恢复得相当不错,嗓子不再疼了。我会继续好好治疗。等会儿,我将第一次开始画那幅巨型画。自从有了比安卡的工作台,侯昂庭院就变成了瑞士小客栈的房间,到处都是刨花,这是多么亲切、舒适啊!不过,也许你注意到了,今天上午我没法写字,每个字都歪歪扭扭的,连我自己都大吃一惊——我竟然握不住笔!

宝贝,快点写信给我,I ha di doch so furchtbar gärn! 无数次地吻你。

巴

227. (1936年7月22日,巴黎②)周三上午

最亲爱的茜茜:

我的回信拖延得太久了。这是因为我在疯狂地工作,希望能完成那幅大型画。我想下周就要结束了。不过,说真的,它看起来已经大功告成了,非常出色,出色极了。我直到昨天才去了艾拉·伯林家。不过由于她母亲不在,得今晚才能拿到你的证书。我会另外把它寄给你。我不愿再拖延给你回信了,可爱的宝贝。如果太久不给你写信,我就好像感到浑身不自在。

---

① 艾拉·伯林,定居巴黎的俄罗斯裔时装店经营者。后面几封信中将提到的"文件"、"证书"显然是指安托瓦内特获得工作许可所需的材料。

② 这封信和下一封信都封上了洛拉纹章火漆印。

但愿我真能去瑞士和罗比一起爬爬山、和你们俩待上一段时间！不管怎样，这并非完全没可能。问题是我要给小舒斯特画像，不过这事八字还没一撇。可是，什么都还不确定。我不知道自己现在是否该去英国，我是说八月初，或九月底。我真想放下工作、了无牵挂地过上两三个星期，除了休息，什么都不想。我不知道自己是否还有这样做的能力。巴黎令人厌恶，每天都毫无例外地下着倾盆大雨，又冷又湿，一切都让我难以忍受。我正在进行第二周的治疗，到目前为止，还没有任何变化。这样反而更糟糕，因为硫磺的味道令我胃口全无，并引得心脏剧烈跳动。真够呛的！不过，还有一个星期，即使不痊愈，我也至少可以摆脱这种疗法了……

昨天，我开始给罗歇①和他的儿子画像。我从未见过一个七岁的孩子会有这样的反应：这个可怕的小子来的时候信心满满；可是当需要他站在父亲身边摆姿势时，却发出了骇人的喊叫，结果我们只好作罢。今天下午还要试一次。我非常失望，因为我已经有了一个非常巧妙的构思。也许最后不得不放弃。

我非常高兴地见到了巴西亚诺亲王夫人。她真是个和善的女人，至少丝毫没有责怪我不写信给她，并且对詹妮·德·马尔热里的态度感到愤慨。有道理的总是我。巴西亚诺亲王夫妇从九月一直到圣诞节都将在这儿，你会经常见到她的。

此外，还有个新消息：皮埃尔·科勒买了辆破破烂烂的旧出租车，不过挺适合他的，并……（字迹不清）从纳粹柏林回来了。我这儿的消息就这些，没有什么更有趣的了。我想飞快地逃离这一股霉味的首都。我多么渴望能陪在你身边啊，我的茜茜，亲爱的宝贝。你就像上帝派到世间来拯救我灵魂的天使。

让我吻遍你的全身。

巴 ♥

---

① 指"青蛙罗歇"（参见第194号信中的注释）。这幅出色的画像（巴尔蒂斯此时还在担心画不下去）一直挂在餐厅里，直到80年代罗歇去世以后。

另：替我问候罗比

你无法想象,收到约瑟夫·莱因哈特的明信片我有多么高兴,这个曾给予我巨大帮助的亲爱的老师[①]!

228. (1936年7月24日,巴黎)周五

亲爱的茜茜：

这就是那了不起的证书。周三晚上我就拿到了。我感到很惭愧！我想如今再也没有什么困难了……

写信给我,宝贝,谁知道呢,也许我会去与你和罗比一起待上几天……

匆忙中写就

无数次的拥吻你,我可爱的小姑娘

巴

229. (1936年7月25日,伯尔尼)周六
安托瓦内特致信巴尔蒂斯

亲爱的巴尔蒂斯：

非常非常感谢你为了这可恶的证书而奔忙。周一,我会去爸爸的办公室用打字机打一张必须与证书放在一起的专门的表格,然后把所有东西再次寄往巴黎。我们丝毫不能松懈,以保证一切进展顺利。真可怕,也许我得等上好几个星期才能得到答复。我担心被拒绝。我坚信,一切都那么顺利,不可能功亏一篑,而我也绝不能让那

---

① 约瑟夫·莱因哈特:伯尔尼历史博物馆的瑞士服装画师(见第24号信中的注释)。

些愚蠢的机关职员使我的计划受阻!

令我欢欣鼓舞的是,爸爸完全支持我的计划,或者说至少没有表示出反对。有一天,我们一起在卡西诺喝茶,我跟他说起了巴黎的事,他立即问需要多少钱,并且只是(但很坚决!)说绝对不能住在旅店里,必须在可靠的人家里有个房间,要在出发前就找好。我告诉他,你已答应帮我安排这事,你认识很多人,你立马表示不能让我住旅店,你肯定会帮我找到住处的。两天前,我有了个主意:你能否问问巴西亚诺亲王夫人是否认识什么人能管我的食宿。我期待什么人能把我当作亲王夫人的朋友来接待。否则,显然找不到什么能出租房间的合适的人家。如果我能在她家住到圣诞节,那就再完美不过了,我会高兴坏的。不过我担心她家没有地方了。要是你能帮我解决这个问题那就太好了,否则一转眼就到九月份了,爸爸不会让我走的。

目前这段时间,我觉得日子是那么漫长;伯尔尼的生活十分沉闷,特别是糟糕的天气一点不适合游泳。啊,要是下个月你能来瑞士休息几天该多好啊! 只要天气晴朗,你就能和罗比一起在瓦莱或伯尔尼高地散散步,我想这样才能让你得到更好的休养。山里的空气肯定比英国对你更有益。哎,不过今年夏天的天气是如此糟糕,以至于我们都怀疑冬天之前还会有那么一个晴天吗?你知道吗,我被上周三艾格尔峰北面那场不幸的事故深深打动了。我在广播里听了试图解救第四名年轻人的其中一位瑞士导游的讲述。这段简朴的山区方言讲述是如此感人,当我听到那名 17 岁少年不幸死去时,泪水夺眶而出。真是挺奇妙的,你还记得吗,不久前,我们还和贾柯梅蒂①说起过艾格尔峰北面。

可爱的宝贝,我多么想你啊,要是九月前我们还能再见一面我会乐疯的! 也许会的,也许!!! 我经常梦见你,每晚入睡时我都想着

---

① 阿尔佩托·贾柯梅蒂(1901—1966),瑞士雕塑家、画家。1934 年,巴尔蒂斯结识了他和一群超现实主义者,很快俩人成为最好的朋友。

你。让我久久、久久地拥吻你。

你的小茜茜♥

230. （1936年8月3日，巴黎）周一
　　巴尔蒂斯致信安托瓦内特

亲爱的茜茜，我的宝贝：

　　经过一个星期坚持不懈的努力，我终于完成了那幅巨型画作。你能想象的，我大大地松了口气。而且它真的很美！从昨天开始，我感到轻松了许多，现在只有一幅罗歇的肖像要画了。

　　亲爱的，你一定在焦急地等待着我的消息吧，因为好长时间过去了。亲爱的小姑娘，我想你想得要命，而且很快就要来到你身边了，因为我打算十来天后去伯尔尼！遗憾的是，目前我囊中羞涩，但是不用多久就会又有钱了。我们三个能做些什么呢？难道找不到一个不太贵的地方待上三个星期吗？或者待在伯尔尼，时不时地出去一趟？我的计划是这样的：与你和罗比一起待三个星期，直到9月1日；然后我得去锡尔斯在儒弗家待一个星期——这让我有些厌烦，但出于友情又不得不去。接着，与比安卡在伯尔尼碰面，我们几个在一起待个两三天，肯定会很开心的，不是吗？最后，我和她一起返回英国为小舒斯特画像。计划就是这样。

　　亲爱的茜茜，快点写信来说说我们能做些什么。另外，万一我们无法去伯尔尼以外的地方，能否帮我在伯尔尼找个不太贵的房间？的确，我很想去山里，因为我的健康状况不容乐观，我已经精疲力竭。我曾为此去见了希夫，他强烈建议我去山里。哎，我越来越清醒地并且厌恶地意识到，生活已经把我变成了一只病猫。我为此感到一种无法言喻的——当然这也是徒劳无益的——愤慨。这是最可耻的背弃！亲爱的小茜茜，我希望你不会感到厌恶。

这个时代也是多么的堕落啊！在无穷无尽的灾祸中，我们该如何生存，该思考什么，又该去向何方。每一天都感到良心不安！必须还是无须选择立场，亦或根本没有立场要选择。然而，无论是否愿意，我们都经历了一切。因此，必须找到一种力量，一种强大的力量，让灵魂成为一个能够抵御外界任何风暴的内在港湾，以保存永恒的价值于四处汹涌的波涛中，因为我们已无处可逃！

我的茜茜，好好想想你可怜的猫王，他正蜷缩在孤零零的墙头，体弱多病，并愕然发现墙下已被蛇鼠侵占。

快点写信给我，宝贝，让我把你搂入怀中，亲个够。

另：别担心 10 月份的住宿问题。我们肯定能及时找到解决办法的。我给巴西亚诺亲王夫人写信了，但她去乡下很长时间了。她家里没地方，但她的朋友或玛丽-洛尔的朋友中肯定会有人能收留你。目前，很难立即有答复，因为大家都出去了。不过，别担心，这事会及时安排好的。

吻你，向小鱼儿转达我的深情问候。我迫不及待地想要见到他。

231. 1936 年 8 月 11 日，巴黎，周二

亲爱的茜茜：

草草地给你写两句。你应该正等着我的消息吧。哎，我得推迟出发了。我还有许多事情要解决。我想周末之前都来不及上路了，周日或周一前我多半到不了伯尔尼。目前，只有憧憬着在那和你一样美丽可爱的城市里与你共度几天，我才能坚持下去，因为我劳累不堪，精疲力竭。我们在那里见面，没有任何压力与阴霾，无比宁静，一如从前，那将是多么幸福啊！接下来还需等待的日子沉重得令我难

以忍受。前两天天气十分晴朗,而今天,一直是黑云压城,暴雨似乎没完没了。这几天应该就能看到著名的彗尾经过吧。

再见,亲爱的茜茜,我渴望着幸福与宁静,我吻遍你的全身。快点再给我写两句吧。

巴

232. (1936年8月14日,从伯尔尼寄出的明信片)
安托瓦内特致信巴尔蒂斯

亲爱的,我在等着你! 尽量周日下午到伯尔尼。希望后天见到你! 无数个吻给你
你的小王后

宝贝♥

233. (1936年9月21日,巴黎)周日
巴尔蒂斯致信安托瓦内特

亲爱的茜茜,我的宝贝:

回到巴黎已经第三天了。我开始回到原先的生活轨道;重新开始的过程比我预想得要容易,尽管愉快而转瞬即逝的假期结束时,随着离那可怕的地方越来越近,我曾感到深深的焦虑与不安。

不过,一旦身处其境,还是挺愉快的。大家几乎都回来了,侯昂庭院在我眼里比从前任何时候都可爱。人们兴高采烈;实际上,看不到任何对政治局势的担忧。也许,没有报纸的话,所有人的表现都会好极了! 令我大大松口气的是,我发现当费尔-罗施罗大街上[①]的气

[①] 巴拉迪娜住所所在地。

氛也比我料想得要好。因此,我们可以平心静气地重新开始工作,继续奋斗。伯尔尼之行令我受益匪浅。请告诉罗比,没有比天真的孩子气更能令人精神放松的了。现在,我又有能力对抗生活中的一切恶魔了!

亲爱的,一起度过的几周是多么美好啊!无数快乐甜蜜的情景浮现在我眼前,树林、山峰、和你在一起的城市,我的茜茜,我的心肝,我的生命!我感到对你的爱意和柔情越来越浓,越来越深,变得愈加敏锐活跃,像苍天大树在成长。亲爱的小妹妹!这无疑是乱伦,但这是孩童般伟大而圣洁的乱伦。(现在,如不给我以同样的回应,你就得当心了。)

瓦亚没打个招呼就来了,打断了我写信。她比任何时候都显得容光焕发,我们和好如初了!我只能写到这儿了。亲爱的,快点回信,我要把你搂在怀里,亲个遍。I ha di ja ... sooo gärn!!

向罗比致以诚挚的问候

巴 ♥

瓦亚也问候你,并拥吻你。

234. (1936年10月1日,巴黎)周四

最亲爱的茜茜:

我赶紧来给你写信。亲爱的宝贝,我的回信又晚了。你的第一封信是那么令人开心!是的,我的茜茜,别烦恼了,你随时都可以来,好些人都答应我在朋友那里给你找个房间住。但我主要寄希望于明后天就回来的巴西亚诺亲王夫人。不管怎样,万一还没找到地方,你肯定可以先在巴拉迪娜或里希家住几天。准备10号出发吧,或者13号——如果你觉得更合适的话。我迫不及待地等着你到来!

关于货币贬值问题,瑞士法郎兑换法国法郎的比率还没变,而且当局似乎也在采取各种手段来避免汇率上升。相反,这里的人们挺乐观;大家都期盼着百废俱兴。英国人也认为他们刚刚向前迈进了一步。总之,一切都应当有个了结了,哪怕是萧条,也许这样情况会有所好转。至于我,则又开始应对各种困难,不断地在麻烦阻碍中疲于奔命。在伯尔尼经过甜蜜快乐、无忧无虑的休息后,我再次投入了生活与工作的战斗。只是,我开始以更超脱的心态来看待这一切,不再过于纠缠在情绪中——这才是正确的做法。我对胜利信心十足,我会胜利的。

我还不能确定何时会去蓬图瓦兹,可能是下周;但我还没有与乔治①再碰面。按目前的情形来看,也许还要延期;但我想不会的。我不会成天待在那里,也许每周要回巴黎两次。不过,无论如何,罗比丝毫不会打扰我的。但是,也许他比你晚到一些,等你安顿下来、安排好一切后再来会更好一些,因为我担心他感到无聊,但更重要的是我也很想见见他。总之,由他自己来决定吧。我们三人相聚在此将会多么幸福啊!

最亲爱的宝贝,我的茜茜,今天只能写到这儿了。快点回信给我。宝贝,我要把你紧紧搂在怀里。

巴

235.（1936 年 10 月 9 日,巴黎)周五

亲爱的茜茜:

我等着你周二来,亲爱的,我在无比喜悦与甜蜜地急切等待着!我度过了艰难的几天,但最后坚持下来了。我非常好,我感到神清气

---

① 乔治·希莱尔:蓬图瓦兹专区区长,巴尔蒂斯将给他画像。

爽,精力充沛。我等着你,可爱的小妹妹!

周一,我打电话给梅梅,告诉她你要来,并让她转告艾拉·伯林。只有住宿的问题还没完全解决,但巴西亚诺亲王夫人会有不同的办法让你选择(我是趴在膝盖上写的,因此字迹很奇怪。)

另外,如果罗比不是马上就来,那住宿就没问题。我多希望你能和我在侯昂庭院待上几天(你会发现那里有了些小变化)。我要下周末才去蓬图瓦兹。要是又在你来的时候走掉,那就太荒谬了。我希望能帮你安排好。不过,说真的,要是罗比下周末才来,那就好办多了,因为出发前我还有好多事要做。但是,请一定要告诉他我真的非常期待他能来①。要是我们能在这里相聚该多么快乐啊。而且既然无需花钱住旅馆,我想来这儿对他来说应该不会有太多困难吧。另外,我将在另一个工作室开始下一幅巨型画的创作。这样就没有人会打扰我了。亲爱的茜茜,哎,我只能写到这儿了,因为让·德·萨利斯②马上就要来我这儿了。亲爱的宝贝,快点写信给我,告诉我你此行的确切信息,或者发电报给我。

我爱你,我深爱着你,我等着你。

国王,巴♥

---

① 对于巴尔蒂斯的邀请,10月18日罗比回复说这样太贵了:"现在,我确信自己已经没有任何收入来源了。不管愿不愿意,我都必须适应一种贫困与孤独交加的艰难生活。"

② 让—鲁道尔夫·德·萨利斯(生于1901年),瑞士作家,罗比童年时期的朋友。1927年左右,在"里尔克在瑞士"的研究准备过程中,他与巴拉迪娜及其两个儿子成了朋友。

尾声 *1937·1—4*

236. (1937年1月5日,伯尔尼)周一
　　安托瓦内特致信巴尔蒂斯

　　亲爱的,首先,我要责怪你竟然连新年都没有给我写上几句,我非常生气!但是,今天我要跟你谈些十分严肃的事情。请你坐在扶手椅上,好好考虑我要对你说的话,尤其是别嘲笑我。
　　我与罗比就我的未来及我们日益窘迫的经济状况进行了几次长谈。他说,我正在大肆透支未来的遗产,因为现在家里每年都要多花几千法郎,如果还要寄钱到巴黎给我,整个财产就会相应减少。我得说现在罗比状态极佳。就在他写信告诉我说已彻底放弃写作的念头时,"灵感的火花再次迸发",然后他便开始潜心创作一部将以传记小说形式出现的伟大作品[①]。我想,现在他终于不用再担心成功与否的问题,而只需考虑如何表达自我了。我认为这是非常重要的。他的心灵由此获得了前所未有的宁静,人们现在可以与之心平气和地对话了,他的精神也不再像去年夏天那般糟糕了。他甚至能够开始

---

　　① 事实上,1938年,罗贝尔·德·瓦泰维尔出版了《在海上翱翔的灵魂》(小说,珀加索斯出版社,伯尔尼)。书名源于《创世纪》中的故事,是一部关于"浪子"主题的作品。

关心我的命运,并认真提出建议。他对我说,与爸爸相反,他不认为我能好好养活自己、独立生活;在这种情况下,每年在巴黎花4000法郎的伙食费,然后悲惨地住在简陋的旅店房间里,简直太疯狂了;我不能继续这样与你生活下去;别人已经开始议论纷纷了,说你想保留自由之身,而我亦是如此,以便伺机嫁个有钱人。我告诉他,我最大的心愿就是嫁给你;在小小的两居室公寓里,我会成为最幸福的女人;我甚至会很乐于做饭;莫尼克和贝蒂也自己做家务;不过,其实想到要在一个工作室里作为雇员每天劳动八个小时,我就感到害怕。罗比说他完全同意我的看法,对于一个女人的要求只能限于管好家事,除非她才智出众,或者长袖善舞,而我显然不属于此类女子。还说他很清楚我可以轻易放弃某些追求奢华的念头,但这样我们必须马上结婚,不能再任目前的状况继续下去;要是你想把我留在身边,你也得做出些牺牲。我当然告诉他说,你之所以不敢向我提出结婚,是因为你担心尚不能保证让我过上舒适的生活;而且,从波兰回来后,我就曾下决心要求你立即娶我,是他要我再考虑考虑的;事实上,现在我确信自己已经离不开你。

瞧,亲爱的,是我向你提出了正式结婚的要求!罗比说你压根谈不上穷,比如,你挣得已经比于比多了。他说如果我们结为夫妇的话,生活花费会更少;没有任何理由继续目前这种丝毫不能令我满意的生活。亲爱的,我非常担心这封信把你吓坏了,但是,当我知道你是如此关心我时,我实在不能容忍罗比把你视为自私的混蛋。我说你当然担心爸爸不高兴,但他回答我说,爸爸应该知道我们在巴黎一直住在一起,因为我成天都在谈论你;他们更愿意看到一个清楚明确的状况。他们会给我钱让我们安家,外加每月一小笔补贴。至于艾拉·伯林那儿,无论如何我都会继续去的,哪怕结了婚;我还要坚持几个月,以完善我的剪裁知识。没有沃维,以后我就得自己做罩衫和简单的裙子了……当然,我也会去上厨艺课,我可不愿你由于我的过错而变得更瘦!

快点写信给我,亲爱的,告诉我你是否能承担起让我与你一起生活的责任。我绝对不愿意因此而妨碍你工作。但是你说过没有我你就活不下去。正是这句话让我鼓起勇气来要求你马上娶我。我很高兴罗比自己(还有爸爸,因为罗比说什么爸爸都会照办)也叫我去做自1934年以来便梦寐以求的事——那一年,我意识到,没有你,我就活不下去;我就该生活在你身边。

请你也写信给罗比,他会非常高兴的。他丝毫没有责怪你。但别说什么还得再等等,他会把你的犹豫视为自私的表现,这样他们就不会让我来巴黎了。

快点写信给我;在没有了解你的想法之前,我无法去和爸爸谈。希望你读到这封信时不会吓得昏倒。

我深情地拥吻你。

你的小茜茜

237. (1937年冬,伯尔尼)周三晚

可爱的宝贝,你今天上午的来信让我开心不已。这么快就收到你的信是多么幸福啊!别担心,即便你没有发电报,一切也挺顺利,我的不期而至也因此而更令人惊喜,另外火车还晚点了一个小时。不管怎样,爸爸也不会来车站接我。至于罗比,他要在萨那默泽多待一段时间,我想是因为那里晴好的天气吧。今天我给他写了信,你也要这么做。今天,爸爸去了苏黎世,只有我和妈妈俩人在家。白天,我和厨娘聊天;而现在,已经10点,大家都睡了,但我却毫无睡意。我还没从巴黎较晚的时差中倒过来。也许我会给巴拉迪娜写信,或者开始用漂亮的毛线帮你织袜子。

旅途十分愉快。到纳沙泰尔时,我看到湖面和整个山脉在迷蒙的夜色中浮现出来,真是美极了。蒂德尔①懂事极了,她马上停止了

---

① 一只小母猫。

叫唤,安静地待在打开的篓筐里。我带它去了用餐车厢,让它和我一起吃了点羊腿肉。总之,它表现得非常出色。令人心痛的是,它一直还在发烧,继续不住地呻吟着。它吃得太少了。不过,如果不去管它,它就挺安静的。昨天夜里,它让我有觉睡了。但和"男孩"一样,它似乎也开始讨厌这个可怜的妈妈。真是奇妙,当一个人有些反常时,动物仿佛马上就能感觉到。

好了,宝贝,与蒂德尔有关的消息就是这些。另外,它一定十分气恼我把它从国王身边夺走。我们俩都是那么地想念这个国王。我已开始急切地盼着你来伯尔尼了。

晚安,亲爱的,我还是觉得有点累了。明天有一大堆的事要做。祝你晚安,并把你紧紧地搂在怀里。

你的小王后茜茜

快点告诉我有关公寓的消息①!

238. (1937年3月,伯尔尼)周日

亲爱的,我赶着来问你是否仍然不愿意写信到日内瓦去要你的洗礼证明。叫他们把证明或回复寄到伯尔尼来,这完全不费我们什么事。你可以来这儿时再决定是否愿意去教堂。但无论如何,最好拿到你的证明。今天上午,我情绪很低落,因为我想到没有人关心我们的婚礼,想到如果妈妈还有能力的话,一定会安排盛大的庆祝,看到我们结婚,她会非常快乐的。总之,我认为婚礼那天的氛围一定十分惨淡。午饭后,我再也坚持不住了,就去征求爸爸的意见,想知道

---

① 下个月3号,他们将搬进卡尼韦大街3号(在圣一叙尔皮斯后面);巴尔蒂斯仍保留在侯昂庭院的画室。

怎样才能不让这事办得太凄凉。爸爸说这取决于我们是否愿意在教堂结婚,说他认为天主教堂更好些,下午,我们还可以在家办个其乐融融的茶会,不让妈妈悲伤地独自留下。

我非常高兴看到爸爸在考虑如何安排婚礼了,他可是个讨厌干这类事的人。

好了,宝贝,这些就是最新消息。我得赶紧把信送到火车站去。还有五天,你就要来这儿了。我多么多么开心啊!

无数次地拥吻你

茜茜

1937年4月2日,巴尔蒂斯与安托瓦内特在伯尔尼成婚。

4月13日,在巴黎建户籍本。

出版者注

我们将巴尔蒂斯与安托瓦内特在1929年9月至1937年3月间保存下来的所有通信出版发行；除了排版与必要的拼写订正，这些信件未经任何改动。每封信都标有日期。如果信上没有写日期，我们就在括号中标注或补充完整。

我们还另外挑选了一些我们认为有意义的信件（涉及其他通信者）。只有"金"的信件内容经过了删减。要感谢他的儿子允许我们匿名发表这些节选内容。

同样感谢迪南博士让我们发表其母特里·缪勒的信件，以及萨宾娜·里瓦尔德，她非常友好地将巴尔蒂斯写给施特罗教授和马格利特·贝的信的复印件给了我们。另外，弗朗索瓦·格伦德巴赫为我们翻译了德语信件，并在翻译众多伯尔尼语的过程中给予了极大的帮助。

译后记

被毕加索奉为"二十世纪最伟大的画家"的巴尔蒂斯出生于一个艺术世家,自幼便浸淫于浓厚的艺术氛围里,并在成长过程中得到了母亲的挚友、著名诗人里尔克的倾力帮助和悉心关爱。"头顶天才儿童的光环,有着令人尊敬的父母和声名显赫的保护人"的巴尔蒂斯走上艺术道路似乎是命运的有心安排。然而,他是孤独的,他不依附于任何一个流派,从不谈论自己,恪守自己的处事方式和艺术原则,仿佛置身世外,用冷静而睿智的目光审视着纷繁缭乱的世界。他的画往往重复一个主题,如"猫"、和"少女"等;其构图偏好清晰明确的轮廓和细致的笔触,整个画面冷静、神秘而富有凝固感,并善于利用捕捉到的瞬间景象来表达灵魂的思考,被称为写实主义绘画的"末代皇帝"。

而美丽迷人、聪慧可爱的贵族少女安托瓦内特·德·瓦泰维尔则曾是独行者巴尔蒂斯生活中最温暖的陪伴,是"唯一可以推心置腹的人",只有对她,年轻的画家才可以"倾诉自己所有的感受,所有的愿望","才不感到自己是孑然一人"。"猫王"和"王后"热切地爱着对方,迷恋着对方,惺惺相惜,在美好的青葱岁月里留下了最甜美的回忆。读着1928年至1937年间这两百多封情书,我们的心也会情不自禁地随着他们爱情中的甜蜜、曲折甚至惊险而跌宕起伏。巴尔蒂斯对安托瓦内特的情感是如此投入、炽烈,以至于曾为她自杀,这种疯狂的行为与其在绘画中所显现的冷静睿智形成了如此强烈的反差,让我们看到了画家性格中冰与火的矛盾共存,理性与感性的激烈交锋。虽然这对冲破层层阻挠、克服重重苦难才终成眷属的佳偶最终没能逃脱劳燕分飞的结局,但他们灵魂的亲密关系却从未中断过。正如安托瓦内特自己所说:"你有一个小妹妹,多少个世纪以来,她都是你的小妹妹,将来也永远都是。"

作为译者,能有机会翻译这样一位艺术大师的书信集真是莫大的荣幸。在翻译过程中,我得到了华东师范大学出版社六点分社的编辑们热情、高效的帮助与指点。虽然从学术的角度来看,有时翻译过程充满了迷惘、纠结甚至煎熬,但我的心情是顺畅而愉悦的。

不过这些书信的原稿似乎亦有若干错误之处,可能是作者自身疏漏所致。例如,根据前后文推断,第 41 号信中"1933 年 8 月 31 日"应为"周五",而非"周四";第 68 号信中"1934 年 3 月 23 日"应为"周四",而非"周五";第 144 号信的日期应为"1935 年 2 月 21 日",而非"2 月 20 日";第 190 号信的日期应为"1935 年 11 月 9 日",而非"11 月 4 日"。另外,原稿中没有第 123 号信件。在此特作说明。

许宁舒
2011 年 12 月 于南京

图书在版编目(CIP)数据

巴尔蒂斯情书集/(法)巴尔蒂斯,安托瓦内特著;许宁舒译. --上海:
华东师范大学出版社,2012.5
 ISBN 978-7-5617-9420-3

Ⅰ.①巴… Ⅱ.①巴… ②安… ③许… Ⅲ.①巴尔蒂斯一书信集 Ⅳ.①K835.655.72
中国版本图书馆 CIP 数据核字(2012)第 052174 号

华东师范大学出版社六点分社
企划人 倪为国

CORRESPONDANCE AMOUREUSE AVEC ANTOINETTE DE WATTEVILLE 1928—1937
By Balthus and Antoinette de Watteville
Copyright © Buchet/Chastel, Pierre Zech Editeur, Paris, 2001
Published by arrangement with Buchet Chastel
Simplified Chinese Translation Copyright © 2012 by East China Normal University Press Ltd.
ALL RIGHTS RESERVED.
上海市版权局著作权合同登记 图字:09—2010—291 号

巴尔蒂斯情书集
(法)巴尔蒂斯 安托瓦内特 著
许宁舒 译

责任编辑	高建红
封面设计	卢晓红
责任制作	肖梅兰
出版发行	华东师范大学出版社
社　　址	上海市中山北路 3663 号　邮编　200062
网　　址	www.ecnupress.com.cn
电　　话	021—60821666　行政传真　021—62572105
客服电话	021—62865537
门市(邮购)电话	021—62869887
地　　址	上海市中山北路 3663 号华东师范大学校内先锋路口
网　　店	http://hdsdcbs.tmall.com
印　刷　者	上海景条印刷有限公司
开　　本	890×1240　1/32
印　　张	11.25
字　　数	200 千字
版　　次	2012 年 9 月第 1 版
印　　次	2012 年 9 月第 1 次
书　　号	ISBN 978-7-5617-9420-3/J·166
定　　价	38.00 元
出 版 人	朱杰人

(如发现本版图书有印订质量问题,请寄回本社客服中心调换或者电话 021-62865537 联系)